GUÍA DEL MENTOR Capstone Curriculum

Estudios Bíblicos

Interpretación Bíblica

La Inspiración Bíblica:

LOS ORÍGENES Y AUTORIDAD DE LA BIBLIA

La Hermenéutica Bíblica:

EL MODELO DE LOS TRES PASOS

La Literatura Bíblica:

INTERPRETANDO LOS GÉNEROS LITERARIOS DE LA BIBLIA

Estudios Bíblicos:

USANDO LAS HERRAMIENTAS BÁSICAS EN EL ESTUDIO DE LA BIBLIA

Este plan de estudios es el resultado de miles de horas de trabajo por The Urban Ministry Institute (TUMI) y no debe ser reproducido sin su autorización expresa. TUMI apoya a todos los que deseen utilizar estos materiales para el avance del Reino de Dios, y hay licencias al alcance disponibles para reproducirlos. Por favor, confirme con su instructor que este libro tiene una licencia adecuada. Para obtener más información sobre TUMI y nuestro programa de licencia, visite *www.tumi.org* y *www.tumi.org/license*.

Capstone Módulo 5: Interpretación Bíblica Guía del mentor

ISBN: 978-1-62932-125-7

© 2005. The Urban Ministry Institute. © 2007, 2011, 2013, 2017. Traducido al español.
Todos los derechos reservados internacionalmente.

Primera edición 2007, Segunda edición 2011, Tercera edición 2013. Cuarta edición 2017.

Es prohibido copiar, redistribuir, vender, o transmitir estos materiales de cualquier forma, excepto como sea expresadamente permitido por el Decreto Internacional de 1976, o el permiso por escrito del publicador. Para obtener un permiso, envíe su petición por escrito a: The Urban Ministry Institute, 3701 E. 13th Street, Wichita, KS 67208.

El Instituto Ministerial Urbano es un ministerio de World Impact, Inc.

Todas las citas bíblicas, a menos que se indique de otra forma, son de la Santa Biblia, versión Reina Valera, © 1960 Sociedades Bíblicas Unidas. Usada con permiso. Todos los derechos reservados.

Índice

Repaso General del Curso
- 3   Acerca del autor de la materia
- 4   Acerca de la adaptación y traducción de la materia, y la Biblia que usamos
- 5   Introducción al módulo
- 7   Requisitos del curso

13   Lección 1
La Inspiración Bíblica: Los Orígenes y Autoridad de la Biblia

59   Lección 2
La Hermenéutica Bíblica: El Modelo de los Tres Pasos

111   Lección 3
La Literatura Bíblica: Interpretando los Géneros Literarios de la Biblia

167   Lección 4
Estudios Bíblicos: Usando las Herramientas Básicas en el Estudio de la Biblia

219   Apéndices

297   Mentoría: Enseñando el Currículo Piedra Angular

- 305   Lección 1 - Notas del Mentor
- 313   Lección 2 - Notas del Mentor
- 319   Lección 3 - Notas del Mentor
- 323   Lección 4 - Notas del Mentor

Acerca del autor de la materia

El Rev. Dr. Don L. Davis es el Director Ejecutivo de The Urban Ministry Institute [El Instituto Ministerial Urbano y vicepresidente de *World Impact*. Asistió a la Universidad de Wheaton y la Escuela de Graduados de *Wheaton*, y se graduó con el grado summa cum laude tanto en su B. A. (1988) como en su M. A. (1989), en estudios bíblicos y teología sistemática, respectivamente. Obtuvo su Ph.D. en religión (Teología y Ética) de la Escuela de religión de la Universidad de Iowa.

Como Director Ejecutivo del Instituto y Vicepresidente Senior de *World Impact*, supervisa la formación de los misioneros urbanos, plantadores de iglesias y pastores de la ciudad, y facilita las posibilidades de formación para los obreros urbanos cristianos en la evangelización, igle-crecimiento, y misiones pioneras. También dirige los programas extensivos de aprendizaje a distancia del Instituto y facilita los esfuerzos de desarrollo de liderazgo para las organizaciones y denominaciones como la Confraternidad Carcelaria, la Iglesia Evangélica Libre de América, y la Iglesia de Dios en Cristo.

Ha sido un recipiente de numerosos premios académicos y de enseñanza, el Dr. Davis ha servido como profesor y docente en varias instituciones académicas finas, habiendo impartido conferencias y cursos de religión, teología, filosofía y estudios bíblicos en escuelas, como *Wheaton College*, Universidad de *St. Ambrose*, la Escuela Superior de Teología de *Houston*, la Universidad de Iowa de la religión, el Instituto Robert E. Webber de Estudios de adoración. Es autor de varios libros, programas de estudio y materiales de estudio para equipar a los líderes urbanos, entre ellos el currículo *Piedra Angular*, que consiste en dieciséis módulos de educación a distancia a nivel de seminario de TUMI, *Raíces Sagradas: Una cartilla para recuperar la Gran Tradición*, que se centra en cómo las iglesias urbanas pueden renovarse a través de un redescubrimiento de la fe ortodoxa histórica, y *Negro y humano: Redescubriendo al rey como recurso para la teología y ética negra*. El Dr. Davis ha participado en cátedras académicas, tales como el ciclo de conferencias *Staley*, conferencias de renovación como las manifestaciones *Promise Keepers*, y consorcios teológicos como la Serie de proyectos teológicos vívidos de la Universidad de Virginia. Recibió el Premio Distinguido *Alumni Fellow* de la Universidad de Iowa Colegio de Artes Liberales y Ciencias en el 2009. El Dr. Davis es también un miembro de la Sociedad de Literatura Bíblica, y la Academia Americana de Religión.

Acerca de la adaptación y traducción de la materia

Se intentará usar un lenguaje muy genérico. Cuando se empezó la adaptación al español de este currículo, se inició reconociendo la realidad de que el castellano tiene grandes variaciones aun dentro de un mismo país. Si bien es cierto que hay un consenso referente a nuestras reglas gramaticales, el tal no existe cuando se trata del significado o el tiempo de las palabras de uso común (por ejemplo, dependiendo de la región de un país, la palabra "ahora" pudiera significar tiempo pasado, presente o futuro). Aquellos que han tenido el privilegio de misionar transculturalmente, han experimentado claramente las pequeñas o enormes variaciones de este precioso idioma. Por esta razón, el estilo de adaptación y traducción que se emplea considera que, aunque se hable el mismo idioma, hay diferencias lingüísticas que deben ser reconocidas al adaptar el contenido de esta materia. Se ha hecho el intento, en este material, de usar un lenguaje propio, sencillo y claro; evitando comprometer los principios lingüísticos que los unen.

Se pretende usar reglas de puntuación que beneficien al estudiante. Por otro lado, por el hecho de que el contenido de este curso está dirigido a hombres y mujeres bivocacionales, comprometidos con el Reino de Dios, multiplicando iglesias en las zonas urbanas de la ciudad, que ya están marchando o han arribado a un ministerio de tiempo completo, se usarán reglas gramaticales de puntuación que agilizen la captación del contenido de una forma más efectiva.

Se procurará ampliar el vocabulario del estudiante. Ahora bien, con el fin de ampliar éste y enriquecer su lenguaje teológico, aun cuando suponemos que el estudiante no está familiarizado con tal vocabulario, se hacen redundancias para comunicar sus variaciones y hacer mejor sentido del mismo (algunas veces se anexa una nota al lado de la página para mayor claridad).

Acerca de la Biblia que usamos

Dado que el fin de este curso es el estudio teológico de la Palabra de Dios, se ha optado por utilizar traducciones de la Biblia que son esencialmente literales como la Reina Valera 1960 y la Biblia de las Américas, siendo éstas ampliamente aceptadas como Biblias de púlpito por la Iglesia. Se evita usar traducciones de equivalencia dinámica tal como la Nueva Versión Internacional, o paráfrasis bíblicas como Dios Habla Hoy, a menos que el énfasis sea interpretativo y/o se indique previamente.

En nombre de los autores, profesores, traductores, editores y publicadores, le presentamos este material con todo el voto de confianza que se merece. ¡Que su Palabra nunca regrese vacía!

~ Enrique Santis, traductor y presentador de Piedra Angular quien sirvió como director en el Ministerio Hispano de World Impact, Inc. por varios años.

Introducción al módulo

¡Saludos en el poderoso nombre de Jesucristo!

De acuerdo al claro testimonio de las mismas Escrituras, Dios equipa a sus santos a través de la Palabra Inspirada de Dios, la Biblia. Todos aquellos que Dios llama al ministerio tienen que autodisciplinarse para dominar el contenido de las Escrituras, someterse a sus estatutos y enseñar sus verdades. Como obrero, el estudiante de la Biblia debe esforzarse en manejar la Palabra de verdad con destreza, y ser aprobado por el Señor en sus estudios (2 Ti. 2.15).

Este módulo se enfoca en los hechos, principios e implicaciones de la interpretación bíblica. En nuestra primera lección, **La Inspiración Bíblica: Los Orígenes y Autoridad de la Biblia**, pondremos en perspectiva la necesidad de una interpretación bíblica, y lo que necesitamos hacer para prepararnos para esta gran tarea. Exploraremos las dimensiones humana y divina de la Biblia, clarificaremos la meta de toda interpretación, y expondremos nuestras convicciones respecto al alto lugar que las Escrituras tienen dentro de la vida de la Iglesia. Nos concentraremos especialmente en la preparación de la vida y el corazón del individuo, la cual es necesaria para interpretar la Palabra de Dios con destreza. También observaremos que la Biblia dice ser inspirada por Dios, y veremos su autoridad y su lugar en la teología y en los juicios espirituales realizados en la Iglesia. En días como estos en que la erudición bíblica se ha incrementado, también daremos un breve vistazo a la crítica bíblica moderna y analizaremos sus demandas, las cuales se relacionan con nuestro estudio de las Escrituras actualmente.

En nuestra segunda lección, **La Hermenéutica Bíblica: El Modelo de los Tres Pasos**, introduciremos un método efectivo de interpretación bíblica, diseñado para ayudarle a tener un enfoque adecuado que permita relacionar el mundo antiguo con el contemporáneo. Lo denominamos el *Modelo de los Tres Pasos*: Comprender la audiencia original, descubrir los principios generales, y hacer aplicaciones para la vida. También en esta lección, examinaremos un pasaje de la Escritura empleando este modelo, observando 1 Corintios 9.1-14. Usando el apéndice "Claves para la Interpretación Bíblica", deliberaremos sobre este gran texto de la Escritura, el cual puede darnos amplio conocimiento y un gran estímulo mientras nos esforzamos en comprender la voluntad de Dios a través de su santa Palabra.

En nuestra tercera lección, **La Literatura Bíblica: Interpretando los Géneros Literarios de la Biblia**, nos enfocamos en los tipos de literatura que se encuentran en la Biblia y cómo interpretarlos. Definiremos y bosquejaremos el concepto de "géneros" en la interpretación bíblica, presentando una descripción de la idea, y dando algunos conceptos básicos de este tipo de hermenéutica especial. Luego discutiremos las diversas formas en que se presentan los géneros bíblicos, pero daremos especial atención a dos tipos de literatura que representan la vasta mayoría del material actual de la Biblia, es decir, la narrativa y la profética. Tendremos una discusión breve pero sustanciosa tanto del estudio de la narrativa (por ejemplo, la historia de la teología), como también de la literatura profética y apocalíptica, mostrando cómo la atención prestada a esos géneros puede ayudarnos a interpretar mejor las Escrituras.

Finalmente, concluiremos el estudio del módulo con nuestra cuarta lección, *Estudios Bíblicos: Usando las Herramientas Básicas en el Estudio de la Biblia*. Aquí exploraremos el tipo de herramientas de referencias de estudio que están a nuestra disposición, mientras tratamos de entender el significado de un texto bíblico. Hoy en día, el estudiante de la Biblia tiene acceso a muchas herramientas de alto nivel, tanto impresas como en programas para computadora, las cuales pueden ayudarle a convertirse en un excelente maestro de la Palabra. Primero nos concentraremos en las herramientas básicas para una interpretación bíblica sólida: Una buena traducción de las Escrituras, ayudas en hebreo y griego, un diccionario bíblico, una concordancia, y comentarios exegéticos. También consideraremos herramientas *adicionales* que podrían enriquecer nuestro estudio de la Biblia. Éstas incluyen referencias cruzadas, biblias temáticas, biblias de referencia cruzada, y concordancias temáticas. También mencionaremos ayudas que se enfocan en la historia y las costumbres de la Biblia: Diccionarios bíblicos, enciclopedias bíblicas, atlas, y otras referencias relacionadas. Finalmente, miraremos brevemente manuales bíblicos, Biblias de estudio y otras ayudas, concluyendo nuestra discusión con el tema del uso de los comentarios bíblicos y el rol de las herramientas en general para su interpretación de la Biblia, ya sea para devocionales, predicaciones o enseñanzas.

La excelencia de la Biblia es razón suficiente para desafiarnos a dominar la Palabra de Dios. "Toda la Escritura es inspirada por Dios, y útil para enseñar, para redargüir, para corregir, para instruir en justicia, a fin de que el hombre de Dios sea perfecto, enteramente preparado para toda buena obra" 2 Ti. 3.16-17. La Palabra inspirada de Dios es suficiente para enriquecernos, equiparnos, deleitarnos y hacernos competentes para cada buena obra. La Palabra de Dios no puede ser quebrantada, siempre cumplirá sus propósitos y se asegurará que los hijos de Dios gocen de éxito en todo lo que hagan para hacer avanzar el Reino de Dios (Juan 10.35; Isa. 55.8-11; Josué 1.8).

¡Mi oración es que todas estas bendiciones sean suyas, en la medida en que el Espíritu Santo le permita explorar los principios de la interpretación de Su santa y eterna Palabra!

Con gran expectativa que sea edificado,

- Rev. Dr. Don L. Davis

Requisitos del curso

Libros requeridos y otros materiales

- Biblia y concordancia (es preferible para este curso la versión Reina Valera 1960 o La Biblia de las Américas. Sienta la libertad de utilizar traducciones *dinámicas* como por ejemplo la Nueva Versión Internacional, pero evite las paráfrasis, tales como Dios Habla Hoy, La Biblia al Día, La Versión Popular, etc.).

- Cada módulo de Piedra Angular ha asignado libros de texto, los cuales son leídos y discutidos a lo largo del curso. Le animamos a leer, reflexionar e interactuar con ellos con sus profesores, mentores y compañeros de aprendizaje. De acuerdo a la disponibilidad de los libros de texto (ej. libros fuera de impresión), mantenemos nuestra lista oficial de libros de texto requeridos por Piedra Angular. Por favor visite www.tumi.org/libros para obtener una lista actualizada de los libros de texto de este módulo.

- Papel y pluma para sus notas personales y completar las asignaturas en clase.

Porcentajes de la calificación y puntos

Asistencia y participación en la clase	30%	90 pts
Pruebas	10%	30 pts
Versículos para memorizar	15%	45 pts
Proyecto exegético	15%	45 pts
Proyecto ministerial	10%	30 pts
Asignaturas de lectura y tareas	10%	30 pts
Examen Final	10%	30 pts
Total:	100%	300 pts

Requisitos del curso

Requisitos del curso

La asistencia a clase es un requisito del curso. Las ausencias afectarán su nota final. Si no puede evitar ausentarse, por favor hágalo saber anticipadamente a su mentor. Si no asiste a clase, será su responsabilidad averiguar cuáles fueron las tareas de ese día. Hable con su mentor acerca de entregar el trabajo en forma tardía. Gran parte del aprendizaje de este curso es llevado a cabo por medio de las discusiones en grupo; por lo tanto, es necesario que se involucre en las mismas.

Asistencia y participación en la clase

Cada clase comenzará con una pequeña prueba que recordará las ideas básicas de la última lección. La mejor manera de prepararse para la misma es revisar el material de su Libro de Notas y Tareas del Estudiante y las notas extraídas en la última lección.

Pruebas

Memorizar la Palabra de Dios es, como creyente y líder en la Iglesia de Jesucristo, una prioridad central para su vida y ministerio. Deberá memorizar relativamente pocos versículos; no obstante, los mismos son significativos en su contenido. Será responsable en cada clase de recitar (verbalmente o escribiéndolo de memoria) el versículo asignado por su mentor.

Versículos para memorizar

Las Escrituras son el instrumento poderoso de Dios para equipar a los creyentes con el objeto de que puedan enfrentar la obra ministerial a la cual Él los ha llamado (2 Ti.3.16-17). Para completar los requisitos de este curso, deberá hacer por escrito un estudio inductivo del pasaje mencionado en la página 10, es decir, un estudio exegético. Este estudio tendrá que ser de cinco páginas de contenido (a doble espacio, mecanografiado, en computadora o escrito a mano en forma clara) y tratar con uno de los aspectos del Reino de Dios que fueron

Proyecto exegético

subrayados en este curso. Nuestro deseo y esperanza es que se convenza profundamente del poder de la Escritura, en lo que respecta a cambiar y afectar su vida en forma práctica, al igual que la vida de aquellos a quienes ministra. Su mentor le detallará el proyecto en la clase de introducción al curso.

Proyecto ministerial

Nuestra expectativa es que todos los estudiantes apliquen lo aprendido en sus vidas y en sus áreas ministeriales. Éstos tendrán la responsabilidad de desarrollar un proyecto ministerial que combine los principios aprendidos con una aplicación práctica en sus ministerios. Discutiremos los detalles de este proyecto en la clase de introducción.

Asignaturas de clase y tareas

Su mentor y maestro le dará varias tareas para hacer en clase o en su casa, o simplemente deberá cumplir con las tareas del Libro de Notas y Tareas del Estudiante. Si tiene alguna pregunta sobre los requisitos o las fechas de entrega, por favor pregunte a su mentor.

Lecturas

Es importante que cumpla con las lecturas asignadas del texto y pasajes de la Escritura, a fin de que esté preparado para discutir con facilidad el tema en clase. Por favor, entregue semanalmente el "Reporte de lectura" del Libro de Notas y Tareas del Estudiante. Tendrá la opción de recibir más puntaje por la lectura de materiales extras.

Examen Final para hacer en casa

Al final del curso, su mentor le dará el Examen Final el cual podrá hacer en casa. Allí encontrará preguntas que le harán reflexionar sobre lo aprendido en este curso, y cómo estas enseñanzas afectan su manera de pensar, o cómo practicar estas cosas en sus ministerios. Su mentor facilitará las fechas de entrega y le dará información extra cuando el Examen Final haya sido entregado.

Calificación

Las calificaciones finales se evaluarán de la siguiente manera, siendo guardadas cada una de ellas en los archivos de cada estudiante:

A - Trabajo sobresaliente	D - Trabajo común y corriente
B - Trabajo excelente	F - Trabajo insatisfactorio
C - Trabajo satisfactorio	I - Incompleto

Las calificaciones con las letras (A, B, C, D, F, I) se otorgarán al final, con los complementos o deducciones correspondientes; y el promedio alcanzado será tomado en cuenta para determinar su calificación final, la cual se irá acumulando. Las tareas atrasadas o no entregadas afectarán su nota final. Por lo tanto, sea solícito y comunique cualquier conflicto a su instructor.

Proyecto exegético

Como parte central de estudiar el módulo *Interpretación Bíblica*, de los cursos Piedra Angular, se requiere que haga una exégesis (estudio inductivo) de un pasaje de la Biblia acerca de la naturaleza de las Escrituras y su aplicación a nuestras vidas y ministerios:

- ☐ Salmos 19.7-11
- ☐ 2 Timoteo 3.14-17
- ☐ 1 Corintios 2.9-16
- ☐ Salmos 1.1-3
- ☐ Mateo 22.34-40
- ☐ Santiago 1.22-25
- ☐ Isaías 55.8-11
- ☐ 2 Pedro 1.19-21
- ☐ Proverbios 2.1-5

Propósito

El propósito de este proyecto es brindarle la oportunidad de hacer un estudio detallado de un pasaje significativo acerca del carácter de la Palabra de Dios y su rol en nuestro caminar espiritual y ministerial. Usando uno de los textos de arriba como base, su tarea será pensar profundamente acerca del carácter y la naturaleza de la Palabra de Dios, como también en cómo esto transforma y edifica a la Iglesia para satisfacer la voluntad de Dios en cada área de la vida. A medida que estudia uno de estos textos (o uno que junto a su mentor hayan acordado), nuestra esperanza es que su interpretación de estos pasajes le ayuden a comprender mejor el rol y la función de la Palabra de Dios en su vida, y en la de aquellos a los cuales ministra y enseña. Estamos convencidos de que el Espíritu Santo le iluminará para que encuentre el significado correcto de la Palabra de Dios. Las Escrituras son, de hecho, el alimento de nuestras almas, un armamento en nuestra guerra espiritual, y un espejo en nuestra propia caminata personal de discipulado.

Este es un proyecto de estudio bíblico, así que, a fin de hacer *exégesis*, debe comprometerse a entender el significado del pasaje en su propio contexto, es decir, el ambiente y situaciones donde fue escrito, o las razones que originaron que se escribiera originalmente. Una vez que entienda lo que significa, puede extraer principios que se apliquen a todos y luego relacionar o conectar esos principios a nuestra vida. El siguiente proceso de tres pasos puede guiar su estudio personal del pasaje bíblico:

Bosquejo y redacción de su composición

1. ¿Qué le estaba diciendo *Dios a la gente en la situación del texto original*?

2. ¿Qué principio(s) verdadero(s) *nos enseña el texto a toda la gente en todo lugar*, incluyendo a la gente de hoy día?

3. ¿Qué *me está pidiendo el Espíritu Santo que haga con este principio aquí mismo, hoy día*, en mi vida y ministerio?

Una vez que haya dado respuesta a estas preguntas en su estudio personal, estará preparado para escribir los hallazgos de su incursión reflectiva en su *proyecto exegético*.

El siguiente es un *ejemplo del bosquejo* para escribir su proyecto:

1. Haga una lista de lo que cree que es *el tema o idea central* del texto elegido.

2. *Resuma el significado* del pasaje completo (puede hacerlo en dos o tres párrafos), o si prefiere, escriba un comentario de cada versículo elegido.

3. *Bosqueje de uno a tres principios* que el texto provea de la naturaleza, significado y/o función de la Palabra de Dios sobre el tema de interpretación para el líder cristiano contemporáneo.

4. Comente cómo uno, algunos, o todos los principios, pueden relacionarse con *una o más* de las siguientes áreas:

    a. Su propia espiritualidad y caminar con Cristo

    b. Su vida y ministerio en la iglesia local

    c. Situaciones y desafíos en su comunidad y la sociedad en general

Como recursos, por favor siéntase en libertad de leer los textos del curso y/o comentarios, e integre esas ideas o principios a su proyecto. Por supuesto, asegúrese de dar crédito a quien merece crédito, si toma prestado o construye sobre las ideas de alguien más. Puede usar referencias en el mismo texto, notas al pie de página o notas en la última página de su proyecto. Será aceptada cualquier forma que escoja para citar sus referencias, siempre y cuando 1) use sólo una forma consistente en todo su proyecto, 2) indique dónde está usando las ideas de alguien más y le dé crédito por ellas. Para más información, vea *Documentando su Tarea: una regla para ayudarle a dar crédito a quien merece crédito* en el Apéndice.

Asegúrese que su proyecto exegético cumpla las siguientes normas al ser entregado:

- Que se escriba legiblemente, ya sea a mano, a máquina o en computadora
- Que sea el estudio de uno de los pasajes bíblicos mencionados anteriormente
- Que se entregue a tiempo y no después de la fecha y hora estipulada
- Que sea de 5 páginas de texto
- Que cumpla con el criterio del *ejemplo del bosquejo* dado antes, claramente formulado para la comprensión de quien lo lea
- Que muestre cómo el pasaje se relaciona a la vida y ministerio de hoy

No deje que estas instrucciones le intimiden. ¡Este es un proyecto de estudio bíblico! Todo lo que necesita demostrar en este proyecto es que *estudió* el pasaje, *resumió* su significado, *extrajo* algunos principios del mismo y lo *relacionó* o *conectó* a su propia vida y ministerio.

Calificación

El proyecto exegético equivale a 45 puntos y representa el 15% de su calificación final; por lo tanto, asegúrese que su proyecto sea un excelente e informativo estudio de la Palabra.

Proyecto ministerial

Propósito

La Palabra de Dios es viva y eficaz, y penetra y discierne los pensamientos y las intenciones del corazón (Heb. 4.12). Santiago, el apóstol, enfatiza la necesidad de ser hacedores de la Palabra de Dios, y no oidores solamente, engañándonos a nosotros mismos. Somos exhortados a aplicar la Palabra y obedecerla. Omitir esta disciplina, sugiere Santiago, es similar a una persona que mira su propia cara en un espejo; luego se va y se olvida de lo que es (su crecimiento y sus fallas), y lo que debe ser (la expectativa de ser como Cristo). En cada caso, el hacedor de la Palabra de Dios será bendecido por medio de lo que hace con la misma (Stg. 1.22-25).

Nuestro deseo sincero es que aplique lo aprendido de manera práctica, correlacionando su aprendizaje con experiencias reales y necesidades en su vida personal, conectándolo a su ministerio en y por medio de la iglesia. Por esta razón, una parte vital de completar este módulo es desarrollar un proyecto ministerial que le ayude a compartir con otros las ideas y principios que aprendió en este curso.

Planificación y resumen

Hay muchas formas por medio de las cuales puede cumplir este requisito de su estudio. Puede escoger dirigir un estudio breve de sus ideas con un líder de su iglesia, escuela dominical, jóvenes o grupo de adultos o de estudio bíblico, o en una oportunidad ministerial. Lo que tiene que hacer es discutir algunas de las ideas que aprenda en clase con un grupo de hermanos (por supuesto, puede usar las ideas de su proyecto exegético).

Debe ser flexible en su proyecto; sea creativo y no ponga límites. Al principio del curso, comparta con su instructor acerca del contexto (circunstancias: grupo, edades, cuánto tiempo, día y hora) donde va a compartir sus ideas. Y antes de compartir con su grupo, haga un plan y evite apresurarse en seleccionar e iniciar su proyecto.

Después de efectuar su plan, escriba y entregue a su mentor un resumen de una página, o una evaluación del tiempo cuando compartió sus ideas con el grupo. El siguiente es un ejemplo del bosquejo de su resumen o evaluación:

1. Su nombre
2. El lugar y el nombre del grupo con quien compartió
3. Un resumen breve de la reunión, cómo se sintió y cómo respondieron sus oyentes
4. Lo que aprendió

Calificación

El proyecto ministerial equivale a 30 puntos, es decir, el 10% de la calificación total; por lo tanto, procure compartir el resumen de sus descubrimientos con confianza y claridad.

LECCIÓN 1

La Inspiración Bíblica
Los Orígenes y Autoridad de la Biblia

Página 305 📖 *1*

Objetivos de la lección

Página 307 📖 *2*

¡Bienvenido en el poderoso nombre de Jesucristo! Después de que lea, estudie, dialogue y aplique los materiales en esta lección, podrá:

- Definir la hermenéutica como una disciplina y ramificar el conocimiento que se enfoca en la interpretación, especialmente de textos.

- Dar evidencia de que la Biblia debe ser interpretada como un libro divino y humano, con ambas dimensiones para apreciar y entender completamente la naturaleza de las Escrituras.

- Exponer las presuposiciones cruciales que los cristianos ortodoxos han creído históricamente acerca de la naturaleza de las Escrituras incluyendo su origen divino: la Escritura interpretando la Escritura, la idea de la revelación progresiva, la naturaleza de la Escritura centrada en Cristo, y la necesidad del Espíritu Santo para entender la Palabra de Dios.

- Dar un vistazo general del *Modelo de los Tres Pasos* de la interpretación bíblica, el cual incluye entender la situación original, descubrir los principios bíblicos, y aplicar el significado de las Escrituras a nuestras vidas.

- Recitar los varios elementos requeridos en la preparación del corazón para la interpretación bíblica, incluyendo la necesidad de la humildad y la oración, la diligencia y la determinación, y (como buen obrero) tener un riguroso envolvimiento en la Biblia.

- Demostrar conocimiento sobre los tipos de papeles que debemos adoptar al preparar nuestras mentes para una interpretación seria de la Biblia, incluyendo el papel de explorador, el de detective y el de científico - escudriñando la Palabra diligentemente, siguiendo las pistas, y pesando las evidencias cuidadosamente antes de hacer un juicio.

- Exhibir de parte de las Escrituras que la Biblia es inspirada por Dios y escrita por autores humanos.

- Demostrar y distinguir entre las varias teorías de la inspiración que buscan explicar cómo y de qué forma las Escrituras pueden ser inspiradas por el Espíritu Santo y también influenciadas por autores humanos.

- Presentar cuidadosamente la lógica y las historias de la crítica bíblica, y cómo ésta disciplina moderna busca trazar los orígenes de la Escritura encontrados en los eventos originales que habla la Biblia y en los reportes de los registros en los libros canónicos de las Escrituras.

- Dar una breve explicación, incluyendo los beneficios y problemas asociados con las subsecciones mayores de la crítica bíblica moderna, incluyendo la forma, la fuente, la lingüística, el texto, la literatura canónica y la crítica histórica, tanto como los estudios de traducción.

Nuestra área de confianza

Is. 55.6-11 *Buscad a Jehová mientras puede ser hallado, llamadle en tanto que está cercano. [7]7 Deje el impío su camino, y el hombre inicuo sus pensamientos, y vuélvase a Jehová, el cual tendrá de él misericordia, y al Dios nuestro, el cual será amplio en perdonar. [8] Porque mis pensamientos no son vuestros pensamientos, ni vuestros caminos mis caminos, dijo Jehová. [9] Como son más altos los cielos que la tierra, así son mis caminos más altos que vuestros caminos, y mis pensamientos más que vuestros pensamientos. [10] Porque como desciende de los cielos la lluvia y la nieve, y no vuelve allá, sino que riega la tierra, y la hace germinar y producir, y da semilla al que siembra, y pan al que come, [11] así será mi palabra que sale de mi boca; no volverá a mí vacía, sino que hará lo que yo quiero, y será prosperada en aquello para que la envié.*

Dios es inequívoco en la aseveración de su absoluta integridad y verdad. El Dios y el Padre de nuestro Señor Jesucristo es un Dios de fidelidad y confianza, que nunca ha mentido ni nunca lo hará, cuya Palabra es veraz, y su soberanía y verdad proveen a Su pueblo profunda confianza. Aun cuando damos un vistazo a algunos versículos de la Biblia acerca de la fidelidad de Dios, no deja por fuera la certeza de que Dios es fiel a su palabra de pacto, y a su proclamación del poder operativo de sus Escrituras y promesas. Veremos aquí un ejemplo de esta confianza en la Palabra de Dios:

> Salmo 19.7-10 - La ley de Jehová es perfecta, que convierte el alma; el testimonio de Jehová es fiel, que hace sabio al sencillo. [8] Los mandamientos de Jehová son rectos, que alegran el corazón; el precepto de Jehová es puro, que alumbra los ojos.[9] El temor de Jehová es limpio, que permanece para siempre; los juicios de Jehová son verdad, todos justos. [10] Deseables son más que el oro, y más que mucho oro afinado; y dulces más que miel, y que la que destila del panal.

Devocional

Página 308 3

Dt. 32.4 - Él es la Roca, cuya obra es perfecta, porque todos sus caminos son rectitud; Dios de verdad, y sin ninguna iniquidad en él; es justo y recto.

Éxodo 34.6 - Y pasando Jehová por delante de él, proclamó: ¡Jehová! ¡Jehová! fuerte, misericordioso y piadoso; tardo para la ira, y grande en misericordia y verdad.

Salmo 98.3 - Se ha acordado de su misericordia y de su verdad para con la casa de Israel; todos los términos de la tierra han visto la salvación de nuestro Dios.

Salmo 100.5 - Porque Jehová es bueno; para siempre es su misericordia, y su verdad por todas las generaciones.

Isaías 25.1 - Jehová, tú eres mi Dios; te exaltaré, alabaré tu nombre, porque has hecho maravillas; tus consejos antiguos son verdad y firmeza.

Juan 6.63 - El espíritu es el que da vida; la carne para nada aprovecha; las palabras que yo os he hablado son espíritu y son vida.

1 Pedro 1.23-25 - Siendo renacidos, no de simiente corruptible, sino de incorruptible, por la Palabra de Dios que vive y permanece para siempre. [24] Porque: Toda carne es como hierba, y toda la gloria del hombre como flor de la hierba. La hierba se seca, y la flor se cae; [25] mas la palabra del Señor permanece para siempre. Y esta es la palabra que por el evangelio os ha sido anunciada.

Añada a esta modesta lista, literalmente, docenas de versículos acerca de la fidelidad de Dios y regresará en esencia a lo dicho en Isaías 55. Dios compara la certeza del cumplimiento de Su Palabra, en términos de predicción y promesa, al poder orgánico de la lluvia del cielo, que una vez que se mezcla con la semilla y la tierra trae fruto abundante. Dios esencialmente dice que su Palabra es tan productiva, cierta, exitosa, y potente como la lluvia mezclándose con los elementos de la tierra.

¿A qué asemejamos esta certeza y esta promesa de llevar fruto y prosperidad asociada con la palabra del pacto de Dios? Está arraigada en su carácter, en su persona, en su veracidad como Dios fiel, el Dios que no puede mentir (Tito 1.2), su Palabra es cierta y verdadera, para siempre asentada sobre los cielos. David cantó de la fidelidad de Dios y de la confianza de su Palabra en el Salmo 89: "Las misericordias de Jehová cantaré perpetuamente; de generación en generación haré notoria tu fidelidad con mi boca. [2] Porque dije: Para siempre será edificada misericordia; en los cielos mismos afirmarás tu verdad" (Sal. 89.1-2). En este texto Dios nos asegura que su Palabra es verdadera. Por ser un Dios fiel, su Palabra cumplirá lo que Él determine y prosperará en lo que Él quiera que prospere.

Déjeme preguntarle: ¿en qué cree que nos podemos afirmar para confiar que todo lo que Dios nos ha prometido sucederá? ¿En base a qué creemos que vamos a cosechar la vida que se nos ha prometido por la fe en Cristo Jesús? La respuesta es el carácter veraz del Dios viviente, quien ha hablado la verdad a su pueblo. Nuestro Dios es un Dios verdadero, y por eso nosotros nos asimos a Su promesa, sabiendo bien que lo que Él prometió, lo hará. Esto (y sólo Esto) es en lo que afirmamos nuestra confianza.

Después de recitar y/o cantar El Credo Niceno (ubicado en el apéndice) haga la siguiente oración:

> *Bendito Señor, quien ha hecho que todas las Escrituras sean escritas para nuestro aprendizaje: ayúdanos a escucharlas, leerlas, marcarlas, aprenderlas y digerirlas, para que podamos abrazarlas y tener la dulce esperanza de la vida eterna, la cual nos has dado por nuestro salvador Jesucristo; quien vive y reina contigo y el Espíritu Santo, un Dios, por siempre. Amén.*

~ Iglesia Episcopal. **El libro de oraciones comunes y administración de los sacramentos y otros ritos y ceremonias de la iglesia, Juntos con el salmista o Salmos de David**. New York: The Church Hymnal Corporation, 1979. p. 236

El Credo Niceno y oración

No hay prueba en esta lección.

Prueba

No hay versículos para memorizar en esta lección.

Revisión de los versículos memorizados

No hay tarea en esta lección.

Entrega de tareas

Página 309 📖 4

¿Por qué nos debería interesar?

 Mucha gente moderna presupone que la ciencia, de una vez por todas, ha desacreditado la verdad acerca del valor de la Biblia, al menos en su historia y posibilidades sobrenaturales. Un pequeño grupo de estudiantes sinceros de la Biblia creen que es su trabajo probar a aquellos escépticos acerca de la naturaleza de la misma; su veracidad histórica y verdad. Ellos citan el cumplimiento de la profecía, su precisión referente a las predicciones, coherencia interna, y su preservación como evidencia de que las Escrituras deben ser divinamente inspiradas. Otro grupo igualmente sincero pero menos procurador de cristianos está convencido de que no se puede persuadir con evidencia a aquellos que no creen en la validez espiritual e histórica de las Escrituras. Ellos argumentan que sin el Espíritu Santo, ninguna persona puede ser convencida de las promesas de Dios en Cristo, mucho menos convencer a los escépticos por medio de argumentos acerca de la credibilidad de la Biblia. Al considerar estas posiciones, ¿por qué cree que nos deben importar estos temas acerca del origen de la Biblia, su autoridad e inspiración por parte de Dios?

La Escritura y el Espíritu Santo

 Los cristianos evangélicos han escrito miles de libros acerca de la necesidad de usar con excelencia métodos y principios que le den sentido a la Biblia. Uno puede ir a muchas librerías cristianas o la biblioteca de un seminario y encontrar muchos textos, los cuales proveen instrucción detallada de los pasos específicos que debemos tomar para descubrir el "sentido literal y plano" de la Biblia. A pesar de todos estos libros, todavía tenemos muchas iglesias que demuestran una gran falta de conocimiento de la Biblia, y a pesar del acceso a buenas guías de estudios bíblicos, no parecen amar o leer sus Biblias más que otras. Algunos sugieren que los métodos y estrategias no significan nada sino siguen el liderazgo y la llenura del Espíritu Santo. Desacreditan completamente los métodos y enfatizan las *dimensiones espirituales* de la interpretación bíblica y no las *intelectuales*. Ya que el Espíritu es el que inspiró la Biblia, él debe ser el que la ilumine. *¿Qué relación existe entre la metodología y la obra del Espíritu en la interpretación bíblica?* Aparte de la iluminación del Espíritu Santo, ¿es posible entender la Biblia en una forma sustantiva de tal modo que haya un cambio en la vida, aunque se tenga buenas formas de hermenéutica para entenderla?

¿Literatura, la Palabra de Dios o ambas?

En las últimas décadas unos cuantos eruditos han enfatizado la necesidad de entender la Biblia como literatura para poder descubrir el significado que posee para nuestras vidas. Ellos argumentan que la literatura funciona de acuerdo a reglas y formas definidas, sean bíblicas o no. En vez de leer la Biblia como un libro humano con formas y convenciones humanas, estos eruditos reclaman que debemos cortarla en pequeños pedazos, ignorar las formas literarias, y buscar usarla principalmente como texto de prueba para hacer reclamos teológicos acerca de esto o lo otro. Otros dicen que aunque la Biblia fue escrita por autores humanos, el texto va más allá de las formas convencionales y reglas literarias. Es la Palabra viva de Dios, y debemos descubrir dentro de ella (y *en toda la Biblia*) el significado respecto a la salvación y nuestra fe en Jesucristo. ¿Cuál es su reacción a este tipo de discusión: es la Biblia una obra literaria, la Palabra viva de Dios o ambas?

La Inspiración Bíblica: Los Orígenes y Autoridad de la Biblia

Segmento 1: Preparándonos para la interpretación bíblica sólida

Rev. Dr. Don L. Davis

La hermenéutica es esa disciplina y rama del conocimiento que se enfoca en la interpretación, especialmente en la de textos. Como metodología, la hermenéutica busca entender la forma en la cual la Biblia debe ser interpretada como un libro divino y un libro humano, con ambas dimensiones necesarias para apreciar y entender completamente la naturaleza de la misma. Históricamente, los cristianos ortodoxos, desde el principio han creído en la inspiración de la Escritura, la necesidad de que la Escritura interprete la Escritura y la idea de la revelación progresiva que culmina en la revelación de Cristo. Sólo por medio del Espíritu Santo pueden las Escrituras ser entendidas. El *Modelo de los Tres Pasos* de la interpretación bíblica incluye entender la situación original, descubrir los principios bíblicos y aplicar el significado de la Escritura a nuestras vidas. Para poder interpretar correctamente la Palabra de Dios, debemos preparar nuestros corazones, mentes, y nuestra voluntad para estudiarla humilde y rigurosamente, analizarla con cuidado y obedecerla con el corazón, todo para la gloria de Dios.

Resumen introductorio al segmento 1

Nuestros objetivo para este segmento, *Preparándonos para la interpretación bíblica sólida*, es ayudarle a ver que:

- La hermenéutica es aquella disciplina y rama del conocimiento que se enfoca en la interpretación, especialmente la de textos. La hermenéutica bíblica se enfoca más que nada en los métodos y ciencia de interpretar la Biblia.

- La Biblia siempre debe ser interpretada como un libro *divino* y *humano*, y ambas dimensiones de lo divino y lo humano deben ser apreciadas, para entender completamente la naturaleza de la Escritura.

- Desde el principio, la fe cristiana ortodoxa tuvo ciertas presuposiciones fundamentales referente a la naturaleza de la Escritura, incluyendo el origen divino, la necesidad que la Escritura interprete la Escritura, la idea de la revelación progresiva la cual culmina con la revelación de Dios en la persona de Cristo, y la necesidad de la obra del Espíritu Santo para poder entender la Palabra de Dios.

- El *Modelo de los Tres Pasos* de la interpretación bíblica, el cual busca tomar en serio la diferencia histórica y lingüística entre el mundo del texto y nuestro mundo moderno, incluye los esfuerzos para entender el mensaje a la luz de su situación original, descubriendo los principios bíblicos del texto, y finalmente aplicando el significado de las Escrituras a nuestras vidas.

- Para poder interpretar correctamente la Palabra de Dios debemos preparar nuestros corazones, mentes, y voluntad para estudiarla humilde y rigurosamente, analizarla cuidadosamente, obedecerla con todo el corazón, todo para la gloria de Dios.

- Como buenos obreros, preparamos nuestros corazones por medio de la humildad y la oración, diligencia y determinación, y el riguroso estudio de la Biblia. Preparamos nuestras mentes al tomar el papel del explorador, detective, y científico, buscando la Palabra diligentemente, siguiendo las claves, y pesando la evidencia cuidadosamente antes de formar juicios. Preparamos nuestra voluntad al obedecer la Palabra, no solamente al escucharla. Además, nos aferramos a la verdad de que la sabiduría llega por obedecer la Palabra de Dios, no solamente por reflexionar en ella.

I. La necesidad de la interpretación bíblica

A. Términos introductorios

1. "Hermenéutica" - la disciplina y rama del conocimiento que se enfoca en la interpretación, especialmente en la del texto bíblico.

2. "Interpretación" - el acto o proceso de interpretar o explicar, proveyendo el sentido y el significado al mensaje, texto o tema.

B. Razones por las cuales la Biblia debe ser interpretada

1. La Biblia es un libro divino: nadie conoce los pensamientos de Dios excepto Dios mismo, 1 Co. 2.10-11.

   a. Dios ha hablado claramente, Dt. 30.11-14.

   b. Dios ha hablado para que el buscador pueda entender Su mente, Is. 45.19.

   c. Dios ha hablado entendiblemente (e.d., revelándonos las cosas que necesitamos saber con el objetivo de que le creamos y obedezcamos; la Biblia habla de todo lo que debemos saber, pero no de todo lo que podemos conocer), Dt. 29.29.

2. La Biblia es un libro *humano,* 2 Pe. 3.15-16.

   a. Existen diferencias de lenguaje, cultura y experiencia.

b. Las Escrituras fueron escritas por un período de 1600 años por 40 autores diferentes, los cuales tenían experiencias y entendimientos radicalmente distintos a los nuestros.

3. Dios nos pide que dominemos las Escrituras adecuadamente, es decir, que la leamos de tal forma que obtengamos el significado que Él quiere que recibamos.

   a. 2 Ti. 2.15

   b. 1 Co. 2.6

   c. 2 Co. 4.2

C. La meta de la interpretación bíblica: *explicar el significado en forma clara y sencilla*

   1. Trazar correctamente la Palabra de verdad, 2 Ti. 2.15

   2. Explicar el significado claramente, Neh. 8.1-3, 7-8

   3. Conocer la verdad y experimentar la verdad libertadora de Dios, Juan 8.31-32

   4. Beneficiarse espiritualmente de nuestro compromiso con la Palabra de Dios, Sal. 19.7-11

D. Presuposiciones cruciales (*debemos asumir algunas cosas verdaderas antes de comenzar a interpretar la Biblia*)

1. Las Escrituras tienen la autoría *divina* y *humana*.

2. La interpretación bíblica es por medio de una *exégesis*, no una *eiségesis*.

   a. Exégesis - explicar, dejar en claro, interpretar el significado desde *dentro* del texto (*Sacar de*)

   b. Eiségesis - explicar e interpretar el texto, especialmente el bíblico usando las ideas propias (e.d., *leer hacia adentro*)

3. La Escritura debe interpretar la misma Escritura.

   a. 1 Co. 2.13

   b. Mt. 22.29

   c. Lucas 24.27, 44-47

4. *Revelación progresiva*: La revelación se desenvuelve progresivamente hasta culminar en la persona de Jesucristo (e.d., Jesús es la medida o el parámetro por medio del cual todas las interpretaciones de la Escritura deben ser juzgadas).

   a. Heb. 1.1-2

b. Mt. 17.5

c. Juan 1.17-18

d. 2 Co. 4.3-6

5. Las Escrituras se deben leer iluminadas por el Espíritu.

    a. 2 Pe. 1.20-21

    b. Mc. 12.36

    c. Hechos 1.16

    d. Hechos 3.18

E. Repaso del *Modelo de los Tres Pasos* de la interpretación bíblica

    1. Entienda el contexto original y la situación: *un pasaje no puede significar lo que nunca significó.*

    2. Encuentre principios generales: *el Espíritu revela verdades universales en la Palabra de Dios que se aplican a la mente, la conciencia y la voluntad de todo creyente.*

    3. Haga conexiones y aplicaciones: *la Palabra de Dios debe ser creída y obedecida, no es meramente para ser analizada y estudiada.*

II. La necesidad de *la preparación del corazón* en la interpretación bíblica: Tener un corazón humilde y blando

2 Cr. 16.9a - Porque los ojos de Jehová contemplan toda la tierra, para mostrar su poder a favor de los que tienen corazón perfecto para con él.

A. Nos acercamos a la Palabra de Dios humildemente, en oración: la importancia de la oración, Sal. 119.18.

1. Ore pidiendo la guía del Espíritu de Dios, 1 Juan 2.20-21.

2. Ore para estar abierto a la instrucción de Dios, Sal. 32.8-9.

3. Ore para recibir el poder de Dios para confiar y obedecer.

    a. Heb. 11.1-16 (versículo 6: Sin fe es imposible agradar a Dios).

    b. Santiago 1.22-25

4. Ore por la guía de Dios para compartir la Palabra con otros, Esdras 7.10.

B. Actitudes a mostrar en el estudio de la Escritura

1. Sea laborioso, sea diligente y determinado, 2 Ti. 2.15; Pr. 2.1-9 (observe 2-5).

2. Sea humilde y contrito, Is. 57.15.

3. Sea enseñable y abierto, Sal. 25.4-5.

C. "Sembrad para vosotros según la justicia . . . romped el barbecho": como se rompe la tierra labrantía, usted también familiarícese con la Palabra de Dios por medio de una constante y rigurosa lectura y meditación, Oseas 10.12.

1. Lea y familiarícese con la Biblia, Neh. 8.8.

2. Memorice la Biblia, Sal. 119.11.

3. Medite en la Biblia, Sal. 1.1-3.

4. Escuche las predicaciones y enseñanzas de la Biblia, Hechos 17.11.

III. La necesidad para la preparación de la mente en la interpretación bíblica: Llegar a tener una fortaleza mental

1 Co. 14.20 - Hermanos, no seáis niños en el modo de pensar, sino sed niños en la malicia, pero maduros en el modo de pensar.

A. Acérquese a la Palabra de Dios como un *explorador* (un buscador determinado a descubrir su tesoro), Mt. 13.52.

1. Reconozca que el contexto de la Biblia es muy diferente pero a la vez muy similar al nuestro.

2. El primer paso para el estudio completo de la Biblia es llegar a familiarizarse con el mundo de la Biblia, "su contexto".

3. Todo estudio de la Biblia involucra en alguna manera un "viaje en el tiempo".

4. El estudio abre sus ojos para poder ver: observar, participar, y descubrir.

B. Acérquese a la Palabra de Dios como un *detective* (buscando las pistas para entender los significados más amplios y pertinentes, y sus conexiones).

1. El poder de la verdad se encuentra en las jotas y en las tildes; la necesidad de entrenarse para buscar las pistas, Mt. 5.18.

2. Busque con tanta intensidad que no pierda ni un detalle. Lucas 16.17.

3. Siga cada pista posible; entreviste a cada testigo de la Escritura.

4. Indague cada historia, cada coartada, cómplice o camarada en la historia.

5. La Palabra de Dios nunca pasará, Lucas 21.33.

C. Acérquese a la Palabra de Dios como un *científico* (aquel que se dedica a probar todas las ideas y verificar todo de acuerdo a los hechos), Hechos 17.11.

1. Pruebe cada teoría, hipótesis o suposición con la Palabra; confrente toda idea, comprobándola con la Palabra de Dios.

   a. 1 Juan 4.1

b. Is. 34.16

c. 1 Ts. 5.21

d. Is. 8.20

e. Ro. 12.2

f. Ef. 5.10

g. Fil. 1.10

2. No acepte ninguna explicación que no esté apoyada en la Palabra de Dios.

   a. 1 Juan 4.5-6

   b. 1 Pe. 1.10-12

3. Luche por conectar todo significado de la Escritura a la persona del Mesías.

   a. Juan 5.39-40

   b. 2 Ti. 3.15-16

4. Sea completamente maduro en su pensamiento.

   a. Verifique los hechos correctamente sin hacer juicios equivocados y ligeros; evite el exceso de generalidades dentro del tema, Juan 7.24.

   b. Presente argumentos válidos basados en la Escritura y no en filosofías humanas: *la lógica y las leyes del pensamiento.*

      (1) La ley de la identidad ("A es A")

      (2) La ley de la no contradicción ("A no es B")

      (3) La ley del medio excluido ("X es A o B")

   c. Aprenda a pensar *dialógicamente: ambos A y B son verdad (AB).*

      (1) La verdad de Dios es A: *Jesús es completamente Dios*

      (2) La verdad de Dios es B: *Jesús es completamente hombre*

      (3) La verdad de Dios es ambos A y B (iguales, diferentes unificados)

D. "No te apoyes en tu propia prudencia", Pr. 3.5-6.

   1. Aprenda a esperar para la formulación de un juicio hasta que tenga todos los hechos, la evidencia necesaria.

   2. Disciplínese a no apresurar conclusiones.

   3. Busque dos veces todo lo que ha descubierto.

   4. Deje que otros juzguen el fruto de su estudio.

Nota del traductor: La ley del medio excluido es un principio en la lógica que arguye que algo es correcto o falso; que no hay "medio" entre A o B. Pero la Biblia claramente afirma que Dios es A y B (el león y el cordero, Ap. 4.7; Señor y Siervo, Juan 13.13-16).

IV. La necesidad de la *preparación de la voluntad en la interpretación bíblica:* Dispóngase a practicar la Palabra de Dios.

A. Sea un hacedor de la Palabra, Santiago 1.22-25, comp. Esdras 7.10.

   1. Escuche la *voz* de Dios al estudiar Su Palabra, Heb. 3.7-13.

   2. Haga prontamente lo que Dios le pide.

   3. No forme el hábito de *leer la Palabra para las necesidades de otros* y no hacerlo *para que Dios le hable* a usted.

   4. Espere que la Palabra de Dios afecte su vida, no solamente sus hábitos de estudio.

B. La sabiduría viene de *obedecer* la Palabra de Dios, no solamente de *interpretarla*, Salmo. 111.10.

   1. Los eruditos bíblicos sólidos no *viven para estudiar*, sino que *estudian para vivir*.

      a. Dt. 4.6

      b. Josué 1.7-8

   2. El entendimiento empieza cuando *la Palabra de Dios* es nuestra meditación; no sólo para tomar notas y bosquejar sermones, Salmos 119.98-101.

3. Salimos de la etapa de la niñez al madurar por medio de la obediencia a la Palabra de Dios.

   a. 1 Pe. 2.2

   b. Heb. 5.12-6.1

Conclusión

» Para poder interpretar apropiadamente las Escrituras, debemos preparar nuestros corazones, mentes y voluntad, con el propósito de entrar en la eterna Palabra del Dios viviente.

» Como un libro divino y humano, debemos depender de los recursos del Espíritu Santo para entender la Palabra de Dios, y estar listos para permitir que Dios transforme nuestras vidas.

Por favor, tome tanto tiempo como tenga disponible para responder éstas y otras preguntas que el video formula. Nunca debemos ver la hermenéutica bíblica como un grupo de reglas y métodos que al aplicarlas nos concederán los tesoros y consejos de la Escritura. Contrario a esto, se trata de un *tema espiritual*, y la interpretación bíblica auténtica siempre demandará una preparación en este ámbito, una formación que busca no sólo *entender* las Escrituras, sino *cumplirlas* en cada dimensión de nuestras vidas. Repase las siguientes preguntas que resumen los pensamientos más pertinentes del primer segmento teniendo en cuenta las verdades aquí aprendidas, y siempre respalde su respuesta con la Escritura.

1. ¿Cuál es la ciencia de la hermenéutica, y qué estudia? ¿Cuál es el reto específico y meta de la hermenéutica bíblica?

2. ¿Qué significa sugerir que la Biblia en una manera fundamental debe ser percibida como un libro *divino* tanto como un libro *humano*? ¿El hecho de decir que la Biblia es un libro humano le quita su origen divino? Explique.

Seguimiento 1

Preguntas y reflexión acerca del contenido del video

Página 310 📖 *5*

3. ¿Cuál es la meta de toda la interpretación bíblica?, en otras palabras, ¿por qué debemos luchar al estudiar la Biblia? ¿Qué significa "usar bien la Palabra de verdad" (2 Ti. 2.15)?

4. ¿Qué es una presuposición, y cuáles son las "presuposiciones cruciales" que los cristianos siempre han tenido acerca de la Biblia al buscar interpretarla correctamente? ¿Por qué son estas presuposiciones importantes de conocer como *fieles seguidores* de Cristo *ANTES* de comenzar a utilizar los métodos para entender la naturaleza de la Escritura?

5. ¿Por qué es importante ver a la Biblia como una revelación progresiva que culmina en la manifestación de Jesucristo? ¿Cuál cree que es la relación entre la Palabra *escrita* de Dios y la Palabra *personal* de Dios, nuestro Señor Jesús? ¿Cómo se relacionan ambas?

6. Explique el papel del Espíritu Santo en la inspiración de la Escritura y la iluminación de las mismas en la interpretación bíblica.

7. ¿Cuál es el *Modelo de Tres Pasos* de la interpretación bíblica, y cómo es que este enfoque procura tomar en serio las diferencias históricas y lingüísticas entre el contexto del texto y nuestro contexto moderno?

8. ¿Por qué es simplemente imposible interpretar la Palabra de Dios sin preparación del corazón, la mente y la voluntad para hacer lo que Dios determina? ¿Significa esto que debemos ignorar la necesidad de utilizar la estrategia sólida de la hermenéutica bíblica al leer la Palabra de Dios?

9. ¿Cuáles son algunos de los papeles que debemos asumir al aplicar nuestra mente y corazón en el estudio de la Escritura? ¿Por qué es tan central la obediencia para comprender completamente el significado de la Escritura, y no meramente el estudio y la reflexión?

La Inspiración Bíblica: Los Orígenes y Autoridad de la Biblia

Segmento 2: La inspiración bíblica y la crítica bíblica moderna

Rev. Dr. Don L. Davis

De acuerdo a lo que dice la Biblia, ésta es inspirada por Dios, reconociendo el ingrediente de ambas dimensiones: la divina y la humana en su origen y autoridad y como la misma Palabra del Dios viviente. Los cristianos han confesado que debido a que la Biblia es inspirada por Dios, no contiene errores en sus escritos originales, y por ende representa la autoridad absoluta en la Iglesia de Dios sobre lo que debemos creer y hacer. La crítica moderna intenta rastrear los orígenes de las Escrituras a partir de los eventos originales que menciona la Biblia hasta los reportes actuales de esos hechos registrados en los libros canónicos de la Escritura. Las subsecciones más importantes incluyen la forma, fuente, la lingüística, el texto, literatura, canon, redacción y la crítica histórica, tanto como los estudios de traducción. A pesar de los muchos reclamos hechos por muchos eruditos hoy día, debemos estar confiados de que las Escrituras son en verdad la Palabra de Dios que vive y permanece para siempre.

Nuestro objetivo para este segmento, *La inspiración bíblica y la crítica bíblica moderna*, es ayudarle a ver que:

- Las Escrituras clara y corporalmente dicen que la Palabra de Dios es inspirada por Dios, "soplada por Dios", por medio del poder y la obra del Espíritu Santo. La Biblia es un libro de autoría humana e inspiración divina, pero la Escritura no es de interpretación privada, sino que los autores fueron "guiados" por el Espíritu Santo.

- Las cinco teorías más importantes acerca de la inspiración han girado en torno a qué tan precisamente el Espíritu Santo guió a los autores de las Escrituras. Éstas incluyen la teoría mecánica o de dictado, la teoría de la intuición o natural, la teoría de la iluminación, la teoría de los grados de inspiración y la teoría verbal o plenaria. La teoría verbal o plenaria argumenta que todo el texto de las Escrituras, incluyendo la selección de palabras del autor, son producto de la guía y elección de Dios.

- La crítica bíblica moderna busca trazar los orígenes de la Escritura partiendo de los eventos que se mencionan en la Biblia hasta los reportes de los registros de los libros canónicos de la Escritura. Comenzando con el evento regulador, busca seguir el mensaje de Dios desde el hecho hasta la traducción de la Escritura que tenemos hoy.

Resumen introductorio al segmento 2

- Las subsecciones principales de la crítica bíblica moderna incluyen la crítica de forma (estudiando la tradición oral), critica de fuente (encontrando fuentes iniciales escritas), la crítica lingüística (lenguaje, palabras y gramática), la crítica textual (las copias de los textos), la crítica literaria (reglas de literatura), la crítica canónica (como fueron seleccionados los libros), la crítica de redacción (el propósito de los autores), la crítica histórica (historia y cultura), tanto como estudios de traducción.

- No importando los reclamos de muchos eruditos hoy día, podemos estar confiados en que las Escrituras son en verdad la Palabra de Dios que vive y permanece para siempre.

Video y bosquejo segmento 2

I. Aunque la Biblia fue escrita por autores humanos, en definitiva fue inspirada por Dios.

A. Nombres y títulos

1. "Biblia" viene de la palabra griega *biblos* (Mt. 1.1) y *biblion* (Lucas 4.17) que significa "libro".

2. Los libros antiguos se escribían sobre el *biblus* o papiro, de aquí proviene la palabra *biblos* la cual finalmente fue asociada con los libros sagrados de la Escritura (comp. Mc. 12.26; Lc. 3.4; 20.42; Hechos 1.20; 7.42)

3. "La Escritura" o "las Escrituras" (e.d., *los escritos sagrados*) (Marcos 12.10; 15.28; Juan 2.22; 10.35; Lucas 24.27; Hechos 17.11; 2 Ti. 3.15; 2 Pe. 3.16)

4. La Palabra de Dios (Marcos 7.13; Ro. 10.17; 2 Co. 2.17; Heb. 12; 1 Ts. 2.13)

B. La Biblia fue escrita por *autores humanos*.

1. Isaías, Is. 1.1-2

2. Pablo, Gál. 1.1-5

3. Moisés, Sal. 90.1-2

4. David, Sal. 19.1

C. Las Escrituras son también *inspiradas por Dios*.

1. Ellas son "*sopladas*" por Dios mismo, 2 Ti. 3.16-17.

2. Su autoría no es de interpretación privada, 2 Pe. 1.19-20.

3. Los autores fueron guiados por el Espíritu Santo, 2 Pe. 1.21.

D. Implicaciones de la inspiración divina del Espíritu Santo

1. Debido a que las Escrituras son inspiradas por Dios, afirmamos que ellas no contienen errores referentes a sus enseñanzas o afirmaciones de la verdad (la doctrina de la *inerrancia*).

2. Porque las Escrituras son inspiradas por Dios, podemos aseverar con mayor fuerza que éstas son la final y absoluta autoridad para todas las cosas en la Iglesia, para todo lo que debemos creer y practicar; es la absoluta corte de apelación a la consciencia humana (la doctrina de la *infalibilidad*).

II. Teorías de la inspiración: ¿Cómo exactamente guió el Espíritu Santo a los autores humanos para producir las Escrituras?

Estas teorías buscan responder la pregunta de cómo el Señor, el Espíritu, inspiró a los autores para que ellos produjeran lo que ahora llamamos la "Escritura", y se afirme que es "inspirada por Dios".

> La estructura del argumento de esta sección fue adaptada de H. Wayne House, "Teorías de la inspiración". **Cuadros de Teología Cristiana**. Grand Rapids: Zondervan, 1992.

A. *La teoría del dictado o mecánica: autoría humana pasiva*

1. El autor humano fue un *instrumento pasivo* en las manos de Dios.

2. El autor *escribió cada palabra* como Dios la habló (ejemplo: un reporte verbal, como una secretaria taquígrafa, como un estenógrafo en la corte).

3. Este dictado *protege las Escrituras* de error.

4. Reacciones a (o problemas con) la *teoría mecánica o de dictado*

   a. Los libros de la Biblia mantienen demasiada diversidad en los estilos de escritura, lenguaje y expresión como para que esto sea cierto.

   b. Entonces, ¿por qué Dios no nos dio el libro entero de su propio dedo?

B. *La teoría de intuición o natural: autoría humana especialmente dotada*

1. El Espíritu Santo seleccionó gente dotada con una profunda sabiduría espiritual para escribir la Biblia.

2. Supone que los autores *escribieron* la Biblia informados por su propia experiencia y consejo.

3. La reacción a (o problemas con) la *teoría natural o de intuición*: las Escrituras dicen que Dios, el Espíritu, es el autor de la Biblia, no seres humanos, como sea que hayan sido escogidos o dotados, 2 Pe. 1.20-21.

C. *La teoría de la iluminación: autoría humana resaltada*

1. El Espíritu Santo resaltó las capacidades normales de los autores humanos.

2. Esas habilidades resaltadas permitieron que los autores expresaran una enseñanza especial con respecto a la erudición de la verdad espiritual.

3. Reacciones a (o problemas con) la *teoría de la iluminación*: las Escrituras no sólo revelan a los autores humanos que las escribieron, sino que ellos redactaron las palabras mismas de Dios ("así dice el Señor", Ro. 3.2).

D. *La teoría de los grados de inspiración: una autoría humana más-y-menos inspirada*

1. Ciertas partes de las Escrituras son más inspiradas que otras.

2. Las secciones que tratan con las doctrinas claves o verdades éticas están más inspiradas que las partes históricas, económicas, culturales, etc.

3. Algunos fragmentos de la Biblia pueden no ser inspirados.

4. Reacciones a (o problemas con) la *teoría de grados de inspiración*

   a. Toda la Escritura es inspirada por Dios, 2 Ti. 3.16-17.

   b. El dar grados de inspiración va en contra de lo que Jesús enseñó concerniente a la Palabra de Dios, Mt. 5.17-18; Juan 3.34-35; 10.35.

   c. ¿Quién determina qué partes son más inspiradas para nosotros?

E. *Teoría verbal-plenaria: autoría humana pasiva*

   1. Las Escrituras despliegan elementos humanos y divinos en sus escritos.

   2. Todo el texto de las Escrituras, incluyendo la selección de palabras que usaron los autores, son producto de Dios.

      a. Son expresados en *términos y condiciones humanas*.

      b. Son expresados en *dichos y lenguaje humano*.

3. Los autores fueron conocidos y escogidos por Dios, y guiados en la escritura de su texto (ej., Jeremías, Jer. 1.5).

4. Reacciones a (o problemas con) la *teoría verbal-plenaria*

   a. Responde con credibilidad al tema de la autoría humana y divina

   b. Se concentra en la totalidad del texto, *incluyendo las palabras*

   c. ¿Cómo podrían ser descritos los elementos finitos, unidos a la cultura humana, como la *inmutable y eterna Palabra de Dios?*

F. Asuntos Finales

1. El Espíritu Santo guió a los autores, 2 Pe. 1.20-21.

2. Todas las Escrituras fueron inspiradas, "sopladas" por Dios, 2 Ti. 3.16-17.

III. Crítica bíblica y los orígenes de la Biblia: Desde el evento de las historias hasta los textos de la Biblia

A. El tema: la *evolución del texto*

1. ¿Cómo nos llegó la Biblia? ¿Cuáles fueron los pasos que nos guiaron a tener las traducciones presentes de la misma?

2. ¿Podemos trazar los orígenes de la Biblia desde los eventos actuales tal cual sucedieron, hasta nuestras Escrituras actuales en nuestra propia lengua materna?

3. A la disciplina de la crítica histórica moderna le interesa *rastrear los orígenes de las Escrituras a partir de los eventos originales a las historias y reportes acerca de ellos en los textos de las Escrituras, y finalmente a las traducciones que tenemos hoy día.*

   a. Eventos originales: *eventos reveladores* (ej., el evento Cristo)

   b. Historias y reportes acerca de ellos (*las tradiciones orales que circulaban antes de que los hechos fueran escritos*)

   c. A los relatos escritos de la Escritura (*la elaboración misma de los libros*)

   d. A las traducciones (nuestras traducciones presentes)

B. Un ejemplo bíblico de crítica: Lucas

   1. El testimonio de Lucas, Lucas 1.1-4

      a. Compilando una lista narrativa de los hechos históricos

      b. Hechos basados en los creyentes que fueron testigos oculares

      c. Hechos ordenados para Teófilo

d. Con el propósito de entender con certeza absoluta *las cosas que sucedieron*

2. Abriendo el libro de Hechos, Hechos 1.1-2

   a. Hechos como el "Volumen II" de los acontecimientos narrados por Lucas referente a la persona y obra de Jesús

   b. Una fina descripción histórica y precisa

3. La premisa básica de la crítica de Lucas: *proveer acontecimientos precisos de los hechos históricos alrededor de la vida y obra de Jesús*

4. Crítica bíblica moderna: *rastrear el texto hasta su evento original, partiendo del evento mismo, a sus tradiciones orales, copias textuales, y traducciones estandarizadas*

C. El evento revelador: Dios obra en el mundo, en el hombre y/o la mujer

1. Decisivo (*en términos de revelación*)

2. Autoritativo (*en términos de la tradición apostólica, ej., la resurrección, 1 Corintios 15*)

3. Irrepetible (*unido a las acciones de Dios en la historia, no se repite*), ej., 2 Co. 5.19

Nota: Los estudios bíblicos son el intento de recapturar el significado del texto en el contexto de la comunidad, tal como la misma lo entendió, transmitió, registró, y teologizó acerca del evento revelatorio.

4. Revelado divinamente (*su significado puede ser interpretado directamente por Dios y no a través de nuestros razonamientos o análisis*)

D. Crítica de forma: *comienza con la historia detrás del evento, rastreando las tradiciones originales y orales (historias, reportes, testimonios) asociados con los eventos y los textos*

1. Estudia las tradiciones orales del pueblo de Dios y la iglesia primitiva

2. Ve la Biblia como producto de la tradición humana

3. Tiene un nivel de prueba muy bajo

4. Fortaleza: trata de llegar a los principios *orales* antes de los *escritos*, enfatiza que las Escrituras probablemente tenían principios narrativos antes de ser plasmadas en manuscritos.

5. Debilidad: *especula y adivina demasiado acerca de cómo la comunidad encontraba y comunicaba la historia*

E. Crítica de fuente: *intenta descubrir las fuentes escritas que se usaron para formar los textos*

1. Compara los textos de varios libros para *ver similitudes y contrastes,* (sin embargo, ¿cuáles fueron los primeros escritos de la Biblia?)

2. Ve la Biblia como producto de la *tradición humana*

3. Tiene un nivel muy bajo de prueba

4. Fortaleza: intenta identificar las *fuentes clave*, enfatizando las Escrituras.

5. Debilidad: prácticamente imposible *probar sus declaraciones*

F. Crítica lingüística: *estudia la Biblia en sus lenguajes originales, las palabras y la gramática*

1. Estudia hebreo antiguo, arameo, y griego koiné

2. Ve la Biblia como *producto de la cultura humana*

3. Tiene un rango medio de nivel de prueba

4. Fortaleza: Provee un conocimiento profundo de los *idiomas antiguos*

5. Debilidad: *estamos muy distantes del lenguaje antiguo, por lo tanto, es muy dificultosa*

G. Crítica textual: *está en todos los manuscritos disponibles, comparándolos para encontrar la mejor lectura*

1. Se enfoca en *diferentes manuscritos y sus familias* de textos

2. Ve la Biblia como producto de la *investigación textual*

3. Tiene un nivel de prueba muy alto

4. Fortaleza: hay *muchos manuscritos confiables y* disponibles

5. Debilidad: *la cantidad de los manuscritos es muy extensa*

H. Crítica literaria: *determina el autor, estilo, receptor y género*

1. Estudia diferentes tipos de formas literales, y el trasfondo de los libros

2. Ve la Biblia como producto del *genio literario*

3. Tiene un alto nivel de prueba

4. Fortaleza: descubre los *géneros* o tipos de la literatura bíblica y cómo se interpretan apropiadamente

5. Debilidad: *tendencia a leer demasiado sin permitir que el texto hable por sí mismo*

I. Crítica canónica: *analiza la aceptación, vista y uso del texto en la Iglesia*

1. Se enfoca en la historia de la Biblia en el antiguo Israel y en la iglesia primitiva (concilios, convenciones)

2. Ve la Biblia como *producto de la comunidad creyente de aquel tiempo*

3. Tiene un alto nivel de prueba

4. Fortaleza: toma en serio que lo creemos por razón del *punto de vista que tenía la comunidad creyente con respecto a la Biblia*

5. Debilidades: *tiende a poner demasiado énfasis en la comunidad que fue dirigida a formar el canon, reduciendo todo el significado de la Escritura a lo que significó dentro de ella misma, y no lo que la Biblia demanda hoy día*

J. Crítica de redacción: *se enfoca en la teología del escritor*

1. El estudio intenso de cada uno de los libros con el propósito de entender los *temas y los puntos de vista del autor*

2. Ve la Biblia como producto de una *personalidad creativa*

3. Tiene un nivel medio de prueba

4. Fortaleza: análisis profundo de una *colección entera de los autores escriturales y sus intereses*

5. Debilidades: *no correlaciona la Biblia con otros libros, tampoco la toma como un "todo"*

K. Crítica histórica: *investiga el ambiente, la cultura ancestral y el trasfondo histórico*

1. Investiga las *culturas, sus costumbres, y su historia*

2. Ve la Biblia como *producto de las fuerzas históricas*

3. Tiene un rango medio en el nivel de prueba

4. Fortaleza: captura con más firmeza los *temas históricos* del texto

5. Debilidad: *nuestra lejanía presente con la historia*

L. Estudios de traducción: *provee una traducción clara y legible basada en los mejores manuscritos*

1. Se enfoca en ganar un entendimiento del lenguaje recibido por la cultura junto con el significado del texto para *la mejor traducción*

2. Ve la Biblia como producto de la *interpretación dinámica*

3. Tiene un rango medio de nivel de prueba

4. Fortaleza: nos ayuda a entender el significado de la Biblia, ya que persigue una *versión bíblica en la lengua del lector* y de su contexto

5. Debilidad: *no deja que la Biblia se explique a sí misma (refleja las opiniones acerca de lo que el texto significa)*

IV. Resumen de la crítica bíblica moderna

A. Útil para entender la situación de los contextos en la Biblia y de las costumbres

B. Es beneficiosa en proveer un conocimiento profundo de los lenguajes bíblicos

C. Ayuda a sugerir maneras en las cuales la Biblia llegó a nuestras manos

D. Problemas profundos

1. Persigue la verdad desde un *estudio científico de la religión,* no del contexto de Jesús y de los apóstoles

2. Busca interpretar la Biblia *de acuerdo a los límites de lo que considera significativo y posible*

3. Tiende a rebajar la Biblia como *revelación,* viéndola primordialmente como un registro perteneciente a una comunidad religiosa.

¡Que su palabra sea la verdad, y todo hombre mentiroso!

Is. 40.8 - Sécase la hierba, marchítase la flor, mas la Palabra del Dios nuestro permanece para siempre.

Conclusión

» La Palabra de Dios es inspirada por Dios, y los autores fueron guiados por el Espíritu Santo siendo las Escrituras que ellos escribieron, palabras inspiradas por el Dios viviente.

» Y si bien la crítica bíblica moderna ofrece muchas ayudas para mejorar nuestro entendimiento sobre la Biblia, su escepticismo general acerca de la inspiración de la Biblia sugiere que debemos ser cuidadosos de las distintas sugerencias de los críticos.

Seguimiento 2

Preguntas y reflexión acerca del contenido del video

Las siguientes preguntas fueron diseñadas para ayudarle a repasar el material en el segundo segmento del video. La pregunta de los orígenes, autoridad, e inspiración de la Biblia yace en el corazón de toda la interpretación bíblica. No podemos definir nuestra hermenéutica hasta que respondamos la pregunta sobre el origen divino de la Biblia tanto como su autoría humana. La crítica bíblica moderna procura explicar la relación precisa entre lo divino y lo humano. Al discutir juntos las preguntas a continuación, busque clarificar sus puntos de vista al repasar las ideas claves del segmento. Lea las siguientes preguntas cuidadosamente, y procure responderlas a la luz de la enseñanza en las Escrituras.

1. Enliste por lo menos tres versículos de la Biblia los cuales digan que las Escrituras son inspiradas por Dios, "sopladas por Dios", por medio del poder y obra del Espíritu Santo. ¿Qué significa que la Biblia es un libro divino y a la vez un libro de autoría humana? ¿Cómo entiende el texto en 2 Pedro que dice que ninguna Escritura es de interpretación privada, sino que los autores fueron "guiados" por el Espíritu Santo (comp. 2 Pe. 1.19-21)?

2. ¿Cuál es la teoría mecánica o de dictado, qué sostiene y qué piensa usted de su credibilidad?

3. Explique la teoría natural o de intuición de la inspiración bíblica, y cómo debemos interpretarla a la luz de lo que la Biblia dice de sí misma.

4. ¿Cuáles son los elementos claves de la teoría de la iluminación de la inspiración bíblica, y cómo responden las Escrituras a la pregunta de la dotación de los autores y la autoría divina de la Biblia?

5. ¿Cómo se alinea la teoría de los grados de inspiración con la enseñanza bíblica acerca de la naturaleza de la Palabra de Dios?

6. Enliste los principales conceptos asociados con la teoría verbal plenaria de la inspiración bíblica. ¿Por qué esta teoría, más que otras, nos provee de una respuesta clara en lo que respecta a la relación de lo divino y lo humano en los orígenes y autoridad de la Biblia?

7. ¿Cuál es la meta de la crítica bíblica moderna? ¿Es una meta realista? Explique su respuesta.

8. Resuma las varias subsecciones de la crítica bíblica que trazan el proceso del evento divino a nuestras propias copias de la Escritura ¿Cuál es la diferencia entre crítica "alta" y crítica "baja"? ¿Cuáles son los problemas y beneficios asociados con estas disciplinas?

9. De todos los acercamientos a la crítica bíblica, ¿cuál cree que ofrece a los estudiantes ortodoxos de la Escritura el mejor y más útil apoyo en sus esfuerzos por interpretar la Palabra adecuadamente?

10. ¿Por qué debemos estar seguros de que nuestra traducción de las Escrituras es confiable y autoritativa, aún a la luz del profundo escepticismo mostrado por muchos eruditos de hoy día referente a la autoridad y la inspiración de la Palabra de Dios?

Lea el apéndice "El punto de vista de Cristo acerca de la Biblia" por Paul Enns para obtener una perspectiva crítica de la forma en que Jesús de Nazaret percibió y utilizó el Antiguo Testamento, y cómo Él vio por medio de los apóstoles la venida del Nuevo Testamento.

CONEXIÓN

La naturaleza de la escuela bíblica moderna

Resumen de conceptos importantes

Página 310 — 6

La multiplicidad de métodos actualmente disponibles para la exégesis bíblica confunde y puede tentar al intérprete a enfocarse en éstos en vez de en la dinámica del proceso de entendimiento. Cuando se toma como punto de partida todos los tipos de crítica bíblica (incluyendo las dimensiones "ontológicas") llega a ser imposible clasificar aspectos específicos a los cuales se refiere la Escritura y seleccionar así el mejor método para cada caso.

El aspecto histórico del problema tiene que ver principalmente con la relación entre el emisor y el mensaje. Desde esta área importante de búsqueda, se desarrollan un número de técnicas especializadas. Estudios de trasfondo (Zeitgeschichte) se enfocan en el ambiente histórico del cual surge el texto. La forma de la crítica asume una tradición oral detrás del texto escrito y se interesa en su transición pre-literaria a la forma literaria. La crítica de fuente estudia la relación entre los textos individuales en un contexto literario más amplio y su dependencia con las fuentes. La crítica de redacción asume que los autores de los libros bíblicos tuvieron una fuerte influencia de los eventos y analiza la composición de estos textos desde la perspectiva del último redactor. La crítica textual es una disciplina especializada y técnica, enfocada en restaurar la forma original del texto lo mejor posible. Preguntas de autoría, la historia de los libros individuales, y la formación del canon, todo tiene que ver con el aspecto histórico de la relación entre el emisor y el mensaje.

~ Bernard C. Lategan. "Hermeneutics". **The Anchor Bible Dictionary**. D. N. Freedman, ed. Vol. 3. Doubleday: New York: Doubleday, 1997. pp. 152-153.

Los siguientes conceptos resumen las verdades críticas que hemos reflexionado y discutido en esta lección sobre los orígenes, la autoridad e inspiración de las Escrituras. Antes de que en forma crítica y razonable introduzcamos nuestra propia hermenéutica para comprender mejor la Biblia, debemos estar completamente confiados en que las Escrituras son la Palabra de Dios, y que merecen el tipo de atención, seriedad, y estudio riguroso que el texto demanda. Las verdades enlistadas a continuación le ofrecen una gran oportunidad para repasar los conceptos aprendidos en esta lección.

- La hermenéutica es aquella disciplina y rama del conocimiento que se enfoca en la interpretación, especialmente en la de textos. La hermenéutica bíblica se enfoca especialmente en los métodos y ciencias de interpretar la Biblia.

- La Biblia debe ser interpretada como un libro *divino* y *humano*, y ambas dimensiones deben ser apreciadas para entender completamente la naturaleza de la Escritura.

- Desde el principio, la fe cristiana ortodoxa ha tenido ciertas presuposiciones fundamentales respecto a la naturaleza de la Escritura, incluyendo su origen divino, la necesidad de que la Escritura interprete la Escritura, la idea de la revelación progresiva que culmina con la revelación de Dios en la persona de Cristo, y la necesidad de la obra del Espíritu Santo para entender la Palabra de Dios.

- El *Modelo de los Tres Pasos* de la interpretación bíblica, el cual busca tomar seriamente la diferencia histórica y lingüística entre el contexto del texto y nuestro contexto moderno, incluye esfuerzos para entender el mensaje a la luz de su situación original, descubriendo los principios bíblicos desde el texto, y finalmente aplicando el significado de la Escritura a nuestras vidas.

- Para poder interpretar correctamente la Palabra de Dios, debemos preparar nuestros corazones, mentes, y voluntades para un estudio humilde y riguroso, un análisis cuidadoso, y una obediencia de corazón, todo para su gloria.

- Preparamos nuestros corazones por medio de la humildad y oración, diligencia y determinación, y nos introducimos rigurosamente como buenos obreros al estudio de la Biblia. Preparamos nuestras mentes al adoptar los papeles de explorador, detective, y científico, buscando la Palabra diligentemente, siguiendo pistas y pesando cuidadosamente la evidencia antes de formular juicios. Preparamos nuestras voluntades obedeciendo la Palabra, no solo escuchándola, y abrazando la verdad de que la sabiduría viene por la obediencia a la Palabra de Dios, y no por el sólo hecho de reflexionar en ella.

- Las Escrituras clara y abiertamente dicen que la Palabra de Dios es inspirada por Dios, "soplada por Dios", por medio del poder y obra del Espíritu Santo. La Biblia es un libro de autoría humana e inspiración divina, pero ninguna Escritura es de interpretación privada, sino que los autores fueron "guiados" por el Espíritu Santo.

- Las cinco teorías más importantes de la inspiración han rodeado la explicación de cómo precisamente el Espíritu Santo guió a los autores humanos en las Escrituras. Éstas incluyen la teoría mecánica o de dictado, la teoría natural o de intuición, la teoría de la iluminación, la teoría de los grados de inspiración, y la teoría verbal plenaria. La teoría verbal plenaria argumenta que todo el texto de las Escrituras, incluyendo la selección de las palabras escogidas por el autor, son el producto de la elección y guía de Dios.

- La crítica bíblica moderna busca rastrear los orígenes de las Escrituras en los eventos originales narrados en la Biblia a los reportes actuales de los hechos registrados en los libros canónicos de la Escritura. Comenzando con el evento regulador hasta la traducción de la Escritura que tenemos hoy.

- Las subsecciones mayores de la crítica bíblica moderna incluyen la crítica de forma (trazando la tradición oral), crítica de fuente (encontrando fuentes escritas iniciales), crítica lingüística (lenguaje, palabras y gramática), crítica textual (copias de textos), crítica literaria (reglas de literatura), crítica canónica (cómo fueron seleccionados los libros), crítica de redacción (los propósitos de los autores), crítica histórica (historia y cultura), tanto como estudios de traducción.

- No importando lo que dicen muchos eruditos hoy, debemos estar confiados que las Escrituras son verdaderamente la Palabra de Dios que vive y permanece para siempre.

Aplicación del estudiante

Página 310 7

El que sea cuidadoso y reflexione lentamente aplicando en buena forma lo aprendido le llevará a la clave para su propio enriquecimiento y desarrollo como líder cristiano. Esta sección de la lección está hecha para que pueda discutir con sus compañeros las preguntas específicas que han surgido en sus mentes acerca del origen y autoridad de las Escrituras. El concepto de la inspiración de las Escrituras descansa en su propia habilidad para crecer en Cristo y el hecho de proclamar sus promesas con confianza en su ministerio. Piense ahora en esas preguntas en particular que han surgido en su mente a la luz del material que acaba de estudiar, y discútalas en clase. Las preguntas a continuación pueden desarrollar otras preguntas, preocupaciones y temas.

* ¿Es necesario que cada cristiano tenga algún tipo de "hermenéutica" al buscar entender el significado de la Biblia? ¿Por qué son importantes estos temas, tanto para un laico como para un no laico, para un cristiano normal como para un erudito?

* ¿Hay alguna forma definitiva de conocer realmente la relación precisa entre las dimensiones divinas y las humanas en lo que respecta a la creación de la Biblia? ¿Qué pasa si no podemos explicar estos hechos perfectamente; deberíamos estar muy alarmados? Explique su respuesta.

* ¿Por qué es tan importante comenzar nuestro estudio de los orígenes de la Biblia con las verdades que los cristianos por siglos han guardado y creído?

* Explique la razón de por qué todas las estrategias hermenéuticas son esencialmente intentos para acercar la brecha entre el contexto del texto y nuestro contexto moderno ¿Es esto realmente posible o necesario, dado que nos separan tantos siglos de los autores de la Biblia?

* ¿Qué pasos debo tomar para preparar mi propio corazón, mente y voluntad con el objetivo de entender y aplicar la Palabra de Dios? ¿Cuál es el reto más grande que tengo en esta área?

* ¿Debo creer que los escritos originales de la Biblia fueron "inerrantes" e "infalibles" para entender que los mismos fueron inspirados por Dios y "soplados por Dios"? Explique su respuesta.

* De todas las teorías que leyó en esta lección, ¿cuál es la más convincente acerca de la naturaleza de lo humano y divino en la Biblia? ¿Cuál es la menos convincente y por qué?

* ¿Hasta qué punto piensa que los líderes cristianos urbanos necesitan saber las teorías generales asociadas con la crítica bíblica moderna? ¿Interfieren o aumentan estos campos nuestra habilidad de manejar la Palabra de Dios para el discipulado personal y el ministerio? Explique.

* De todas las subsecciones más importantes de la crítica bíblica moderna, ¿cuál cree que puede proveer a los líderes cristianos urbanos los mejores recursos para entender y aplicar la Palabra de Dios a su vida y ministerio?

Casos de estudio

Tradición y /o Escritura

Para la vasta mayoría de cristianos, el papel de la autoridad de la iglesia precede la interpretación personal de la Biblia. La autoridad del Papa para los católicos provee el bosquejo y el impulso por el cual los católicos cristianos interpretan la Biblia; aunque la Biblia tiene aplicación personal, ellos se abstienen, y dicen que no debería ser interpretado exclusivamente como un libro personal. Ser cristiano, argumentan, es ser parte de la "comunión de los santos", los fieles de Cristo quienes a través de las edades se han aferrado a la esperanza de la vida eterna junto a todos aquellos que tienen la verdad de Cristo como algo muy preciado. Para muchos protestantes, por otro lado, la Biblia es la "inerrante" e "infalible" autoridad en las vidas de todos los cristianos. El único problema con esta opinión es que han surgido miles de movimientos independientes y sectas, los cuales reclaman conexión a la "autoridad de la Biblia". ¿Qué hace con estos argumentos acerca de la tradición y la Escritura, y cómo debe ver el papel de la tradición en la interpretación bíblica?

Página 311 8

Ciertamente no hay forma de saberlo

En una tensa conversación entre los seminaristas acerca de la autoridad de la Biblia, una estudiante demandaba respuestas acerca de lo inútil de las discusiones sobre los temas de inspiración y autoridad. Ella argumentaba que "no podemos argumentar que alguna de estas teorías es verdadera, parece que estamos gastando demasiado tiempo hablando de ideas que no pueden ser probadas. ¿Qué ganamos si no podemos probar que alguna de estas teorías es la correcta? ¿Por qué no simplemente tomar la Biblia y confesar que la misma es la Palabra de Dios, que Él la inspiró, y que la Biblia es confiable para nuestra fe y ministerio?" Otros argumentan que ésta es una posición inocente. Como seminaristas y líderes cristianos, ellos estaban obligados a formular las "preguntas difíciles" e ir lo más lejos posible para encontrarle un sentido a éstas y otras preguntas relacionadas con la Biblia. ¿Quién cree que está en lo correcto en su punto de vista y argumentos?

Sólo a los cristianos les interesa

Un pastor fue cuestionado por los ancianos de la iglesia ya qué había estado allí por cinco años y nunca había enseñado alguna serie acerca de la confiabilidad de la Biblia y su inspiración. El contestó, "No es que no crea que la Biblia sea confiable, sino que creo que el problema es que los únicos que están interesados en escuchar mensajes acerca de la inspiración de la Biblia son aquellos que ya creen en ella. He descubierto en mis años de ministerio que muy pocos inconversos se han convertido por los largos argumentos acerca de la posibilidad de los milagros y las teorías de la inspiración. Ellos se convencen más por las epístolas vivientes de nuestras vidas, el tipo de generosidad, hospitalidad, y servicio genuino que muestran los discípulos de Jesús, que por el tamaño de sus ensayos y el peso de sus argumentos intelectuales. La verdad es que sólo a los cristianos les interesan los temas acerca de la inspiración". ¿Qué piensa acerca de la evaluación del pastor con respecto a este tipo de predicación y enseñanza acerca de la inspiración? ¿Por qué está él en lo correcto o equivocado en sus juicios?

Primero lo primero

 Un centro de entrenamiento cristiano de liderazgo ofrece una gama de entrenamientos bíblicos, teológicos y pastorales a sus estudiantes por medio de un personal sólido y dedicado. En todos los programas que ofrecen, demandan de sus estudiante un sólo curso: hermenéutica bíblica. Su razonamiento es claro y sencillo: el centro cree profundamente que el hábito central y más importante para el desarrollo del liderazgo cristiano es obtener un buen manejo de las Escrituras. Ningún otro campo de aprendizaje, ninguna habilidad o experiencia, se puede comparar con la necesidad de estar cimentado en la Palabra de Dios, de tener la habilidad de predicar, enseñar, y aplicar el mensaje de la Escritura a los varios temas de la vida. como lo son la familia, la iglesia, el trabajo, y el servicio. ¿Qué piensa de esto: basándose en todas las cosas que los líderes urbanos deben aprender a hacer y ser, qué lugar debería tener la Palabra de Dios en su desarrollo? ¿Por qué es casi imposible ser el tipo de líder que Dios desea que uno sea si se es ignorante y se está desarmado para "usar correctamente" la Palabra de verdad?

Reafirmación de la tesis de la lección

La hermenéutica es aquella disciplina y rama del conocimiento que se enfoca en la interpretación, especialmente la de textos. La hermenéutica bíblica se enfoca sobre todo en los métodos y ciencias para interpretar la Biblia. Desde el principio, la fe cristiana ortodoxa ha tenido ciertas presuposiciones fundamentales tocante a la naturaleza de las Escrituras tales como la inspiración de la Biblia, la necesidad de que la Escritura interprete la Escritura, y la idea de que la Escritura progresivamente revela la voluntad de Dios, terminando con la persona de Jesús. El *Modelo de los Tres Pasos* de la interpretación bíblica busca acercar la brecha entre el contexto del texto y nuestro contexto, entendiendo la situación original, descubriendo principios bíblicos, y aplicando la Escritura a nuestra vida. Para poder interpretar correctamente la Palabra de Dios, debemos preparar nuestros corazones, mentes, y voluntades para un estudio humilde y riguroso, un análisis cuidadoso, y una obediencia de corazón, todo para la gloria de Dios.

Las Escrituras son "sopladas por Dios" por medio del poder y obra del Espíritu Santo. La pregunta de autoría humana e inspiración divina ha sido explicada por medio de cinco teorías principales de inspiración, incluyendo la teoría mecánica o de dictado, la teoría natural o de intuición, la teoría de la iluminación, la teoría de los grados de inspiración, y la teoría verbal o plenaria. La teoría verbal o plenaria argumenta que todo el texto de las Escrituras, incluyendo la selección de palabras que tuvo el autor son el producto de la elección y guía de Dios.

La crítica bíblica moderna busca rastrear los orígenes de las Escrituras partiendo de los eventos originales narrados en la Biblia a los reportes actuales de aquellos eventos registrados en los libros canónicos de las Escrituras. Las subsecciones más importantes de la crítica bíblica moderna incluyen la crítica de forma (trazando la tradición oral), crítica de fuente (encontrando fuentes iniciales escritas), crítica lingüística (idioma, palabras y gramática), crítica textual (copias de textos), crítica literaria (reglas de literatura), crítica canónica (cómo fueron seleccionados los libros), crítica de redacción (los propósitos de los autores), crítica histórica (historia y cultura), tanto como estudios de traducción. A pesar de los reclamos hechos por los eruditos hoy día, podemos estar confiados de que las Escrituras son verdaderamente la Palabra de Dios que vive y permanece para siempre.

Recursos y bibliografía

Si está interesado en investigar más a fondo algunas ideas sobre *La Inspiración Bíblica: Los Orígenes y Autoridad de la Biblia*, podría hacerlo a través de estos libros (algunos de estos títulos pueden estar disponibles en español, o revise nuestro portal en la red cibernética para recursos adicionales en español):

> Bacote, Vincent, Laura C. Miguelez, and Dennis L. Okholm. *Evangelicals & Scripture: Tradition, Authority and Hermeneutics.* Downers Grove, IL: InterVarsity Press, 2004.
>
> Barton, John. *People of the Book: The Authority of the Bible in Christianity.* Louisville, KY: Westminster John Knox Press, 1989.
>
> Bruce, F. F. *The Canon of Scripture.* Downers Grove, IL: InterVarsity Press, 1988.
>
> ------. *The New Testament Documents: Are They Reliable?* Grand Rapids: Eerdmans Publishing Company, 2003.

Conexiones ministeriales

La doctrina de los orígenes y la inspiración de las Escrituras tiene una aplicación inmediata a nuestro ministerio hacia los demás. La incapacidad de confiar en el poder de Dios afectará cómo predica, a quién le predica, y lo que espera de su ministerio en la Palabra. Tome tiempo ahora para explorar las ramificaciones de éstas importantes verdades acerca de las Escrituras inspiradas por Dios, y busque conectar el ministerio tangible y la práctica con el área donde sirve y enseña. Al haber discutido y meditado en las verdades vistas en la lección, tal vez algunos conceptos han "renacido" como muy significativos para su propio caminar y ministerio, y merecen más oración, meditación, y estudio la próxima semana. Explore la dirección particular que el Espíritu Santo sugiera referente a la autoridad e inspiración de las Escrituras y la confianza que le provee al reclamar sus promesas, obedecer sus mandatos, y saborear lo dicho en ella acerca de Dios, su Hijo, y el Reino.

Consejería y oración

Debe tener a disposición un elemento significativo en su experiencia de aprendizaje: la intercesión enfocada y la súplica por sus compañeros de estudio durante las clases. A la luz de las muchas verdades, retos, y necesidades compartidas en este tiempo, pase tiempo orando específicamente por las necesidades y preocupaciones de sus colegas. Nunca desestime el poder de la oración fiel para que la verdad de Dios se mantenga viva en nuestras vidas. Solamente cuando el Espíritu Santo nos provea con consejo y gracia, podemos ser verdaderamente transformados, y hacer nuestra la verdad (1 Co. 2.9-16).

Versículos para memorizar

2 Pedro 1.19-21

Lectura del texto asignado

Para prepararse para la clase, por favor visite www.tumi.org/libros para encontrar las lecturas asignadas de la próxima semana o pregunte a su mentor.

Otras asignaturas o tareas

Página 311 📖 *9*

Será examinado referente al contenido (contenido del video) de esta lección la próxima semana. Asegúrese de pasar tiempo repasando sus notas, enfocándose especialmente en las ideas principales de esta lección. Lea los textos asignados y resuma cada una de ellos en no más de un párrafo o dos. Por favor, presente en el mismo su mejor entendimiento de lo que cree fue el punto principal de cada lectura. No se preocupe demasiado por dar detalles; simplemente escriba lo que considera son los puntos principales discutidos en esa sección del libro. Por favor, traiga estos resúmenes a la clase la próxima semana. (Por favor ver el "Reporte de lectura" al final de esta sesión).

En la lección de hoy exploramos la necesidad de la interpretación bíblica, y de la preparación de nuestros corazones, mentes, y voluntades al entrar en la eterna Palabra del Dios viviente. Como libro divino y humano, debemos depender de los recursos del Espíritu Santo para entender la Palabra de Dios, y estar listos para permitir a la misma transformar nuestras vidas antes de empezar. En nuestro próximo segmento, examinaremos la inspiración y autoridad de la Biblia, y discutiremos el papel de la crítica bíblica moderna en el entendimiento de la Palabra de Dios hoy día.

En nuestra próxima lección estudiaremos detalladamente nuestro *Modelo de los Tres Pasos* de la interpretación bíblica, una manera sencilla pero efectiva, diseñada para ayudarnos a entender la verdad de la Escritura y poder acercar la brecha entre los contextos antiguos y contemporáneos. El modelo incluye el uso en oración y a la vez disciplinado de las herramientas de estudio bíblico, que nos permiten entender el mensaje de Dios a la audiencia original, descubrir principios generales para nuestros días, y hacer las respectivas aplicaciones en nuestras vidas.

Esperamos ansiosamente la próxima lección

Este plan de estudios es el resultado de miles de horas de trabajo por The Urban Ministry Institute (TUMI) y no debe ser reproducido sin su autorización expresa. TUMI apoya a todos los que deseen utilizar estos materiales para el avance del Reino de Dios, y hay licencias al alcance disponibles para reproducirlos. Por favor, confirme con su instructor que este libro tiene una licencia adecuada. Para obtener más información sobre TUMI y nuestro programa de licencia, visite *www.tumi.org* y *www.tumi.org/license*.

Capstone Curriculum

Módulo 5: Interpretación Bíblica
Reporte de lectura

Nombre_____

Fecha_____

Por cada lectura asignada, escriba un resumen corto (uno o dos párrafos) del punto central del autor (si se le pide otro material o lee material adicional, use el dorso de esta hoja).

Lectura 1

Título y autor:_____ páginas _____

Lectura 2

Título y autor:_____ páginas _____

La Hermenéutica Bíblica
El Modelo de los Tres Pasos

Página 313 📖 *1*

Objetivos de la lección

¡Bienvenido en el poderoso nombre del Jesucristo! Después de las lecturas, estudio, discusión, y aplicación de los materiales en ésta lección podrá:

- Evidenciar cómo el *Modelo de los Tres Pasos* es efectivo en la interpretación bíblica diseñada para ayudarnos a entender la verdad de las Escrituras y acercar así la brecha en nuestros contextos antiguos y contemporáneos

- Proveer una definición del *Modelo de los Tres Pasos* de la interpretación bíblica, y recitarlo sin ayuda: "entender de tal manera el significado de la situación original para poder descubrir principios generales verdaderos, los cuales pueden ser aplicados a nuestras vidas personales en la libertad del Espíritu".

- Describir cómo el estudio de la Palabra de Dios descubre el significado y el mensaje de la revelación final de Dios en la persona y obra de Jesucristo.

- Demostrar su conocimiento de cómo el *Modelo de los Tres Pasos* corresponde al método gramatical histórico de la interpretación de la Escritura, el cual afirma en forma clara la revelación progresiva de Dios en Cristo, la unidad de la Biblia y la integridad del texto.

- Reproducir las razones más importantes para cada paso en el *Modelo de los Tres Pasos*, incluyendo para qué son necesarios, las dificultades asociadas con cada uno, la actitud clave requerida en cada paso, las actividades asociadas con cada uno de ellos, y un ejemplo de cada paso en la Escritura.

- Distinguir entre los tipos de actitudes necesarias para cada fase de estudio en el *Modelo de los Tres Pasos*: humildad, atención detallada, y libertad para cada una de las fases respectivamente.

- Reproducir un ejemplo del *Modelo de los Tres Pasos* usando 1 Corintios 9.1-4 como un estudio en donde podemos aplicar el modelo, empleando cada paso del método prácticamente al pasar por el texto.

- Ver cómo un pasaje en particular debe ser estudiado a la luz del mensaje de todo el capítulo, sección, libro de la Biblia, y por último, a la luz del mensaje que Cristo nos quiere dar la Biblia.

- Mostrar por medio del uso personal del método de los tres pasos cómo cada una de las etapas claves está enfocada en el texto de tal forma que es posible discernir con credibilidad el propósito de iluminar el significado del texto, y desarrollar la transformación de nuestras vidas por medio del gozo de descubrir principios bíblicos para la misma.

- Discernir los elementos claves, precauciones, y procedimientos al investigar la situación original del texto, descubrir los principios bíblicos, y aplicar correctamente la enseñanza de las Escrituras a su vida.

Un corazón preparado para estudiar, hacer y enseñar la Palabra de Dios

Devocional

Esdras 7.10 - Porque Esdras había preparado su corazón para inquirir la ley de Jehová y para cumplirla, y para enseñar en Israel sus estatutos y decretos.

Página 315

¿Está su corazón preparado ante Dios?

Una mirada a los principales santos de la Escritura revela que nuestro Dios usa a hombres y mujeres con un corazón preparado ante Él para estudiar su Palabra, practicarla diligentemente en sus vidas, siendo luego como vasos útiles que comunican Su verdad a otros. Posiblemente uno de los ejemplos más claros está registrado en el libro histórico del Antiguo Testamento, Esdras, el cual detalla el regreso de los israelitas durante la era post exílica de regreso a Judá, los cuales partieron de Babilonia para poder recibir a los fieles y restablecer la adoración del Señor en el templo. La adoración apropiada y correcta al Señor, en cierta forma, es el tema clave en todos los libros del Antiguo Testamento los cuales fueron escritos después de que Israel y Judá fueran enviados al cautiverio por su pecado contra Dios. En estos libros se incluyen 1 y 2 Crónicas, Esdras, Nehemías, Hageo, Zacarías y Malaquías (con la única excepción del libro de Ester). Aquellos que regresaron estaban listos y dispuestos a reconocer su culpa ante el Señor, confiando que Dios los restablecería en la tierra que Él les había dado, y que sólo Él era digno de ser adorado, siendo la única manera de entrar a su Reino a través del Mesías venidero.

Hubo tres regresos a la tierra de Israel desde Babilonia, los cuales ocurrieron aproximadamente en los años 538, 458, y 444 A.C. Esto corresponde al hecho de que hubo tres ocasiones que la población fue deportada a Babilonia desde Israel en los años 605, 597, y 586 A.C. respectivamente. Los regresos fueron guiados por buenos siervos de Dios, el primero en el 538 A.C. por Zorobabel (Esdras 1-6; Hageo; Zacarías), y sus esfuerzos resultaron en la reconstrucción del templo. El segundo regreso ocurrió en el 458 A.C. bajo el liderazgo y supervisión de Esdras (Esdras 7-10), el cual se enfocó en la reforma e instrucción de las personas, su avivamiento espiritual, y la necesidad que regresaran al Señor por medio del cumplimiento del pacto. Finalmente, Nehemías guió el tercer regreso a la tierra en el 444 A.C., y sus mayores preocupaciones tuvieron que ver con la reconstrucción de la devastada Jerusalén con sus paredes derribadas, mientras que con Esdras las mayores preocupaciones fueron traer el pueblo de regreso al Señor con una renovación espiritual y un pacto de obediencia. Muchos eruditos creen que Malaquías fue probablemente escrito en el tiempo de Nehemías, y que Ester fue escrito durante los eventos registrados en Esdras 6 y 7. Este tiempo lleno de acontecimientos en la historia de Israel provee consejos claves para la necesidad de los hombres y mujeres que se preparan para la obra de Dios.

Nuestro texto para este devocional registra el tipo de vida y objetivos de la persona que Dios usa para traer avivamiento, renovación y frescura a su pueblo. "Porque Esdras había preparado su corazón para inquirir la ley de Jehová y para cumplirla, y para enseñar en Israel sus estatutos y decretos". De acuerdo a nuestro texto, Esdras había "preparado su corazón", literalmente "arregló su alma" para hacer tres cosas para el Señor.

Primero, Esdras preparó su corazón para estudiar la ley del Señor. No había nada a medias, él no tenía sus ojos dormitados para ver a medias la Palabra de Dios, sino que seguía un estudio disciplinado, apasionado, y enfocado en la ley de Dios. La Biblia no puede ser bien conocida a menos que se busque el conocimiento de Dios al igual que los buscadores de tesoros buscan el oro; las profundidades escondidas y el significado del texto simplemente no pueden hallarse ni entenderse sino es de esta manera (Prov. 2.1-9). El corazón haragán e indisciplinado nunca llegará a conocer las riquezas de la sabiduría de Dios referente a su plan de salvación en Cristo.

Segundo, él había preparado su corazón para cumplir. En otras palabras, Esdras no vivía para estudiar, sino que estudiaba para vivir. El estudio de la Palabra de Dios no es meramente escuchar la voluntad de Dios referente a la fe, obediencia, amor, y servicio. El propósito es cumplir con ella, y la bendición del texto se relaciona no solamente con aquellos que reflexionan en la Palabra sino los que responden a la misma con humildad y diligencia (Santiago 1.22-25). La sabiduría del Señor viene a aquellos que llevan a cabo su voluntad al descubrirla en su santa Palabra (comp. Salmo 111.10. El principio de la sabiduría es el temor de Jehová; buen entendimiento tienen todos los que practican sus mandamientos, su loor permanece para siempre).

Finalmente, Esdras había preparado su corazón para "enseñar sus estatutos y reglas en Israel". Una vez que la Palabra de Dios es bien utilizada por medio del estudio y cumplida por medio de la obediencia, entonces el siervo de Dios está listo para dirigir su ministerio a través de la enseñanza. Las prioridades de Esdras referentes a su acercamiento y ministerio de la Palabra estaban en el orden apropiado: él se preparó a sí mismo para estudiar la perfecta ley de Dios, cumplirla, y luego enseñarla. Este tipo de consideración cuidadosa y preparación del corazón, es una descripción de las cosas genuinas que son parte esencial de los santos, obreros cristianos, profetas, y apóstoles. El énfasis no está en la misión, el trabajo, la bendición, o los dones. El énfasis está en la Palabra de Dios, en estudiarla, manejarla, ponerla en práctica, y luego, una vez que es conocida y cumplida, compartirla con pasión y claridad. Esto es precisamente lo que ocurrió en el ministerio de Esdras hacia las personas; por sus prioridades, Dios lo usó poderosamente para traer avivamiento y renovación al pueblo de Dios, y para poner el fundamento en un movimiento que eventualmente prepararía una nación para la venida del Mesías. Y todo esto porque una persona estaba enamorada de Dios y preparó su corazón para la Palabra.

¿Está su corazón preparado ante Dios para estudiar, cumplir, y predicar su Palabra a su pueblo, para Su gloria? ¿Se enfoca en usted mismo o en sus dones, bendiciones, y oportunidades, o tiene en claro el deseo de simplemente manejar la Palabra de Dios para ponerla en práctica en su vida, y poder de esta manera ser liberado por el Espíritu Santo para enseñarla al pueblo de Dios? Aprendamos del ejemplo de este humilde y esforzado predicador de la Palabra de Dios que empezó su ministerio no con grandes planes de influencia, sino con humildad de corazón, preparado para conocer y hacer la voluntad de Dios al aprender Su Palabra. Verdaderamente, éste es el patrón para todo ministerio fructífero en el nombre del Señor.

Después de recitar o cantar El Credo Niceno (localizado en el apéndice), haga la siguiente oración:

Oh Señor Dios todopoderoso, padre de nuestro Señor Jesucristo: danos, te pedimos, el estar cimentados y arraigados en tu verdad por el venir del Espíritu Santo en nuestros corazones. Que lo que no conozcamos, tú lo reveles; aquello que nos haga falta; llénanos; lo que sepamos, confirma; y manténnos limpios en tu servicio; por medio del mismo Jesucristo nuestro Señor. Amén.

~ Presbyterian Church (U.S.A.) and Cumberland Presbyterian Church. The Theology and Worship Ministry Unit. **Book of Common Worship**. Louisville: Westminister/John Knox Press, 1993. p 26.

El Credo Niceno y oración

| **Prueba** | Deje las notas a un lado, haga un repaso de sus pensamientos y reflexiones, y tome la Prueba de la lección 1, *La Inspiración Bíblica: Los Orígenes y Autoridad de la Biblia*. |

| **Revisión de los versículos memorizados** | Revise con un compañero, escriba y/o recite los versículos para memorizar en la última clase: 2 Pedro 1.19-21. |

| **Entrega de tareas** | Entregue el resumen de la lectura asignada la última semana, es decir, su breve respuesta y explicación de los puntos principales del material de lectura (Reporte de lectura). |

Sólo el entrenamiento formal lo logra

Muchas iglesias y denominaciones hoy están convencidas que aquellos que desean entrar en el ministerio deben tener un poco de entrenamiento formal en un instituto bíblico, universidad de artes liberales cristianas, o el seminario. Aquellos que sostienen tal punto de vista simplemente se convencen que no pueden dejarse los rigores, problemas, y situaciones del ministerio a la propia preparación personal. Más bien, la probabilidad que uno tendrá éxito en el ministerio urbano aumenta grandemente, ellos defienden, si un estudiante tiene la oportunidad de recibir el entrenamiento formal. Desgraciadamente, aquellos que no son capaces de permitirse el lujo de ni calificar para tal entrenamiento, están eliminados de hecho de la lista de candidatos al ministerio. ¿Cuál es su opinión sobre el papel del entrenamiento formal en el entrenamiento bíblico, teológico, y pastoral y el prospecto del ministerio urbano? ¿Es posible tener un ministerio urbano fructífero sin haber sido formalmente entrenado? Si es así, entonces ¿cuál es el papel y función de la preparación académica formal para el ministerio urbano?

El discernir la mente del Espíritu Santo es mi método.

Si bien muchos creen que tener un método claro y racional para encarar el estudio de la Biblia es esencial para discernir el significado de Escritura, muchos permanecen escépticos del papel del método para el discernimiento espiritual. Habiendo visto la duda y la confusión producida por la crítica histórica moderna de la Biblia, muchos sostienen que cualquier obediencia a una forma de método es peligrosa en el estudio. En lugar de usar métodos científicos, estas personas defienden a menudo un enfoque más espiritual e intuitivo al estudio de la Biblia. Ellos enfocan el estudio como una disciplina espiritual, no intelectual, y quieren ser enseñados por el Espíritu Santo. Por lo tanto, no se trata de seguir un cierto método, sino de un corazón y preparación del alma que permiten al Espíritu Santo ser nuestro maestro. Si, de hecho, sólo el Espíritu Santo es el verdadero maestro de la Palabra, ¿cuál es la utilidad en buscar un método para leer, estudiar, y aplicar las Escrituras? ¿De qué manera podría un compromiso con un método de interpretación bíblica ayudar o impedir nuestra comprensión de la Palabra de Dios?

La actitud vs. el método: ¿Cuál es más crucial en la interpretación bíblica?

Si bien la mayoría reconoce que los métodos disciplinados para estudiar las Escrituras son útiles para entender el propósito de Dios y el significado de la Biblia, no está claro a menudo cómo pesar la importancia entre la actitud y el método de estudio. Por un lado, muchos creen que sin la actitud apropiada, no es posible entender la Escritura. Cualquier método que empleamos para discernir el significado de la Biblia requiere el espíritu humilde, quebrantado, y contrito. Este es el sacrificio que Dios menciona en la Escritura como requisito para su guía y enseñanza. Por otro lado, podemos apuntar a muchos ejemplos donde la humildad y bondad, celo y pasión se desligaron del conocimiento y produjeron horribles resultados espirituales. La actitud sin el conocimiento no produjo el discernimiento espiritual y resultó en tiranía, confusión, y aun herejía. ¿Cuál es la relación entre la preparación apropiada del corazón y seguir un método y enfoque disciplinado de la Biblia? ¿Cómo debemos ordenarlos y ponerlos en nuestro estudio de la Escritura?

Hermenéutica Bíblica: El Modelo de los Tres Pasos

Segmento 1: Acercando la brecha entre el mundo antiguo y el contemporáneo

Rev. Dr. Don L. Davis

Resumen introductorio al segmento 1

El *Modelo de los Tres Pasos* es un método efectivo de interpretación bíblica diseñado para ayudarnos a entender la verdad de la Escritura y acercar la brecha entre nuestro mundo contemporáneo y el antiguo. Se enfoca en nuestros esfuerzos de entender la audiencia original, descubrir principios generales, y hacer aplicaciones a la vida.

Nuestro objetivo para éste segmento, *Acercando la brecha entre el mundo antiguo y el contemporáneo,* es ayudarle a que vea que:

- El *Modelo de los Tres Pasos* es un método efectivo de interpretación bíblica diseñado para ayudarnos a entender la verdad de las Escrituras y acercar la brecha entre el mundo antiguo y el contemporáneo.

- Una definición clara y concisa del *Modelo de los Tres Pasos* es "entender el significado de la situación original para que podamos descubrir principios generales de la verdad que puedan ser aplicados en nuestras vidas personales en la libertad del Espíritu".

- Al estudiar palabras individuales, frases, párrafos, capítulos, secciones y libros de las Escrituras, es edificante y necesario que todos nuestros consejos basados en las Escrituras estén sincronizados con el mensaje de toda la Biblia, e.d., el significado y el mensaje de la revelación final de Dios a nosotros en la persona y obra de Jesucristo.

- El *Modelo de los Tres Pasos* corresponde al método gramático histórico de la interpretación de la Escritura, el cual afirma el sentido claro del significado de la Biblia, la revelación progresiva de Dios, la unidad de la Biblia, y la integridad del texto comunicado a nosotros en diferentes géneros y formas.

- Cada paso asociado con el *Modelo de los Tres Pasos* tiene su propia lógica y dirección en particular, razones y bases, además de actitudes claves, e incluye una secuencia particular y una lista de actividades. Para manejar bien el modelo debemos familiarizarnos y ser hábiles con los tres pasos y sus actividades.

- La preparación crucial para el uso de cualquier forma de estudio bíblico es la actitud del estudiante frente a las Escrituras, las fases de estudio del *modelo de los tres pasos* demandan humildad, ser minucioso, y la libertad del Espíritu para cada fase respectivamente.

- Como esclavos de la justicia bajo el señorío de Cristo, somos llamados a obedecer su Palabra en cada faceta de nuestras vidas y ministerios, y de allí, toda nuestra interpretación bíblica legítima debe discernir la Palabra de Dios con el propósito de una *transformación en nuestras vidas*, y no *en nuestras mentes*.

Todos tienen un sistema para la interpretación de la Biblia

Creámoslo o no, cada uno tiene un método para interpretar la Biblia. Pero no todos los métodos son igualmente beneficiosos. Algunos usan el acercamiento del dedo mágico. Éste consiste en actuar bajo alguna supuesta directiva divina, localizando un versículo en particular, usualmente con los ojos cerrados, y tomando esa porción de las Escrituras como respuesta o verdad provista por Dios. Podremos reírnos de esto, pero muy a menudo nos acercamos mucho a esta disciplina cuando ignoramos los contextos de los pasajes bíblicos. Otros leen la Biblia mucho, pero no parecen avanzar mucho. Ellos pueden citar muchos pasajes, pero tienen dificultad en conocer el significado de los mismos. Otros siguen un acercamiento devocional extremo. Leen sólo lo que los "advierte" en el momento, como si la Biblia existiera para hacerlos sentir bien continuamente. Todas estas personas tienen sistemas de interpretación bíblica, y no es difícil entender que tales métodos no guían a un equilibrio espiritual. Como resultado de estos acercamientos, los cuales son, en forma parcial, métodos de estudio bíblico y en parte métodos de interpretación, muchos son débiles espiritualmente y no satisfacen sus ilusiones de recibir algo sólido de la Biblia. Tales prácticas nunca guían a una habilidad madura en el manejo de la Palabra con poder y fructificación. Los métodos para interpretación pueden ser desorganizados o sistemáticos y aún la interpretación sistemática puede ser de provecho o de perjuicio, siendo violenta con el significado de la Biblia. El deseo de Dios es que los creyentes asistan a un lugar donde puedan leer la Biblia con entendimiento, equilibrio, y facilidad en relacionar una con otra las variadas porciones de la Escritura.

~ Paul Karleen. **The Handbook to Bible Study**. (electronic ed.). New York: Oxford University Press, 1987.

Video y bosquejo segmento 1

I. **Definición, propósito, elementos, y beneficios del *Modelo de los Tres Pasos* de la interpretación bíblica**

   A. Definición: "*poder entender el significado de la situación original* para que podamos descubrir principios generales de la verdad que puedan ser aplicados en nuestras vidas personales en la libertad del Espíritu"

      1. *Poder entender el significado de la situación original:* el primer paso se enfoca en entender el significado del texto en su ambiente original.

      2. *Para que podamos descubrir principios generales de la verdad:* el segundo paso se enfoca en sacar del texto principios aplicables a los creyentes hoy día.

      3. *Para que puedan ser aplicados en nuestras vidas personales en la libertad del Espíritu:* el tercer paso es aplicar el principio de verdad en nuestras vidas personales en el poder del Espíritu Santo (Ro. 8.2).

   B. Propósito

      1. Aprender qué quiso decir el autor en el contexto de su escrito original

      2. Descubrir principios bíblicos que resumen la enseñanza de la Escritura y enseñar la sabiduría y consejo de Dios los cuales se aplican en cada hombre.

      3. Cambiar nuestras creencias y prácticas y conformar nuestras vidas a las verdades contenidas en la Palabra de Dios.

C. Elementos

1. Corresponde al método *gramático-histórico:* determinar el significado del texto en su *entorno original* antes de aplicar su significado a otro tiempo y lugar.

2. El modelo busca el *sentido más sencillo o pleno* del texto, en su contexto original.

3. Este modelo afirma la *revelación progresiva.*

   a. La Biblia muestra que Dios revela el significado y método de su propósito, culminando (e.d., "agregando") en Jesucristo, Heb. 1.1-3.

   b. Jesús *sobrepasa* y *cumple* o *completa* el significado de todo lo que Dios comunicó antes de él (e.d., Juan 1.14-18; Mt. 5.17-18; Juan 5.39-40; Lucas 24.27, 44-48).

4. Afirma la *unidad de las Escrituras.*

   a. La Biblia es un canon singular (colección, biblioteca) de textos (66 libros escritos en el transcurso de más de 1600 años por 40 autores), pero el significado es dado por un solo autor, 2 Ti. 3.16-17; 2 Pe. 1.20-21.

   b. El sujeto explícito de las Escrituras es Jesucristo y el Reino venidero de Dios, Hechos 28.23-31; Col. 1.25-27; Ef. 3.3-11; Ro. 16.25-27.

5. Este modelo asegura la *integridad del texto*: los autores fueron guiados por el Espíritu Santo, comunicaron la perspectiva y la verdad que Dios deseaba dar a los escuchas originales, verdades que hoy pueden ser descubiertas y apropiadas, 1 Co. 10.1-6.

D. Beneficios

1. Un acercamiento *exegético* a las Escrituras

2. Un método que enfatiza el entendimiento *antes* de la aplicación

3. Una búsqueda de los *principios eternos* que surgen a través de los *eventos temporales*

Descubriendo la Palabra y obra de Dios en la vida de la gente, según las Escrituras

Su mundo antiguo: Ambiente físico, Religiones, Panorama mundial, Culturas, Creencias, Pueblos, Idiomas, Historia, Política

Lo que significó para ellos en su momento

La verdad eterna del Dios vivo

Lo que significa para nosotros hoy

Nuestra situación actual: Mundo, Trabajo, Familia, Carácter, Vecinos, Relaciones, Iglesia

Categorías de Kuhatschek:
- Entendiendo la situación original
- Encontrando principios generales
- Aplicando principios generales hoy

Aplicando los principios de la Palabra de Dios a nuestras vidas en la iglesia y en el mundo

II. Paso uno: Entendiendo la situación original (acercándose al texto bajo sus propias condiciones)

A. Existen razones cruciales para querer entender un texto *primeramente* en su situación original.

1. *Existen barreras culturales cruciales* entre la cultura original y nuestros tiempos.

2. Los *lenguajes* son diferentes al nuestro (hebreo, arameo, y griego koiné).

3. Somos *etnocéntricos* (completamente sumergidos en nuestra propia cultura, creyendo naturalmente que la nuestra es *preferible*).

4. Leemos la Biblia *anacrónicamente* (e.d., tendemos a llevar nuestra experiencia actual a los acontecimientos bíblicos de aquella época).

5. Estamos propensos a cometer errores que opacan nuestro entendimiento de la *geografía*, *historia* y *sociología* de la Biblia.

B. ¿Por qué es tan difícil entender la situación original?

1. ¡No estuvimos allí!: *no hay siquiera una sola persona viva que hoy atestigüe que estuvo presente* durante los eventos que reportan las Escrituras.

2. No conocemos *los usos y características de los lenguajes bíblicos* (griego, hebreo y arameo).

3. Nuestra *opinión personal se filtra* constantemente e interfiere con nuestro entendimiento de la situación original.

4. Estamos condicionados a *leer en la misma forma que siempre hemos leído* (e.d., permitimos que las lecturas pasadas condicionen nuestras lecturas presentes).

5. Saltamos a *conclusiones* sin considerar el significado que tenía para la gente de esa época.

C. Actitud clave necesaria: *humildad*, Santiago 1.5

1. La aceptación de la distancia entre nosotros y la situación misma del texto

2. Disponibilidad para admitir que las diferencias y barreras que existen entre nuestro tiempo y el tiempo de la audiencia del texto original son significativas, y deben ser superadas.

3. Apertura para suspender el juicio hasta que aprendamos más de la situación y *emitamos un juicio con respecto al significado del texto*

4. Cultivar un respeto profundo hacia los significados y situaciones originales

D. Pasos para entender la situación original

1. Tome su tiempo para hacer la tarea en casa acerca de la situación original, Pr. 2.1-6.

2. Respete el proceso del análisis crítico, Esdras 7.10.

3. Reconozca y tome en serio la realidad de la distancia: *Sitz im Leben* (situación en la vida).

4. Adquiera y aprenda a usar las herramientas adecuadas para el estudio bíblico que le ayudarán a recrear la situación original.

E. Ejemplo: la Pascua, 1 Corintios 5.7, 8

III. Paso dos: Descubra principios generales

A. ¿Por qué necesitamos descubrir principios generales?

1. "Los hechos son cosas sin sentido": los hechos bíblicos requieren *interpretación*, y la interpretación nos lleva al *entendimiento*.

2. Sin principios se nos deja con las piezas separadas y no con el mosaico: confrontamos miles de hechos sin una conexión con la Biblia.

3. Los principios generales nos permiten obtener sabiduría al ver las experiencias de otros: el poder de los casos de estudio de la Biblia. Pr. 24.30-34.

   a. *Observación personal cuidadosa* de una situación particular

   b. La reflexión y *consideración del significado* de esos hechos

c. La *formación de un principio (proverbio)* que puede ser aplicado en un número de situaciones relacionadas entre sí pero diferentes

4. Los principios generales nos permiten predecir con cuidado *qué sucederá si se cumplen ciertas condiciones, sacando conclusiones claras de verdades universales.*

5. Los principios nos proveen un cuadro más grande definiendo eventos particulares, dándonos consejo para todas las experiencias humanas y la espiritualidad de Dios.

B. ¿Por qué no es fácil obtener principios generales de la Escritura?

1. *Muchos factores, historias y detalles* que procesar

2. Ironía: ¡No hay suficientes detalles para el proceso!

3. *Las lecturas personales y los hábitos devocionales* interfieren con nuestra habilidad de generalizar correctamente.

4. *La mayoría de los principios*: muchos principios no están escritos explícitamente.

5. *Se requiere trabajo y tiempo* para comprobar su validez con la Palabra de Dios.

    a. Pr. 8.17

    b. Mt. 7.7-8

c. Pr. 9.9

d. Ec. 7.25

C. Actitud clave: sea sistemático y *observe cuidadosamente*, Hechos 17.11

1. Desarrolle la disposición de escudriñar la Biblia para hallar verdades universales.

2. Rechace el saltar a conclusiones sin que éstas hayan sido corroboradas en las Escrituras.

3. Oriéntese, ore y discuta pacientemente con otros los principios que ha encontrado referente a la Palabra de Dios.

D. Pasos para descubrir principios

1. Espere encontrar la sabiduría práctica de Dios en su estudio de las Escrituras, 2 Ti. 3.16.

2. Cuando analice textos específicos, siempre esté atento a los patrones más importantes, estructuras, principios, y conexiones en el texto con otros pasajes.

3. No declare inmediatamente que uno de sus proverbios es un principio universal hasta que lo haya comprobado con la Escritura.

a. 1 Ts. 5.21

b. Pr. 23.23

c. Fil. 4.8

d. 2 Ts. 2.15

4. *El examen más difícil para la formación de principios:* si su proverbio es verdadero, deben existir casos en la vida real donde la verdad de su proverbio pueda apreciarse con sencillez.

E. Ejemplos: "El mandamiento del amor" y "Sembrar y cosechar"

1. Amar a Dios y al prójimo es el resumen de todas las demandas morales en el Antiguo Testamento.

   a. Toda la demanda ética de Dios se sostiene en el amor hacia Él con todo nuestro corazón, y al prójimo como a uno mismo, Mt. 22.36-40.

   b. El amor es el cumplimiento de la ley de Dios, Ro. 13.8-10.

2. Cosechará ciertamente lo que sembró, Gál. 6.1-8.

IV. Paso tres: Aplique el principio a la vida en el poder del Espíritu

A. ¿Cuáles son las razones para aplicar la Palabra de Dios a nuestras vidas?

1. Debemos ser hacedores de la Palabra y no solamente oidores (e.d., estudiantes) de la Palabra, Santiago 1.22-25.

2. La práctica disciplinada de la Palabra produce piedad, 1 Ti. 4.7-11.

3. Por medio de la aplicación consistente de la Palabra maduramos y podemos enseñar a otros, Heb. 5.11-6.2.

4. La fe sin obras es vana, Santiago 2.14-17.

5. El aplicar la Palabra da a nuestras vidas un fundamento firme, Mt. 7.24-27.

B. ¿Por qué es tan difícil aplicar la Palabra de Dios?

1. Nuestra naturaleza pecaminosa: estamos naturalmente inclinados a no creer y a desobedecer, Gál. 5.16-21.

2. Evitamos el reto y la estimulación de otros creyentes.

    a. Heb. 10.24-25

    b. 2 Co. 9.2

    c. Heb. 3.13-14

3. A veces aplicamos la verdad del texto en el poder y esfuerzo carnal, Fil. 3.2-3.

4. Fácilmente somos distraídos por cosas sin importancia.

   a. 2 Ti. 4.10

   b. Lucas 9.62

   c. Lucas 14.33

   d. Lucas 16.13

   e. Lucas 17.32

   f. Fil. 2.21

   g. 1 Ti. 6.10

   h. 1 Juan 2.15-16

5. Abrazamos falsas enseñanzas: "saber algo es lo mismo que hacerlo".

C. Actitud clave: *libertad en Jesucristo*

Gál. 5.1 - Estad, pues, firmes en la libertad con que Cristo nos hizo libre, y no estéis otra vez sujetos al yugo de esclavitud.

Ro. 7.6 - Pero ahora estamos libres de la ley, por haber muerto para aquella en que estábamos sujetos, de modo que sirvamos bajo el régimen nuevo del espíritu y no bajo el régimen viejo de la letra.

2 Co. 3.17 - Porque el Señor es espíritu; y donde está el espíritu del Señor, allí hay libertad.

1. La libertad es el tema dominante de la liberación de Jesús.

    a. Juan 8.34-36

    b. Ro. 6.18

    c. Ro. 8.2

    d. 2 Co. 3.17

    e. Gál. 4.26

    f. Gál. 4.31

    g. Gál. 5.13

    h. 1 Pe. 2.16

2. Como esclavos de la justicia bajo el señorío de Cristo, somos libres para expresar obediencia a la Palabra de Dios en cada faceta de nuestras vidas.

3. Debemos cultivar un nuevo deseo de experimentar que nuestra obediencia esté bajo la dirección del Espíritu, 2 Co. 3.17-18.

4. Apertura a la *voz de Dios* cuando nos llama a hacer ciertas cosas día tras día, Heb. 3.7-8

D. Pasos para aplicar la Palabra de Dios

1. Ore y esté abierto al *Espíritu Santo*.

2. *Escuche a su corazón* y deje que Dios hable, Heb. 3.15.

3. Ponga metas prácticas y alcanzables, Sal. 119.164.

4. Dígale a sus tutores y miembros del cuerpo que le pidan cuentas.

E. Ejemplo: Zaqueo, Lucas 19.1-10

Conclusión

» El *Modelo de los Tres Pasos* de interpretación bíblica toma en serio la necesidad de entender el significado de la Biblia en su propio contexto, obtener principios bíblicos, y aplicarlos en nuestras vidas por medio de la dirección y guía del Espíritu.

» Este método es una manera segura y cierta de acercarse a la Palabra con reverencia y claridad, para llegar a ser estudiantes disciplinados de la Palabra de Dios.

Por favor, tome tanto tiempo como sea necesario y esté disponible para responder éstas y otras preguntas que el video formula. En esta sesión vimos que el *Modelo de los Tres Pasos* es un método efectivo para la interpretación bíblica, diseñado para ayudarnos a entender la verdad de las Escrituras y acercar la brecha entre el contexto antiguo y el contemporáneo. Como estudiantes de la Escritura, necesitamos un método que respete la naturaleza de las mismas en su literatura antigua, tanto como el Espíritu viviente en la Iglesia, quien es nuestro maestro y guía cuando buscamos los conocimientos y voluntad de Dios (1 Co. 2.9-16). Repase los materiales del segmento del video por medio de las siguientes preguntas, y use las Escrituras para apoyar sus posturas.

1. ¿Cuál es la definición del *Modelo de los Tres Pasos* de la interpretación bíblica? ¿Cómo está este método particularmente diseñado para ayudar a acercar la brecha entre el contexto antiguo y el contemporáneo? ¿Por qué es tan importante acercar nuestro contexto al contexto de la Biblia para una acertada interpretación de la misma?

2. ¿Dónde en la Biblia menciona que la atención a éste método es importante para entender su significado (comp. Hechos 17.11; Isaías 8.20; Esdras 7.10; etc.)?

3. ¿Cuáles son los beneficios y precauciones asociadas con usar cualquier método en la interpretación bíblica? ¿Qué seguridad tenemos para no llegar a ser demasiados dependientes de los métodos, nuestro entendimiento y la búsqueda de las verdades de Dios en la Escritura y su aplicación a nuestras vidas?

4. ¿Por qué es importante mantener el "panorama general" y "todo el mensaje" de la Biblia en mente cuando entramos en estudios de "partes" particulares de las Escrituras? ¿En qué forma debería cualquier estudio de la Palabra de Dios conectarse directamente con y explicar el significado del mensaje de la revelación final de Dios a nosotros en la persona y obra de Jesucristo? Dé ejemplos de su respuesta.

5. ¿Cuál es el método "gramático histórico" del estudio de la Biblia, y cómo el *Modelo de los Tres Pasos* se relaciona con éste? En la misma forma, ¿cómo nos ayuda el *Modelo de los Tres Pasos* a entender el significado claro del texto, y la unidad completa de la Biblia?

6. ¿Por qué es clave respetar la *integridad del texto* tal y como nos viene en sus variadas formas (ej., poesía, cantos, epístolas, historia, etc.), y cómo lo hace el *Modelo de los Tres Pasos*?

7. Bosqueje brevemente las razones críticas de cada punto en el *Modelo de los Tres Pasos*. ¿Cómo nos ayuda cada uno de los tres pasos a superar algunas de las

---

Seguimiento 1

Preguntas y reflexión acerca del contenido del video

Página 316   3

No solamente saber qué es, sino cómo manejarla

Cuando Pablo le dice a Timoteo que se esforzara en ser alguien que "correctamente usa la palabra de verdad" (2 Ti. 2.15), la aseveración es que es grave ser alguien quien no se ocupa de la palabra de verdad correctamente. Y eso nos conduce a plantearnos las importantes preguntas sobre cómo interpretar la Biblia. Para acercarse a la Biblia sabiamente no sólo es necesario saber lo qué és, sino cómo manejarla.

~ Donald A. Carson. *New Bible Commentary: 21st Century Edition*. (electronic ed. of the 4th ed.). Downers Grove, IL: InterVarsity Press, 1997.

dificultades asociadas con el entendimiento de las enseñanzas de la Biblia como un *texto antiguo* escrito en *lenguajes que ya no se hablan o se usan como se usaban en el tiempo en que la Biblia fue escrita*? Explique su respuesta detalladamente.

8. ¿Cómo afecta nuestro conocimiento y aplicación a la Palabra de Dios la humildad, el ser meticulosos, y el amor a la libertad en Cristo? ¿Cuál es la relación entre la actitud y el método cuando buscamos discernir el significado de la Biblia? ¿Cuál es más importante? Dé un ejemplo que ilustre su opinión.

9. Explique y defienda el enunciado: "toda la interpretación bíblica legítima busca discernir la Palabra de Dios con el propósito de ver la transformación de nuestras vidas, no la información de nuestras mentes". ¿Cómo nos ayuda el *Modelo de los Tres Pasos* a mantener nuestro enfoque en la transformación de nuestra vida y no sólo un análisis de textos y palabras?

Hermenéutica Bíblica: El Modelo de los Tres Pasos

Segmento 2: Usando el modelo: Un estudio de caso Paulino

Rev. Dr. Don L. Davis

Resumen introductorio al segmento 2

El *Modelo de los Tres Pasos* de la interpretación bíblica es un método efectivo para discernir el significado de la Escritura, y puede ser demostrado en forma práctica por medio de un estudio de la carta de Pablo a los Corintios, en su primera epístola, 9.1-14. Al usar el método analizando este pasaje, vemos cuán fructífero puede ser un acercamiento disciplinado al estudio de la Biblia.

Nuestro objetivo para este segmento, *Usando el modelo: Un estudio de caso Paulino,* es que pueda ver que:

- El *Modelo de los Tres Pasos* es un método efectivo en la interpretación bíblica, siendo posible emplearlo fructíferamente en muchos pasajes de la Biblia (palabras, párrafos, capítulos, libros, secciones). La instrucción de Pablo a los corintios en 1 Corintios 9.1-4 nos ofrece un claro estudio del caso de la aplicación de nuestro método, ilustrando así su utilidad.

- Todo el estudio de la Palabra de Dios comienza con nuestra sumisión al Espíritu Santo, quien es el autor de las Escrituras y el único suficiente para instruirnos en el significado de nuestras vidas.

- El primer paso al emplear el *Modelo de los Tres Pasos* es observar los detalles del texto, establecer el trasfondo del libro, su autor y audiencia, el propósito para ser escrito, tanto como su lectura en diferentes traducciones.

- Encontrar principios generales del texto es el segundo paso del *Modelo de los Tres Pasos*, e involucra el hallar los mensajes centrales, verdades, mandatos, o enseñanzas contenidas en el mismo. Este paso involucra lo que el texto *significó en su ambiente original*, a lo que el texto ahora *significa para nosotros en nuestras vidas*. Estos principios deben ser expresados claramente, comparados con las enseñanzas del resto de las Escrituras, y deben quedar en claro para su futuro estudio y aplicación.

- Después de que hemos observado los detalles y obtenido los principios, iremos al tercer paso del *Modelo de los Tres Pasos* en donde es nuestra meta aplicar los principios bíblicos en el poder del Espíritu Santo. Una aplicación es una *expresión del corazón a la verdad de Dios según guíe el Espíritu*. Demanda discernimiento y estar listo a obedecer la voluntad de Dios para nuestras vidas.

- Toda la interpretación bíblica es dada para fortalecer nuestro discipulado en Cristo, y es esencialmente una *variación en los temas comunes* enfatizados por todas las Escrituras. El amor a Dios y al prójimo y el uso de nuestra libertad para ayudar a otros y glorificar a Dios, constituye el corazón de la ética bíblica en el Antiguo y Nuevo Testamento.

La humildad es la clave para interpretar la Escritura

Debido a que la Biblia es la Palabra de Dios, es de vital importancia cultivar la humildad al leer, meditar en la oración cuando reflexionamos y estudiamos, buscar la ayuda del Espíritu Santo cuando tratamos de entender y obedecer, confesar el pecado y procurar la pureza de corazón, de nuestros motivos y relaciones, al crecer en entendimiento. El fallar en estas áreas puede producir eruditos, pero no cristianos maduros.

Sobre todo, debemos recordar que un día vamos a dar cuenta a aquel que dice, "pero miraré a aquel que es pobre y humilde de espíritu, y que tiembla a mi palabra" (Is. 66.2).

~ Carson, Donald A. **New Bible Commentary: 21st Century Edition.** (electronic ed. of the 4th ed.). Downers Grove, IL: InterVarsity Press, 1997.

Video y bosquejo segmento 2

I. Paso uno: Observar los detalles (un estudio de 1 Corintios 9.1-14: Siga estas observaciones en el mismo orden que se encuentran en el apéndice "Claves para la interpretación bíblica")

1 Co. 9.1-14 -¿No soy apóstol? ¿No soy libre? ¿No he visto a Jesús el Señor nuestro? ¿No sois vosotros mi obra en el Señor?[2] Si para otros no soy apóstol, para vosotros ciertamente lo soy; porque el sello de mi apostolado sois vosotros en el Señor.[3] Contra los que me acusan, esta es mi defensa: [4] ¿Acaso no tenemos derecho de comer y beber? [5] ¿No tenemos derecho de traer con nosotros una hermana por mujer como también los otros apóstoles, y los hermanos del Señor, y Cefas?[6] ¿O sólo yo y Bernabé no tenemos derecho de no trabajar? [7] ¿Quién fue jamás soldado a sus propias expensas? ¿Quién planta viña y no come de su fruto? ¿O quién apacienta el rebaño y no toma de la leche del rebaño? [8] ¿Digo esto sólo como hombre? ¿No dice esto también la ley? [9] Porque en la ley de Moisés está escrito: No pondrás bozal al buey que trilla. ¿Tiene Dios cuidado de los bueyes, [10] o lo dice enteramente por nosotros? Pues por nosotros se escribió; porque con esperanza debe arar el que ara, y el que trilla, con esperanza de recibir del fruto. [11] Si nosotros sembramos entre vosotros lo espiritual, ¿es gran cosa si segáremos de vosotros lo material? [12] Si otros participan de este derecho sobre vosotros, ¿cuánto más nosotros? Pero no hemos usado de este derecho, sino que lo soportamos todo, por no poner ningún obstáculo al evangelio de Cristo. [13] ¿No sabéis que los que trabajan en las cosas sagradas, comen del templo, y que los que sirven al altar, del altar participan? [14] Así también ordenó el Señor a los que anuncian el evangelio, que vivan del evangelio.

A. *Pida a Dios que abra sus ojos a la verdad.*

1. El Espíritu Santo es el autor de la Escritura, 2 Pe. 1.20-21.

2. Como el autor de la Escritura, nos puede instruir en su significado, 1 Juan 2.20.

3. Como es el autor original que habló en el contexto original, el Espíritu Santo puede proveernos el conocimiento y el consejo de las Escrituras.

   a. Juan 16.13-14

   b. Juan 15.26-27

B. *Establezca el trasfondo del libro*: Corintios (una "epístola", *carta*).

   1. Herramientas a usar para *entender la situación original*

      a. Diferentes y variadas traducciones de la Biblia en español

      b. Diccionarios bíblicos

      c. Comentarios exegéticos

      d. Atlas de la Biblia

      e. Manuales bíblicos

   2. Los objetivos de este paso:

      a. Responda a preguntas como quién (o qué), cómo, cuándo y dónde acerca del libro, su autor, y la audiencia.

b. Hacer un bosquejo del texto.

c. Observar los detalles del texto (ver de Oletta Wald vistazo al *Modelo de los Tres Pasos* en el segmento 1 de esta lección).

3. Estas herramientas deben ser consultadas para entender e informarnos acerca *del trasfondo en la situación original*, no para la interpretación del texto.

C. *¿Quién fue el autor del libro y qué sabemos de él?*: *el apóstol Pablo*

1. La escribió con Sóstenes, un hermano en Corinto, 1 Co. 1.1-2

2. Había grupos o sectores de la congregación que tenían dudas sobre su personalidad, 1 Co. 1.12-13.

3. Se redujo a sí mismo con un siervo de los corintios, asignado por el Señor para predicar el evangelio, 1 Co. 3.4-5

4. Se consideró como un regalo para la iglesia de Corinto, 1 Co. 3.22

5. Sus saludos personales se incluyen en la conclusión del libro, 1 Co. 16.21.

D. *¿Quién era la audiencia, dónde vivía, y cuál era sus preocupación?* (elementos culturales e históricos)

1. Llamado el "centro del pecado" del imperio romano en el tiempo de Pablo

2. Localizado a unos 65 Kms. al Oeste de Atenas, Grecia

3. Un gran centro comercial del imperio romano, con embarcaderos en tres bahías

4. El templo de *Afrodita,* construido en un lugar alto, *Acrocorinto*, era cuidado por 1.000 sacerdotisas (prostitutas).

5. Había varios temas que se necesitaban tratar en la Iglesia.

   a. Divisiones, 1 Co. 1.10-4.21

   b. Escándalos, 1 Co. 5.1-6.20

   c. Matrimonio, 1 Co. 7

   d. Libertad cristiana, 1 Co. 8.1-11.1

   e. Vestimenta de la mujer, 1 Co. 11.2-16

   f. La Cena del Señor, 1 Co. 11.17-34

   g. Dones espirituales, 1 Co. 12-14

   h. El evangelio y la resurrección, 1 Co. 15

i. Ofrendas para los santos en Jerusalén, 1 Co. 16

E. *¿Cuál era el propósito de Pablo en escribir este libro?*

1. 1 Corintios es la respuesta de Pablo a una carta previa que él les había escrito, 1 Co. 5.9 - Os he escrito por carta, que no os juntéis con los fornicarios.

2. Pablo está respondiendo a ciertas preguntas que los corintios tenían, en lo que respecta a las condiciones dentro de la Iglesia que necesitaban ser resueltas.

F. *¿Cómo contribuye éste pasaje al propósito del autor?*

1. Él discute la idea de una compensación ministerial en el contexto de la libertad cristiana, afirmando que no comería carne si esto causaba que su hermano cristiano tropezara, 1 Co. 8.1-13 (*observe el versículo 1, dónde comienza, y cómo finaliza el pasaje en el versículo 13*).

2. Pablo defiende aquí su apostolado ante los corintios, *discutiendo los derechos que él tenía como apóstol*, 1 Co. 9.1-7.

    a. Defiende su derecho como apóstol para comer o beber, v. 3.

    b. Defiende sus derechos, aunque él mismo no estaba casado, de *llevar una esposa creyente en sus viajes apostólicos al igual que los otros apóstoles*, v. 5.

    c. Defiende su derecho de refrenarse o abstenerse de recibir apoyo monetario, como su derecho de ser sostenido por el evangelio, v. 6.

3. Da analogías ordinarias para probar y defender que el que sirve en un contexto puede ser apoyado por este mismo contexto ("el que anuncia el evangelio, que coma del evangelio", v. 14).

   a. Un soldado, v. 7

   b. Un campesino, v. 7

   c. Un pastor, v. 7

4. Concluye su defensa al citar un texto de Deuteronomio 25.4 - No pondrás bozal al buey cuando trillare. (Cf. 1 Ti. 5.18 - Como dicen las Escrituras, "No pondrás bozal al buey que trilla", y, "digno es el obrero de su salario").

   a. Dt. 25 es un capítulo acerca de practicar relaciones justas entre el pueblo de Dios.

   b. Los principios

      (1) Cuarenta azotes son el límite al azotar (más de cuarenta es considerado vergonzoso e injusto).

      (2) No pondrás bozal al buey que trilla.

      (3) El cuñado se casa con la viuda de su hermano (el nombre familiar no se debe perder)

      (4) La mujer que toca las partes privadas de otro hombre para defender a su esposo en una pelea debe perder su mano (las peleas *sucias* no se van a tolerar, especialmente porque este tipo de agresión puede provocar que una persona no tenga más descendientes).

Descubriendo principios y temas en la Biblia

Especialmente y donde los temas bíblicos son complejos y entretejidos, es importante observar el uso de la Biblia en tales temas, para determinar sus funciones específicas, y para resolver seguir tal patrón bíblico en nuestra propia reflexión teológica.
~ Donald A. Carson. *New Bible Commentary: 21st Century Edition.* (electronic ed. of the 4th ed.). Downers Grove, IL: InterVarsity Press, 1997.

G. *Lea el pasaje en otras traducciones para obtener el sentido de su sabor.*

II. Paso dos: Descubrir los principios generales (1 Co. 9.1-15)

A. Énfasis del paso: *encontrar el mensaje central, verdad, mandamientos, o principios que enseña la verdad de Dios y propósito para toda persona*

1. Resuma lo que cree que el autor está tratando de decir.

2. El generalizar es una práctica bíblica:

    La legitimidad de tales prácticas generalizadas está afirmada repetidamente en el texto bíblico. Dios no sólo resumió toda la ley en diez mandamientos (Ex. 20.1-17; Dt. 5.6-21), sino que dio otros siete resúmenes de la misma. Salmo 15 preserva la ley de Dios en once principios, Is. 33.15 la plantea en seis mandamientos; Miqueas 6.8 lo hace en tres mandamientos, Is. 56.1 lo reduce a dos mandamientos; y Amós 5.4; Hab. 2.4, y Lev. 19.2 cada uno resume toda la ley en una declaración general. Jesús mismo continuó esta misma tradición al resumir toda la ley en dos principios: "Amar al Señor tu Dios con todo tu corazón y con toda tu alma y tu mente . . . y el segundo es semejante: Amar a tu prójimo como a ti mismo".

    ~ Walter C. Kaiser. **An Introduction to Biblical Hermeneutics**. p. 276.

B. ¿Cuál es la definición de un principio bíblico?

1. Una oración sencilla que declara algo (o dicho proverbial) (*La moraleja de la historia en una fábula es el principio bíblico.*)

2. La moraleja es el principio: *debemos encontrar una verdad que exprese claramente lo que la Biblia quiere decir dentro de un pasaje*

3. Que sea apoyado y respaldado *en toda la Biblia*

4. Que tenga continuidad: *que une a todos en todo lugar* (expresa la voluntad de Dios y Sus pensamientos acerca de un tema)

5. Que pueda ser expresado en una *forma clara y entendible* para los demás

C. Cómo obtener un principio bíblico

1. Estudie el pasaje detenidamente, observando los detalles y conectándolos con su significado en "su contexto original".

2. Busque las enseñanzas o ideas centrales expresadas en el pasaje.

3. Exprese su principio en una forma sencilla y declaratoria: a aquellos que son llamados al ministerio se les permite recibir su salario del ministerio (1 Co. 9).

4. Dígalo en *pocas palabras*.

5. Póngalo en forma de *oración, proverbio o dicho*.

6. Use el *lenguaje más claro y sencillo* posible.

7. Asegúrese que su declaración:

   a. *Resuma lo que ha encontrado en su estudio*: no haga un trabajo minucioso en el paso uno para luego ignorar los resultados al extraer el principio en el paso dos.

   b. Exprese el *significado* del pasaje directamente del mensaje del texto.

D. *Ponga a prueba su principio (e.d., su proverbio u oración)* comparándolo con lo dicho en el resto de la Biblia (1 Ts. 5.21).

1. Regrese al pasaje y considere, "¿enseña el pasaje el principio que yo estoy sugiriendo?" Pregúntese honestamente, "Si alguien más lee este pasaje, ¿descubriría este mismo principio?"

2. Busque en otros pasajes bíblicos. Pregúntese, *"¿Existen otros pasajes bíblicos que claramente apoyan el principio que estoy proponiendo?"* (1 Ti. 5.18)

3. Busque ejemplos, historias e ilustraciones en la Biblia. (*"¿Se alinean la vida y las experiencias de la gente en la Biblia con el principio que estoy sugiriendo?"*) Si no puede encontrar otras historias o declaraciones en la Biblia que apoyen su principio, entonces probablemente no ha encontrado un principio bíblico.

4. Investigue en los comentarios bíblicos y las enseñanzas de la Iglesia para ver si sus hallazgos son respaldados por otros eruditos (*"¿Han encontrado otros las mismas cosas que usted descubrió en ese texto?"*)

    a. Si nadie más ha encontrado el principio, no significa automáticamente que está equivocado, pero debería proceder con cuidado.

    b. Sin el apoyo de otros, con mucho cuidado debe demostrar su posición y por lo menos intentar explicar por qué otros no pudieron encontrar este principio.

5. Ajuste su declaración para que se encaje a los resultados de su hallazgo.

E. Pablo el rabí: sacando principios para los corintios

1. La primera ilustración de Pablo: 1 Co. 9.9b-10 (NVI) - ¿Acaso se preocupa Dios por los bueyes, o lo dice más bien por nosotros? Por supuesto que lo dice por nosotros, porque *cuando el labrador ara y el segador trilla, deben hacerlo con la esperanza de participar de la cosecha.*

2. La segunda ilustración de Pablo: 1 Co. 9.13 - ¿No sabéis *que los que trabajan en las cosas sagradas, comen del templo, y que los que sirven al altar, del altar participan?*

3. El principio de Pablo: 1 Co. 9.14 - Así también ordenó el Señor a los *que anuncian el evangelio, que vivan del evangelio.*

F. El discernimiento de Pablo acerca de un principio de la Escritura

1. Comienza con una preocupación sobrecogedora: la defensa de su apostolado.

2. Compara la Escritura con la Escritura: 1 Corintios 9.10 con Éxodo 29.32-33; Números 18.21.

3. Ilustra el principio con ejemplos de la vida real: campesino, templo, soldado, pastor, trabajador.

4. Lo aplica a su propia situación: 1 Co. 9.11-12 - Si nosotros sembramos entre vosotros lo espiritual, ¿es gran cosa si segaremos de vosotros lo material? Si otros participan de este derecho sobre vosotros, ¿cuánto más nosotros? Pero no hemos usado de éste derecho, sino que lo soportamos todo, por no poner ningún obstáculo al evangelio de Cristo.

Descubra patrones y aplíque

La síntesis teológica es importante, pero la síntesis sin cuidado es peligrosa y no lleva a nada. Puede observarse que una gran parte de la ortodoxia reside en relacionar apropiadamente pasaje con pasaje, verdad con verdad. Esa observación es un llamado al trabajo cuidadoso y una advertencia contra el reduccionismo. El balance bíblico es una meta importante. Para empezar evadiremos todos los acercamientos a la interpretación que se comuniquen con algún punto esotérico de un pasaje obscuro y aislado.(ej. 1 Co. 15.29) para establecer la estructura básica en la cual interpretemos la Escritura.
~ Donald A. Carson. New Bible Commentary: 21st Century Edition. (electronic ed. of the 4th ed.). Downers Grove, IL: InterVarsity Press, 1997.

III. Paso tres: Aplicar los principios generales a la vida en el poder del Espíritu

A. Definición: *una aplicación es una expresión del corazón frente a la verdad de Dios según la guía del Espíritu.*

   1. Una expresión del corazón: *la aplicación tiene que ver con la consciencia convencida y la voluntad dirigida a la verdad de Dios en la Palabra.*

   2. Según guíe el Espíritu: el Espíritu Santo, el mismo que inspira la Palabra, ilumina el corazón, y da luz a la voluntad para responder a la verdad de Dios.

B. La aplicación demanda discernimiento.

   1. El Espíritu Santo está involucrado en todos los movimientos de la verdad en la vida de un cristiano, Juan 15.26-27.

   2. Entender mejor es el regalo del Señor.

      a. Sal. 119.33

      b. Juan 14.26

      c. Santiago 1.5

      d. 1 Juan 2.27

3. El entender mejor surge de procurar rigurosamente la verdad y la disponibilidad de obedecerla.

   a. Sal. 119.99-100

   b. Esdras 7.10

   c. 2 Ti. 3.14-17

   d. Heb. 5.14

4. La aplicación procura *escuchar para que el Señor revele lo que debe ser conocido a fin de hacer lo que quiere que hagamos*, Sal. 139.23-24.

C. Reconocer que la meta de toda aplicación es ser más como Cristo y participar del avance del Reino de Dios.

   1. Jesús y su Reino son el centro de la tradición y el mensaje apostólico, Hechos 28.23, comp. Hechos 28.31.

   2. Debemos buscar su justicia y su reino sobre todo lo demás, Mt. 6.33.

   3. La obediencia a los mandatos de Cristo es el centro del discipulado cristiano, Mt. 7.24-27.

D. Celebre que toda obediencia a la verdad de Dios y sus mandamientos se hace en un ambiente de libertad.

   1. El principio de libertad descansa en el centro de todo el discipulado cristiano.

    a. 2 Co. 3.17-18

    b. Ro. 7.6

    c. Gál. 5.1

    d. Gál. 5.13

    e. 1 Pe. 2.16

    f. Santiago 1.25

2. Evite las rígidas tendencias legalistas en las aplicaciones, Col. 2.20-23.

    a. Sea consciente de las aplicaciones de los lobos con piel de ovejas: *no es una buena aplicación la que eclipsa la libertad que tenemos en Cristo para obedecerle libremente.*

    b. Las aplicaciones legalistas del hombre son completamente inefectivas al lidiar con los asuntos de la carne.

3. Permita las diferencias en las aplicaciones y en la apropiación del texto: *¡Jesús está vivo!*

    a. No le queda a todos el mismo molde: no sabemos precisamente cómo el Señor quiere que otros apliquen su Palabra, Juan 21.20-22.

b. Debemos usar con libertad nuestras expresiones, pero también es importante estar sincronizados con la caridad cristiana y la edificación.

   (1) 1 Co. 6.12

   (2) 1 Co. 10.23

   (3) 1 Co. 8.13

c. Distinga entre *sugerencias* y *mandatos* referente a su aplicación de los principios bíblicos (ej., Dios me dice que ame a mi esposa como Cristo ama a la Iglesia, ¡pero no hay aplicación que exija flores y una salida cada semana!)

E. Recuerde que todas las aplicaciones son *variaciones de un tema*: los esenciales.

1. El amor a Dios y al prójimo son el primero y segundo mandamientos, Mt. 22.36-39.

2. No debemos usar nuestra libertad como una licencia para pecar, sino como una oportunidad para amar a otros, Gál. 5.13.

3. Todo lo que hacemos debe ser hecho para el bienestar de nuestro prójimo, para la edificación del cuerpo, 1 Co. 10.24.

4. No importa cuál sea la aplicación, debemos formularla abiertamente para la gloria de Dios.

   a. Col. 3.17

   b. 1 Pe. 4.11

c. 1 Co. 10.31

Conclusión

» El *Modelo de los Tres Pasos* es una herramienta efectiva para usar en la búsqueda de discernir el significado en las unidades de la investigación bíblica: palabras, oraciones, párrafos, capítulos, y libros.

» Un acercamiento cuidadoso y con oración a la Palabra de Dios puede hacernos descubrir el tesoro de la verdad y el conocimiento contenido en la santa Palabra de Dios.

Seguimiento 2

Preguntas y reflexión acerca del contenido del video

Las siguientes preguntas fueron diseñadas para ayudarle a repasar el material en el segundo segmento del video. Como en nuestro último segmento, decimos en esta sección cómo el *Modelo de los Tres Pasos* de la interpretación bíblica puede ser un método muy efectivo para discernir el significado de la Escritura. Ilustramos sus usos por medio del estudio de la carta de Pablo a los corintios, en su primera epístola, 9.1-14. Como cualquier habilidad, el método de interpretación puede ser dominado con mucho esfuerzo, larga práctica, e instrucción cuidadosa por aquellos que lo conocen bien. El primer paso para ganar habilidad en éste método es entender los varios pasos involucrados en el estudio bíblico efectivo y metódico. Repase lo aprendido hasta ahora con las preguntas a continuación, y concéntrese en la forma actual en la que el método fue ilustrado en el segmento del video.

1. ¿Hasta qué punto puede el *Modelo de los Tres Pasos* probar que se trata de un método de interpretación bíblica efectivo en alguna o todas las unidades de los materiales de la Biblia (palabras, párrafos, capítulos, libros, secciones)? En la ilustración vista anteriormente, ¿en qué tipo de unidad se encontraría la instrucción de Pablo a los corintios en 1 Corintios 9.1-14?

2. ¿Por qué es importante comenzar nuestro estudio de la Palabra de Dios con oración, pidiendo a Dios sabiduría, guía e instrucción? ¿Cómo podemos orar para evitar el hacer de esto un hábito vacío, y no una petición real para obtener sabiduría la cual únicamente nos puede proveer Dios al estudiar su Palabra?

3. ¿Por qué es simplemente imposible discernir el significado del texto de la Escritura sin la ayuda del Espíritu Santo (comp. 1 Co. 2.9-16)? Por otro lado, ¿por qué es que la oración al Espíritu Santo (solicitando su guía) nunca puede por sí

misma sustituir al estudio riguroso y disciplinado de la Palabra de Dios como *literatura*? Explique su respuesta.

4. ¿Qué herramientas usamos en el primer paso del *Modelo de los Tres Pasos* en nuestra exégesis de 1 Corintios 9.1-14? ¿Cómo nos ayudan estas herramientas a entender mejor la situación original, e.d., lo que Pablo intentaba comunicar a los corintios en su propio contexto?

5. ¿Cuáles son los tipos de preguntas que debemos hacer al buscar discernir la situación original en la que fue escrito el texto? ¿Cómo debemos responder estas preguntas?

6. Defina el significado de "un principio general de las Escrituras". ¿Cómo ayudan las oraciones y resúmenes como los proverbios, dichos, y otros principios generales a tener un entendimiento integral de la voluntad de Dios?

7. Dé ejemplos de tres resúmenes o principios generales de la Biblia. ¿Cómo puede decir que el resumen de su *estudio personal* es en realidad un principio de la Escritura? ¿Qué debe hacer para verificar si su descubrimiento es en verdad un *principio de la Palabra*?

8. ¿Por qué es que debemos buscar la mente de Dios para aplicar el significado de la Biblia a nuestras vidas? ¿Cuál es el rol de la libertad para que expresemos la obediencia de nuestro corazón en respuesta a la enseñanza de la Escritura?

9. ¿Por qué es importante tener en cuenta el mensaje completo de las Escrituras concerniente a Cristo y su Reino cuando buscamos aplicar la Palabra de Dios a nuestras vidas? ¿Qué tipo de errores pueden ocurrir si sacamos a Cristo del centro en cada frase de nuestra lectura y aplicación de las Escrituras? (Lean juntos Juan 5.30-47 y discutan la represión de Jesús a los fariseos referente a este tipo de práctica de leer la Biblia pero fallar en encontrar a Cristo como el corazón de su significado y mensaje).

CONEXIÓN

Resumen de conceptos importantes

La importancia del primer lector: La clave para el *Modelo de los Tres Pasos*

Cuando los intérpretes y traductores se preguntan cómo habrían interpretado los primeros lectores el pasaje, no están haciendo una pregunta meramente hipotética e imposible de responder (ya que no tenemos acceso a sus mentes). Sino que, ésta es una forma de llegar a las preguntas profundas: ¿cómo pudieron ser entendidas estas palabras en aquel tiempo? ¿Qué temas fueron de resonante importancia? ¿Qué tipo de estructura conceptual confrontó el texto? El hacer tales preguntas no es afirmar que no siempre podemos encontrar las respuestas correctas. Algunas veces podemos inferir respuestas responsables al "leer en el espejo" el texto mismo.
~ Donald A. Carson. *New Bible Commentary: 21st Century Edition.* (electronic ed. of the 4th ed.). Downers Grove, IL: InterVarsity Press, 1997.

Manejar bien la Palabra de Dios es la habilidad central y definitiva para el hombre o mujer de Dios, puesto que la Palabra ha sido inspirada por Dios y nos puede hacer obreros competentes y siervos fieles en la Iglesia, para ayudarnos a equipar a otros para el ministerio, y ministrar las necesidades reales tanto de los que están dentro como fuera de la Iglesia (2 Ti. 3.16-17). Nunca enfatizaremos lo suficiente la importancia de que desarrolle su habilidad para manejar bien la Palabra (2 Ti. 2.15), meditar en ella día y noche para asegurar el éxito de la obra de Dios (Josué 1.8), y garantizar el tipo de fruto y poder que desea en cada fase de su obra para el Señor (Sal. 1.1-3). A continuación veremos una lista de conceptos centrales cubiertos en esta lección sobre el *Modelo de los Tres Pasos*, así que, repáselos diligentemente y cuidadosamente. Entender este modelo le ayudará a ganar conocimiento y habilidades para llegar a ser un obrero de las Escrituras aprobado por Dios, que no tiene de qué avergonzarse al manejar su Palabra correcta y acertadamente.

- El *Modelo de los Tres Pasos* es un método efectivo de la interpretación bíblica diseñado para ayudarnos a entender la verdad de las Escrituras y acercar la brecha entre el contexto antiguo y el contemporáneo. El *Modelo de los Tres Pasos* definido como "entender de tal manera el significado de la situación original que podamos descubrir principios verdaderos generales para así aplicarlos a nuestras vidas en la libertad del Espíritu".

- Al estudiar las palabras individuales, frases, párrafos, capítulos, secciones y libros de las Escrituras, es satisfactorio y edificante que todo el consejo de las Escrituras esté sincronizado con el mensaje de toda la Biblia, e.d., el significado y mensaje de la revelación final de Dios a nosotros en la persona y obra de Jesucristo.

- El *Modelo de los Tres Pasos*, es una forma metódica y lógica de entender la Escritura, resuena y corresponde al método gramático histórico en la interpretación de la Escritura, el cual afirma el significado claro de la misma. También toma en cuenta la revelación progresiva de Dios en Cristo, la unidad de la Biblia, y la integridad del texto tal y como se comunica a nosotros en diferentes géneros y formas.

- La preparación crítica para el uso de cualquier forma de estudio bíblico es la actitud del estudiante frente a las Escrituras, y las fases de estudio en el *Modelo de los Tres Pasos* demandan humildad y libertad para cada una respectivamente.

- Como esclavos de la justicia bajo el señorío de Cristo, somos llamados a obedecer su Palabra en cada faceta de nuestras vidas y ministerios, y por lo tanto, toda la interpretación bíblica legítima debe procurar discernir la Palabra de Dios con el propósito de una *transformación en nuestra vida*, no *más información en nuestra mente*.

- El *Modelo de los Tres Pasos* puede ser empleado fructíferamente con muchas unidades de material bíblico (palabras, párrafos, capítulos, libros, secciones).

- Todo estudio de la Palabra de Dios comienza con nuestra sumisión al Espíritu Santo, quien es el único autor de las Escrituras y el único suficiente para instruirnos en el significado de la Palabra en nuestras vidas. Nuestra dependencia del Espíritu Santo *ensancha nuestro estudio diligente de la Palabra* y no fue hecho para ser un *sustituto de ella*.

- Lo primero al emplear el *Modelo de los Tres Pasos* es observar los detalles del texto, establecer el trasfondo del libro, su autor y audiencia, su propósito al ser leído, lo mismo que su lectura en distintas traducciones.

- Encontrar los principios generales del texto o pasajes es lo segundo en el *Modelo de los Tres Pasos*, y requiere encontrar los mensajes centrales, verdades, mandatos o enseñanzas contenidas en el texto. Este paso involucra analizar lo que el texto *significó en su ambiente original,* a lo que el texto *significa para nuestras vidas hoy día*. Estos principios deben ser establecidos en forma clara, y deben ser comparados con las enseñanzas a través de las Escrituras, además de ser claros para un estudio y aplicación más profundos.

- Después que hemos observado los detalles y obtenido los principios, pasamos a lo tercero del *Modelo de los Tres Pasos,* lo cual encierra la meta de aplicar los principios espirituales en el poder del Espíritu Santo. Una aplicación es una *expresión del corazón a la verdad de Dios según guíe el Espíritu*. Demanda discernimiento y disponibilidad para obedecer la voluntad de Dios para nuestras vidas.

- Toda interpretación bíblica es dada para fortalecer nuestro discipulado en Cristo, y es esencialmente una *variación de los temas comunes* enfatizados por medio de las Escrituras. Amar a Dios y al prójimo, usando nuestra libertad para ayudar a otros, y glorificar a Dios, constituyen el centro de la ética bíblica en el Antiguo y Nuevo Testamento.

Ésta es su oportunidad de dialogar con sus compañeros sobre las preguntas acerca de su entendimiento del *Modelo de los Tres Pasos*, y el estudio bíblico metódico en particular. Los tipos de relaciones entre nuestra propia actitud, nuestro método de estudio escogido, el Espíritu, las herramientas de recurso, otros cristianos y nuestros líderes demandan claridad y sabiduría. Los eruditos, siervos de la iglesia, pastores, predicadores, y líderes

Aplicación del estudiante

empíricos han luchado con preguntas sobre la interpretación bíblica por siglos, y ¡ahora es su oportunidad de unirse a la discusión! Use las preguntas a continuación para comenzar su viaje de exploración acera de la naturaleza de su estudio bíblico.

* Con toda la confusión y duda causada por la crítica bíblica moderna, ¿deberíamos ser escépticos al usar cualquier método incluyendo el *Modelo de los Tres Pasos* como nuestra forma de estudiar la Escritura? ¿Cómo sabemos que aun el *Modelo de los Tres Pasos* no será manipulado para llevarnos a una negación de las doctrinas ortodoxas de la fe cristiana?

* ¿Cómo podemos decir que al emplear un método como el *Modelo de los Tres Pasos* no estamos usando meramente una forma de iluminación que parece apoyarse "en tu propia prudencia" (Pr. 3.5-6)?

* Con la abundancia de estudios realizados en cada tema imaginable bajo el sol, ¿cómo aseguramos que la totalidad de nuestros pensamientos se alinean con el mensaje de toda la Biblia? ¿Cómo evitamos "enfocarnos en las cosas menores" en nuestro estudio de la Biblia? Dé ejemplos prácticos.

* ¿Qué papel juegan nuestros líderes (e.d., obispos, pastores, mentores, líderes cristianos muy conocidos, etc.) al tomar nuestras interpretaciones como *autoritarias*? ¿Deberíamos apegarnos a una interpretación de la Escritura que hemos encontrado en nuestro estudio bíblico si es contraria a lo que la cristiandad ha enseñado en los credos y durante toda la historia de la Iglesia? Explique.

* ¿Por qué deberíamos estar abiertos a que otros critiquen lo hallado y nuestras ideas *antes* de que comencemos a sugerir que hemos descubierto principios generales que unen a todos los miembros de la Iglesia? ¿Qué tipo de actitudes debemos demostrar cuando hablamos de cosas nuevas que hemos aprendido del Señor en nuestros estudios?

* ¿Cómo debemos considerar a una persona, sin importar su escolaridad, que está dispuesta a dejar que sus propias ideas sean pesadas y confrontadas con la enseñanza de las Escrituras? ¿Cómo es que el ejemplo de Berea y la reacción a las enseñanzas de Pablo muestra nuestra necesidad de estar abiertos a comprobar lo que otros encontraron en las Escrituras (comp. Hechos 17.11)?

* Ya que no todos somos maestros de la Biblia ni eruditos, ¿cuál debería ser nuestra meta al iniciar nuestro propio trabajo en la interpretación bíblica? ¿Debería preocuparnos que algunos miembros del cuerpo descubran más en su estudio de lo que nosotros descubrimos? ¿Cómo figuran los dones espirituales en esta ecuación?

* ¿Por qué es importante no depender meramente de otros para los consejos y sabiduría que la Biblia nos provee? ¿Qué tipo de errores pueden ocurrir cuando pasamos a ser demasiado dependientes de otros para nuestra instrucción y crecimiento en Cristo?

* ¿Por qué es imposible sugerir que nuestra dependencia del Espíritu Santo en nuestro estudio bíblico es un sustituto para el arduo trabajo en la interpretación bíblica? ¿Cómo sabemos que no estamos dependiendo del Espíritu Santo para el consejo en nuestro estudio personal? De la misma forma, ¿cómo podemos ver si estamos siendo haraganes en la forma en que manejamos la Palabra de verdad?

* ¿Por qué es importante estudiar la Biblia a la luz de los *grandes temas* enfatizados por nuestro Señor, junto con los apóstoles y profetas? ¿Cómo nos ayudan sus enseñanzas con respecto del amor a Dios y a nuestro prójimo a entender que el Nuevo y el Antiguo Testamento tienen un *sujeto y propósito común*? Explique.

Solamente lo que dice el pastor cuenta

En muchas denominaciones, cualquiera que sea el método personal de estudio empleado para entender el significado de la Biblia, el corazón de lo que las Escrituras enseñan depende de la tradición eclesiástica y/o los líderes oficiales de la iglesia. Esto se ve claramente, en el acercamiento católico a la interpretación de la Biblia. Mientras el estudio individual es animado y aplaudido como bueno y edificante, los descubrimientos de los individuos nunca pueden tener prioridad sobre las enseñanzas que la iglesia ha enseñado en el transcurso de los siglos, y como está representado en el presente por las enseñanzas de los sacerdotes y el Papa. Los protestantes no tienen este punto de vista, aunque en muchas iglesias protestantes la interpretación individual no es considerada creíble a menos que corresponda con lo que los líderes espirituales o el pastor crean o enseñan. ¿Cuál es el lugar de la autoridad del liderazgo pastoral y espiritual en nuestra interpretación personal de la Biblia? ¿Debería ser confirmado por nuestros líderes todo lo que descubrimos, o están ellos, como nosotros, sujetos a la misma responsabilidad de alinear sus puntos de vista con las Escrituras para que puedan ser considerados como creíbles y aceptables?

Entonces, ¿cómo probamos algo de la Escritura?

(Basado en una historia real). En una situación de estudios de post-grado, un pastor encontró una idea que lo retaba pero al mismo tiempo lo confundía. Durante una clase acerca de los métodos del *estudio científico* de la religión, el profesor le dijo que usar simplemente la Biblia para probar los puntos de la misma era "tautológico", o sea que es argumentar en círculos, sin probar nada. El profesor continuó: "Si usted quiere probar que algo en la Biblia es verdad, no puede usar la Biblia para probarlo. En el método científico prueba cosas en base a la *verificación independiente,* no en base a aquellos que tienen algo que ganar del resultado del estudio". El profesor siguió sugiriendo que debido a que los profetas y los apóstoles eran creyentes en Cristo, ponían muchas cosas en peligro si no comunicaban *lo que querían que otra gente creyera.* Como resultado, continuó, no podemos tomar sus palabras como verdaderas en lo referente a Jesús de Nazaret y lo que Él dice. Muy confundido, el pastor se sintió atado de manos. ¿Cómo podemos probar las enseñanzas de las Escrituras *sin usar las Escrituras mismas como prueba*? ¿Qué cree acerca de los comentarios del profesor, y qué le aconsejaría hacer al pastor para completar el estudio de este curso?

La Biblia en su lengua nativa no es suficiente.

(Basado en una historia real). Mientras entregaba un proyecto exegético para recibir sus créditos por la clase de Romanos, un estudiante fue advertido por su profesor diciéndole que había quebrantado las reglas fundamentales al usar las herramientas del lenguaje. El profesor le explicó: "Usted no puede simplemente ir a un diccionario teológico o un léxico y asumir que todos los usos escritos allí de una palabra son los *significados en este lugar en particular.* Usted no usaría un diccionario en español o inglés de esa forma; buscaría la palabra, encontraría la definición que más convenga, y luego aplicaría *ese significado específico* al texto. Aplicó todos los significados del término a su estudio y por lo tanto cometió un error fundamental en el mismo". El profesor continuó diciendo que solamente cuando conoce cómo un autor individual usa una palabra (ej., el uso de una palabra de Pedro, Pablo, o Juan en todos sus escritos) puede entonces estar seguro que está usando las fuentes del lenguaje correctamente. Ya que la Biblia fue escrita en hebreo, arameo, y griego, y que muchos de nosotros no conocemos esos lenguajes, ¿cómo sabremos si estamos leyendo bien el texto? ¿Cómo debemos usar las herramientas del lenguaje si no conocemos el *uso completo de una palabra o frase por parte del autor*?

Confundiendo la rama con los árboles y el bosque

Uno de los problemas inmediatos con aquellos que descubren el *Modelo de los Tres Pasos* es que comienzan a usarlo para analizar detalles específicos en numerosos pasajes por separado. Sin una guía de cómo *conectar* e *integrar* sus descubrimientos a todo el significado general de las Escrituras, multiplican temas, tópicos, y estudios sin juntarlos bajo una consigna entendible. En su opinión, ¿tienen las Escrituras un tema coherente que permite que todo estudio se coloque bajo el mismo, permitiéndonos interpretarlo a la luz de este tema? ¿Cómo evitamos como estudiantes de la Biblia estar enfocados en los detalles de pasajes específicos de tal manera que perdemos "la imagen general", el mensaje más importante y el significado mismo de la Biblia? ¿Cómo evitamos el problema distintivo de los fariseos, quienes manejaban bien los detalles de las Escrituras pero tenían grandes dificultades en ver y aplicar los temas más pesados de las Escrituras a sus vidas (e.d., ellos miraban bien los árboles, pero no miraban el bosque). ¿Cómo podemos ver la Biblia como un *todo* y aun así nutrirnos al estudiar sus *partes*?

El *Modelo de los Tres Pasos* es un método efectivo en la interpretación bíblica, diseñado para ayudarnos a entender la verdad de la Escritura y acercar la brecha entre el contexto antiguo y el contemporáneo. Una definición del *Modelo de los Tres Pasos* es "entender de tal forma el significado de la situación original para que podamos descubrir los principios generales de la verdad, los cuales pueden ser aplicados a nuestras vidas en la libertad del Espíritu". Este método corresponde al método gramático e histórico de la interpretación de la Escritura, afirma el sentido claro del significado de la Biblia, y respeta la integridad del texto como fue comunicado en sus diferentes géneros y formas. El mensaje central de la Biblia es la salvación en Jesucristo y debe tener la prioridad sobre todos los estudios individuales de palabras, frases, párrafos, capítulos, secciones y libros de las Escrituras. Todo estudio demanda un espíritu humilde, un estudio diligente y cuidadoso, y el amor por la libertad de Cristo al buscar ser transformados por el mensaje de la Escritura que nos da vida.

Reafirmación de la tesis de la lección

Todo estudio de la Palabra de Dios comienza con nuestra sumisión al Espíritu Santo, quien es el único autor de las Escrituras y el único suficiente para instruirnos en su significado para nuestras vidas hoy. Nuestra dependencia en el Espíritu Santo *ensancha nuestro estudio diligente de la Palabra* y no debe ser un *sustituto de la misma*. Las tres etapas del *Modelo de los Tres Pasos* son sencillas y claras. Primero, observamos los detalles del texto, estableciendo un trasfondo del libro, su autor y audiencia, su propósito para ser escrito, tanto como el apreciar las diferentes traducciones. Después, descubrimos principios generales que resumen lo que encontramos acerca del *significado del texto en su ambiente original*, y lo que el mismo *significa hoy día en nuestras vidas*. Finalmente, aplicamos los principios espirituales en el poder del Espíritu Santo. Al expresar a Dios la obediencia de nuestro corazón, debemos recordar los *temas comunes* enfatizados por medio de las Escrituras en donde se resalta su voluntad para todos los creyentes del Antiguo y Nuevo Testamento –amar a Dios y a nuestro prójimo por medio de la fe en Cristo, todo para la gloria de Dios.

Recursos y bibliografía

Si está interesado en profundizar en algunas ideas acerca de la *Hermenéutica Bíblica: El Modelo de los Tres Pasos*, posiblemente quiera dar un vistazo a estos libros (algunos de estos títulos pueden estar disponibles en español, o revise nuestro portal en la red cibernética para recursos adicionales en español):

Fee, Gordon D. *New Testament Exegesis: A Handbook for Students and Pastors*. 3rd ed. Louisville, KY: Westminster John Knox Press, 2002.

Grenz, Stanley J., and Roger E. Olson. *Who Needs Theology?: An Invitation to the Study of God*. Downers Grove, IL: InterVarsity, 1996.

Grenz, Stanley J., and John R. Franke. *Beyond Foundationalism: Shaping Theology in a Postmodern Context*. Louisville, KY: Westminster John Knox Press, 2000.

Stuart, Douglas K. *Old Testament Exegesis: A Handbook for Students and Pastors*. 3rd ed. Louisville, KY: Westminster John Knox Press, 2001.

Traina, Robert A. *Methodical Bible Study*. Grand Rapids: Zondervan Publishing Company, 1985.

Conexiones ministeriales

El uso de las Escrituras inspiradas por Dios representa en muchas maneras el centro del ministerio en el Reino. Como Esdras, su habilidad para estudiar la ley del Señor y cumplirla es la clave para enseñar la verdad de Dios en medio de su pueblo, su iglesia, y aquellos que no creen. Cada faceta del ministerio se relaciona directamente con un buen manejo de la Palabra de Dios, y la disposición de permitir que esa Palabra le conduzca. Tome un tiempo para reflexionar en las dimensiones de su ministerio en casa, en su trabajo, en la iglesia, y en la comunidad, y pídale al Espíritu Santo que le muestre cómo es que su interpretación y aplicación de la Palabra puede ensanchar algún área de su vida y testimonio. Pida al Señor que le revele algún área donde el poder de su Palabra sea más real y vital, y manténgase abierto a cambiar su actitud o comportamiento en cualquier situación particular que el Espíritu traiga a su mente.

Aplicamos la Palabra de Dios en comunidad los unos a los otros.

Newbigin ha sugerido que sólo hay una forma en la que el pueblo de Dios puede hacer creíble el evangelio: "la única respuesta, el único evangelio hermenéutico, es una congregación de hombres y mujeres que lo creen y lo vivan . . . ellos tienen el poder para cumplir su propósito al estar arraigados y guiados en una comunidad de creyentes" Esta ekklesia [iglesia, asamblea] de gente real, en lugares reales, lidiando con temas reales y en contacto con la realidad humana, como dijo Calvino, son las expresiones "reales" de Cristo en la tierra como la comunidad de Dios en el cielo.

~ Gareth Weldon Icenogle. **Biblical Foundations for Small Group Ministry**. (electronic ed.). Downers Grove, IL: InterVarsity Press, 1994.

Consejería y oración

Página 317 📖 4

Dios nos ha dado promesas seguras y ciertas referentes al poder de la oración para transformarnos, darnos poder, y Su previsión y dirección. Como hemos discutido a lo largo de esta lección, no es posible entender y aplicar la Palabra de Dios sin pasar tiempo en oración, éste es el medio por el cual pedimos a Dios con profundo fervor y humildad la sabiduría necesaria para conocer y cumplir su Palabra. Tome tiempo con sus compañeros para compartir sus peticiones al Señor, sin ansiedad y con acción de gracias, haciendo sus peticiones (no sus demandas) conocidas a Dios. Él ha prometido que su provisión y paz mantendrán nuestros corazones y mentes en Cristo Jesús (Fil. 4.6-7). Es necesario que recordemos las necesidades de nuestros compañeros durante la semana, y tomemos nota de sus peticiones para ver cómo Dios responde a aquellas que tienen que ver con poseer sabiduría, poder y bendición.

Esdras 7.10; Hechos 17.11; Salmos 1.1-3

Versículos para memorizar

Para prepararse para la clase, por favor visite www.tumi.org/libros para encontrar las lecturas asignadas de la próxima semana o pregunte a su mentor.

Lectura del texto asignado

Otras asignaturas o tareas

Al ser la última sesión de la clase, tendrá una prueba del material cubierto en esta lección, así que asegúrese de repasar cuidadosamente los conceptos vistos aquí. Note también que debe completar las lecturas asignadas anteriormente, al igual que lo hizo la semana pasada, por favor escriba un breve resumen de cada lectura. Traiga estos resúmenes a la próxima sesión (por favor ver el "Reporte de lectura" al final de esta lección). Ya es tiempo de pensar en el carácter del proyecto ministerial, y decidir qué pasaje de la Escritura seleccionará para su proyecto exegético. No se tarde en determinar su ministerio o su proyecto exegético. Entre más pronto lo seleccione, más tiempo tendrá para prepararlo.

Esperamos ansiosamente la próxima lección

En esta lección analizamos el *Modelo de los Tres Pasos* de la Hermenéutica (Interpretación) Bíblica, un método diseñado para tomar en serio el significado de la Biblia en su original y primer contexto, descubrir esos principios bíblicos contenidos en el texto, y luego diligentemente aplicar esos principios en fe y obediencia con el poder del Espíritu Santo a nuestras vidas. Ahora, en nuestra próxima lección, nos enfocaremos en la importancia de los géneros, o tipos de literatura, al emplear este modelo de interpretación bíblica a los ricos, variados e increíbles libros de nuestra santa biblioteca, la Palabra de Dios. Vamos a proveer un desarrollo básico de los beneficios que trae atender al estudio de los géneros y resaltar algunas de las suposiciones básicas de la hermenéutica especial.

Capstone Curriculum

Módulo 5: Interpretación Bíblica
Reporte de lectura

Nombre _____

Fecha _____

Por cada lectura asignada, escriba un resumen corto (uno o dos párrafos) del punto central del autor (si se le pide otro material o lee material adicional, use el dorso de esta hoja).

Lectura 1

Título y autor:_____ páginas _____

Lectura 2

Título y autor:_____ páginas _____

La Literatura Bíblica
Interpretando los Géneros Literarios de la Biblia

Página 319 1

Objetivos de la lección

¡Bienvenido en el poderoso nombre de Jesucristo! Cuando haya completado su trabajo en este módulo, podrá:

- Definir el término "género" y su papel en la interpretación bíblica, e.d., ese tipo particular de forma literaria que comunica la verdad y debe ser interpretado de acuerdo a las reglas de la misma.

- Analizar las aseveraciones básicas del estudio de géneros en las Escrituras, lo cual es una disciplina esencial y valedera, incluyendo la Biblia como una obra literaria, como un libro que presta atención a las reglas y principios literarios, y la forma en que Dios emplea las estrategias literarias humanas para comunicar su Palabra.

- Estudiar algunos de los géneros bíblicos más importantes, incluyendo el uso de la narrativa (histórica e imaginativa), la ley (escritos legales), epístolas (cartas), profecía, literatura sapiencial (proverbios, monólogos, acertijos, fábulas, parábolas, alegorías, etc.), y la poesía.

- Proveer el propósito de los géneros bíblicos, ya sea llenar una necesidad particular, profundizar nuestro entendimiento de la experiencia humana fundamental, permitirnos imaginar la realidad en su forma más concreta, desplegar el arte de los autores bíblicos guiados por el Espíritu, y revelar las riquezas del misterio de Dios y su obra en el mundo.

- Dar evidencias de los principales beneficios de un cuidadoso estudio de géneros, incluyendo cómo nos dará poder para descubrir la intención original del autor, edificar nuestras almas, enriquecer nuestro aprecio a la vida, entretenernos, e iluminar nuestras vidas con el propósito de procurar rigurosamente el significado de Dios en la forma de literatura particular que estamos explorando.

- Definir el término "hermenéutica especial", e.d., las reglas y procedimientos que nos permiten interpretar las formas literarias de la Biblia.

- Demostrar un conocimiento de la forma literaria de narrativa, y las aseveraciones generales de la teología de la historia, la cual incluye que Dios provee un registro de su obra en el recuento de las historias de la Biblia, que toda la teología es un reflejo de las historias de la Biblia, que las que se refieren a recuentos históricos en la Escritura son confiables y seguras, que las historias están escritas con habilidad y manejo artístico, que podemos encontrar a Dios en el texto histórico y que Dios a menudo provee su comentario acerca del significado de los recuentos bíblicos.

- Establecer las proposiciones claves de la teología de la historia: que las historias nos introducen a presencias sacramentales, son más importantes que los hechos, son normativas para la comunidad cristiana, que las tradiciones cristianas rotan y se definen a sí mismas a través de las historias, y que las mismas preceden y producen comunidad, censura y un sentido de dar cuentas, además de producir la teología, los ritos, y los sacramentos. Ellas son historia.

- Proveer y explicar los elementos generales de la narrativa en la Escritura, incluyendo el trasfondo, caracteres, punto de vista del autor, plan y tema de la historia.

- Explicar los principios generales que definen la profecía como un género de interpretación bíblica, incluyendo cómo la profecía ofrece la verdad acerca de Dios y del universo, cómo fluye del Espíritu y es un modo específico de la revelación de Dios que se manifiesta a sí mismo en modos literarios y personales.

- Definir los elementos de la literatura apocalíptica como un género bíblico, incluyendo su definición, los tipos de literatura apocalíptica en la Biblia (e.d., Daniel y Apocalipsis), los dos temas principales de la apocalipsis judía, y el libro apocalíptico más distintivo en la Escritura, el libro de Apocalipsis.

- Reproducir los tres principios interpretativos para los géneros proféticos y apocalípticos de la Escritura: la necesidad de enfocarse en la persona de Jesucristo para referir los mensajes proféticos al llamado del Reino de Dios, y enfatizar el cumplimiento de los soberanos propósitos de Dios aun en lo que tiene que ver con el mal, el sufrimiento y la injusticia

Venga, explore la profundidad de la Palabra

Sal. 78.1-8 - Escucha, pueblo mío, mi ley; inclinad vuestro oído a las palabras de mi boca. [2] Abriré mi boca en proverbios; hablaré cosas escondidas desde tiempos antiguos, [3] las cuales hemos oído y entendido; que nuestros padres nos las contaron. [4] No las encubriremos a sus hijos, contando a la generación venidera las alabanzas de Jehová, y su potencia, y las maravillas que hizo. [5] El estableció testimonio en Jacob, y puso ley en Israel, la cual mandó a nuestros padres que la notificasen a sus hijos; [6] para que lo sepa la generación venidera, y los hijos que nacerán; y los que se levantarán lo cuenten a sus hijos, [7] a fin de que pongan en Dios su confianza, y no se olviden de las obras de Dios; que guarden sus mandamientos,

Devocional

Página 321 2

[8] y no sean como sus padres, generación contumaz y rebelde; generación que no dispuso su corazón, ni fue fiel para con Dios su espíritu.

¿Cuál es el propósito de Dios al presentarnos en la Biblia el uso de la imaginación, la metáfora, los símbolos, y las historias? ¿Por qué Dios nos escribiría en parábolas y metáforas, y no meramente en un lenguaje claro y directo, más comprensible y no tan mal interpretado? ¿Acaso Dios deliberadamente quiere guiarnos mal, hacer más difícil para nosotros que conozcamos su voluntad y su Palabra?

¡Claro que no! Nuestro texto devocional explica por qué David habló en términos de parábola y en los "oscuros dichos de los ancianos", esas cosas que Dios reveló a su pueblo en los tiempos antiguos. El propósito no es esconderse de nosotros, ya que el versículo cuatro deja en claro que la intención de Dios no es esconder su significado, nuestra intención jamás debería ser esconder el significado de las palabras de Dios a nuestros hijos. Sino que, se nos da un lenguaje pictórico, parábolas e historias, alegorías y poesía, símbolos y metáforas para invitarnos a aprender, explorar, buscar a Dios de tal forma que sus maravillas y obras puedan ser comprendidas por su pueblo y sus hijos.

Entonces, ¿cómo nos invita la parábola, la historia, la metáfora, o la imagen a venir y explorar? Primero, por medio de las imágenes y cuadros Dios nos muestra su significado en vez de únicamente definirlo. Al mencionar los lirios del campo y su cuidado para con ellos, nos da una imagen concreta de lo que significa que Él nos cuida. Segundo, las imágenes, las historias, y los cuadros involucran nuestra imaginación y emociones y también nuestros intelectos. Dios no quiere meramente que conozcamos ciertas ideas, sino que seamos afectados por ellas, que sintamos la verdad. Finalmente, al comunicarse por medio de parábolas e historias invita a los hambrientos a continuar la búsqueda del significado del género. Por medio de la imagen, cuadro e historia, Dios en esencia nos invita a ubicar y explorar su significado más profundo. Aquellos que buscan diamantes en la superficie del texto se desanimarán. La Escritura habla en muchos lados del fruto del corazón hambriento que explora y busca la sabiduría como un tesoro para poder recibir sus mejores y más profundos consejos.

> Pr. 2.1-5 (LBLA) - Hijo mío, si recibes mis palabras, y atesoras mis mandamientos dentro de ti, [2] da oído a la sabiduría, inclina tu corazón al entendimiento; [3] porque si clamas a la inteligencia, y alzas tu voz al entendimiento, [4] si la buscas como a plata, y la procuras como a tesoros escondidos, [5] entonces entenderás el temor del SEÑOR, y descubrirás el conocimiento de Dios.

1 Reyes 3.9 - Da, pues, a tu siervo corazón entendido para juzgar a tu pueblo, y para discernir entre lo bueno y lo malo; porque ¿quién podrá gobernar este tu pueblo tan grande?

Sal. 25.4-5 - Muéstrame, oh Jehová, tus caminos; enséñame tus sendas. [5] Encamíname en tu verdad, y enséñame, porque tú eres el Dios de mi salvación; en ti he esperado todo el día.

Sal. 119.34 - Dame entendimiento, y guardaré tu ley, y la cumpliré de todo corazón.

Pr. 3.6 - Reconócelo en todos tus caminos, y él enderezará tus veredas.

Pr. 8.17 - Yo amo a los que me aman, y me hallan los que temprano me buscan.

Lucas 11.13 - Pues si vosotros, siendo malos, sabéis dar buenas dádivas a vuestros hijos ¿cuánto más vuestro padre celestial dará el Espíritu Santo a los que se lo pidan?

Santiago 1.5 - Y si alguno de vosotros tiene falta de sabiduría, pídala a Dios, el cual da a todos abundantemente y sin reproche, y le será dada.

Éste es el hecho por la cual el Señor habló en parábolas. Para aquellos que no tenían la intención de buscar la mente y voluntad de Dios, la parábola era como el fin de un juego, una palabra que no motivaba a una mayor investigación. Para aquellos que estaban hambrientos por la verdad, la parábola era una invitación a explorar lo que el Señor estaba diciendo, y a excavar más profundamente en la obra de Dios. Para aquellos que no están dispuestos a explorar, el estilo imaginativo de la parábola frustra y cierra la posibilidad de recibir consejo por parte del Señor, como se ve cuando el Señor Jesús cita el Salmo 78:

Mt. 13.13 - Por eso les hablo por parábolas: porque viendo no ven, y no oyen, ni entienden.

Mt. 13.34-35 - Todo esto habló Jesús por parábolas a la gente, y sin parábolas no les hablaba; 35para que se cumpliese lo dicho por el profeta, cuando dijo: abriré en parábolas mi boca; declararé cosas escondidas desde la fundación del mundo.

Marcos 4.34 - Y sin parábolas no les hablaba; aunque a sus discípulos en particular les declaraba todo.

La Biblia nos presenta un mundo de imaginación con cada parábola, historia, símbolo, y metáfora, representando una invitación a explorar los pensamientos del Señor referente a la verdad. Venga, únase a la aventura y busca la verdad del Señor en medio de un mundo de imaginación.

El Credo Niceno y oración

Después de recitar o cantar El Credo Niceno (localizado en el apéndice), haga la siguiente oración:

Dios de misericordia, prometiste nunca romper tu pacto con nosotros. En medio de todas las palabras cambiantes de nuestra generación, habla con tu eterna e inmutable palabra. Luego haznos responder a tus promesas llenas de gracia con vidas fieles y obedientes; por medio de nuestro Señor Jesucristo. Amén.

~ Presbyterian Church (U.S.A.) and Cumberland Presbyterian Church. The Theology and Worship Ministry Unit. **Book of Common Worship**. Louisville: Westminister/John Knox Press, 1993. p. 91.

Prueba

Deje las notas a un lado, haga un repaso de sus pensamientos y reflexiones, y tome la Prueba de la lección 2, *La Hermenéutica Bíblica: El Modelo de los Tres Pasos*.

Revisión de los versículos memorizados

Revise con un compañero, escriba y/o recite los versículos para memorizar en la última clase: Esdras 7.10; Hechos 17.11; y Salmo 1.1-3.

Entrega de tareas

Entregue el resumen de la lectura asignada la última semana, es decir, su breve respuesta y explicación de los puntos principales del material de lectura (Reporte de lectura).

La Palabra es la Palabra ¿verdad?

Muchos creen que la Palabra de Dios no puede ser demasiado complicada, que el sentido literal de cada texto es suficiente y claro para cualquier persona. Muchos de los que toman esta posición sienten que atender a los tipos de literatura y las reglas de cada una pueden hacer que la Palabra de Dios sea inaccesible a cualquiera excepto a aquellos que son expertos en las reglas literarias y las definiciones de género. Lo más convincente de su argumento es el reclamo abierto de que la Palabra de Dios debe ser de beneficio para todos, principiantes, intermedios, y creyentes maduros. 2 Ti. 3.16-17 dice, "Toda la Escritura es inspirada por Dios y útil para enseñar, para redargüir, para corregir, para instruir en justicia, [17] a fin de que el hombre de Dios sea perfecto, enteramente preparado para toda buena obra". ¿Cómo podemos usar nuestro entendimiento de las reglas literarias para mejorar nuestro conocimiento de la Palabra de Dios y su significado, y no hacer su lectura imposible para la mayoría de las personas, excepto los expertos?

Maneras antiguas

A comienzos del siglo, muchos eruditos evangélicos pusieron más atención a los tipos en la Biblia. Un tipo es una prefiguración de Cristo en el AT que luego es revelado en el NT Por ejemplo, Melquisedec es un tipo de Cristo, porque Cristo es el Sumo Sacerdote de la iglesia. El maná es visto como un tipo de Cristo, quien es el pan de vida (Juan 6), la serpiente que Moisés puso sobre el poste en el desierto, la cual Dios proveyó para sanar a su pueblo, es un tipo de Cristo(Juan 3.14-15). Esta forma de ver a Cristo en las imágenes del A.T., personajes y cuadros (ej., el tabernáculo, el sacerdocio levítico, y los sacrificios registrados en el AT), es vista en estos tiempos como menos efectiva e importante por muchos eruditos. Por causa de las exageraciones y las muchas mal interpretaciones de muchos que usaron este método, el estudiar la conexión entre los cuadros y las historias del AT con la persona de Jesús no es tan popular hoy día. ¿Cree que éste puede seguir siendo un método válido, o ya ha concluido esta fase de la hermenéutica bíblica? ¿Qué deberíamos hacer con todas las historias, cuadros, metáforas y símbolos de la Escritura que se relacionan con Jesucristo?

¿Qué vino primero: La historia o la doctrina?

Por mantener el enfoque moderno en las doctrinas, ideas, conceptos, y el conocimiento, muchos predicadores han perdido su interés en el poder de la historia. Aunque una nueva disciplina teológica orientada a las historias está resurgiendo en la academia (llamada "teología narrativa"), la mayoría de los predicadores y maestros siguen prefiriendo sencillamente la oración o resumen que deja en claro el contexto de la historia, el evento o el símbolo. Con muy poco tiempo en sus púlpitos o en el aula, muchos predicadores y maestros deben recurrir al formato de la presentación de 30 minutos, lo que apenas les permite suficiente tiempo para leer el texto y resumir lo que creen que significa en una oración directa. Esta forma teológica de enseñanza puede tener sus problemas, sin embargo, ya que muchos consideran a la historia como la forma más fundamental de la revelación en la Biblia. En otras palabras, cuando Dios se quiere comunicar con nosotros acerca de la naturaleza de una verdad o evento, usualmente cuenta historias, ya sean reales o inventadas, con el propósito de crear una ilustración y para el análisis. ¿Cuál forma de estudio bíblico es más fundamental: la historia o las enseñanzas doctrinales? ¿Es necesario pasar mucho tiempo estudiando las formas de la historia y viendo el significado de Dios en la misma, o simplemente alcanza con ir a las porciones de la Escritura donde se expresan y explican los pensamientos de Dios en forma directa y clara (ej. las epístolas)? ¿Cuál debe estar primero, la historia o la doctrina?

Literatura Bíblica: Interpretando los Géneros Literarios de la Biblia

Segmento 1: Principios generales de interpretación

Rev. Dr. Don L. Davis

Resumen introductorio al segmento 1

El término "género" se refiere a ese tipo particular de forma literaria que comunica la verdad y debe ser interpretado de acuerdo a las reglas de esa forma. El estudio de géneros es crucial para la interpretación bíblica efectiva, porque la Biblia misma como un libro de literatura está llena de diferentes tipos literarios, los cuales funcionan de acuerdo a sus reglas específicas y principios. Dios se ha comunicado con nosotros usando las estrategias literarias humanas de géneros para comunicar su Palabra. Estos incluyen el uso de la narrativa (histórica e imaginativa), la ley (escritos legales), epístolas (cartas), profecía, literatura sapiencial (proverbios, monólogos, acertijos, fábulas, parábolas, alegorías, etc.), y poesía. Los tipos de presentación literaria difieren debido a que se debía satisfacer una necesidad particular en un contexto dado, para profundizar nuestro entendimiento de nuestra experiencia humana fundamental, para permitirnos imaginar la realidad en su forma más concreta, para desplegar el arte de los autores bíblicos guiados por el Espíritu, y para revelar la riqueza del misterio de Dios y su obra en el mundo. El estudio de géneros puede enriquecernos grandemente y darnos poder cuando buscamos entender el significado de la Palabra de Dios.

Nuestro objetivo para este segmento, *Principios generales de interpretación*, es ayudarle a que vea que:

- El término "género" se refiere a ese tipo particular de forma literaria que comunica la verdad y debe ser interpretado de acuerdo a las reglas de la misma.

- La interpretación bíblica de acuerdo a los géneros debe comenzar con un entendimiento cuidadoso del género, el cual afirma el hecho de que la Biblia misma es un libro de literatura, el cual está ordenado y gobernado por reglas literarias y principios al igual que otras obras de literatura, y que Dios empleó los géneros y las estrategias literarias humanas para comunicarnos su Palabra.

- Hay muchas formas significativas y tipos de literatura en las Escrituras. Éstas incluyen el uso de la narrativa (histórica e imaginativa), la ley (escritos legales), las epístolas (cartas), la profecía (incluyendo la literatura apocalíptica), la literatura sapiencial de la Escritura (incluyendo proverbios, monólogos, acertijos, fábulas, parábolas, alegorías, etc.), y la presencia de obras poéticas.

- Los géneros usados por los autores tienen el objetivo de atender las necesidades y temas particulares de sus respectivas audiencias, así como también que profundicemos en nuestro entendimiento de la experiencia humana. El estudio del género también nos permite comprender la verdad al verla en su forma más concreta, así como también nos permite contemplar el arte de los autores bíblicos guiados por el Espíritu, para revelar las riquezas del misterio de Dios y su obra en el mundo.

- Una atención cuidadosa a los géneros y a las reglas de interpretación puede proveernos grandes beneficios en nuestra interpretación bíblica; el estudio de géneros nos da poder para descubrir la intención original del autor, para edificarnos cuando identificamos el significado de las Escrituras para nuestras vidas, nos enriquece y entretiene en la belleza de la escritura misma, y nos ilumina en el conocimiento del propósito y voluntad de Dios.

La importancia del género en el estudio de la Biblia

¿Por qué es importante clasificar los textos bíblicos de acuerdo a su forma literaria? Primero, la forma literaria de un texto a menudo es una clave para su significado. Por ejemplo, ¿cómo interpretamos Génesis 1-3? Esto dependerá si se lee como un mito, alegoría, o historia científica. El significado que vemos en un texto a menudo deriva de nuestro juicio anterior acerca de su forma literaria. Segundo, la forma literaria es a menudo una clave para el contexto social. Si reconocemos que un texto está en la forma de himno, esto nos permite relacionarlo al ambiente litúrgico del cual salió. Tercero, si reconocemos apropiadamente una forma literaria nos permite comparar el texto con formas literarias similares en escritos bíblicos y no bíblicos. Tal comparación a menudo nos ayuda a ver cosas en un texto que de otra forma las hubiésemos perdido.

~ Carl R. Holladay. "Biblical Criticism". **Harper's Bible Dictionary**.
P. J. Achtemeier, ed. (1st ed.) Harper & Row: San Francisco, 1985. p. 131.

Video y bosquejo segmento 1

I. Vistazo general del concepto de "género"

A. Definiciones

1. "Una categoría de composición artística, como en la música o la literatura, marcada por un estilo distintivo, forma o contenido" (*American Heritage Dictionary of the English Language*)

2. Géneros bíblicos = "Los diferentes tipos de escritura de los libros de la Biblia tienen como común denominador a Dios, ya que Él es su fuente de inspiración, pero revelan Su verdad y voluntad en formas diferentes y a la vez complementarias de su comunicación".

3. "Género" es un término literario para una forma o tipo de escritura . . . "Un acercamiento literario a la Biblia basado en el conocer que la literatura misma es un género" (Leland Ryken).

4. "Cada una de las distintas categorías o clases en que se pueden ordenar las obras literarias", (Diccionario de la Lengua Española), éstas según sus rasgos, forma, y contenido.

5. *Un género bíblico es un tipo particular de forma literaria que comunica la verdad y debe ser interpretado de acuerdo a las reglas de esa forma.*

B. Suposiciones básicas

1. La Biblia es literatura: cada libro de la Biblia está cuidadosamente elaborado por autores divinos y humanos.

a. Los autores seleccionaron de "una bodega" de posibles experiencias para escribirlas, Juan 21.24-25 - Este es el discípulo que da testimonio de estas cosas, y escribió estas cosas; y sabemos que su testimonio es verdadero. [25] Y hay también otras muchas cosas que hizo Jesús, las cuales si se escribieran una por una, pienso que ni aún en el mundo cabrían los libros que se habrían de escribir.

b. Los escritores funcionan como editores, 2 Cr. 24.27, al leer que "está escrito en la historia del libro de los reyes". El escritor de 2 Crónicas se refiere un número de escritos de Natán y Ahías (9.29), Semaías (12.15), Jehú (20.34), y dos libros diferentes de Ido (9.29 y 13.22) como parte de las fuentes que él usó para formar su libro.

c. Las cosas se unieron para comunicar la verdad de la forma más efectiva y acertada que estuvo en sus posibilidades, Lucas 1.1-4.

2. La Biblia usa el lenguaje de una manera literaria (no meramente como un reporte descriptivo o prosa).

a. *Metáforas y símiles* – el Reino de Dios es como un mercader buscando perlas, como una semilla de mostaza, como una red, etc.

b. *Imágenes y símbolos* – una imagen es una palabra que nombra algo concreto, y un símbolo es un objeto que sobresale debido a su significado concreto (aceite, agua, casa, fruto, cabeza, fuego).

c. *Tipos y arquetipos* – los arquetipos son los elementos universales de la experiencia humana (sol, familia, hierbas, león), e.d., son símbolos universales. Los tipos son eventos, personas, y lugares en la historia de la salvación que llegan a ser un patrón de algo que ocurre en el futuro (e.d., José es un tipo de Jesús: él fue vendido por 30 piezas de plata, fue amado por su padre y odiado por sus hermanos, salva a su familia, es vindicado por Dios y elevado a la diestra de Faraón).

3. Los géneros sugieren que la verdad de Dios puede ser comunicada en varias formas de texto literario, las cuales, a pesar de sus diferencias, son inspiradas por Dios y comunican su mensaje en Cristo.

II. Formas de géneros bíblicos –¿Cuáles son algunas de las formas más importantes del género bíblico que debemos estudiar?

La crítica literaria se enfoca en el estudio de géneros del estudio bíblico.

La crítica literaria también reconoce la existencia de una variedad de formas literarias o géneros en los cuales un texto bíblico puede ser escrito. En algunas instancias, los libros pertenecen en forma completa a un sólo género, como la narrativa histórica (1 Samuel), poesía (Salmos), sabiduría (Job), oráculo profético (Amós), evangelio (Mateo), carta (Romanos), o revelación (Apocalipsis). Aún dentro de estas obras más extensas se encuentran formas literarias más pequeñas: mitos; genealogías; narrativas (contando las historias de figuras individuales, tales como Abraham o José); códigos legales; testamentos; salmos; proverbios; oráculos proféticos; historias milagrosas; parábolas; oraciones; himnos; exhortaciones; y advertencias. Esta lista no es comprensiva, sino que sugiere que la Biblia, en vez de tener un único género, contiene muchos géneros y subgéneros.

~ R. Holladay. "Biblical Criticism". **Harper's Bible Dictionary**. P. J. Achtemeier, ed. (1st ed.) Harper & Row: San Francisco, 1985, p. 131.

A. *Narrativa* – historia de los eventos y caracteres en la Biblia, históricos o imaginativos

1. Dos tipos de narrativa

   a. Narrativa histórica – ej., Historias del AT como el éxodo y el diluvio, narrativas de Hechos y los Evangelios como la resurrección

b. Narrativa imaginativa – ej., las parábolas, e.d., el hijo pródigo

2. Personajes – ¿Quién es el que actúa? ¿Quién habla? ¿Sobre quién se está realizando la acción?

3. Trasfondo – ¿Dónde se está realizando la narrativa imaginaria o la historia?

4. Tema – ¿Cuál es el tema general de la historia? ¿Qué busca ilustrar o explicar?

5. Plan o trama – ¿Cómo se desenvuelve la línea narrativa de la historia? ej., su inicio, su desarrollo, y su fin.

6. Principios(s) o verdades – ¿Qué verdades pueden extraerse de la historia, las cuales tienen relevancia universal?

Las narrativas (el contar historias) son el corazón de la comunicación de Dios con nosotros, y está previsto así no sólo para dar información abstracta, sino también para involucrarnos en la complejidad y la riqueza de la experiencia humana, además de aconsejarnos por medio de esas historias.

B. *La ley (escritos legales)* – mandamientos y códigos en la Escritura que detallan las demandas, prohibiciones, y condiciones de la voluntad de Dios en un contexto particular.

1. Tipos de leyes

a. Leyes imperativas ("Haga esto")

b. Leyes prohibitivas ("No haga esto")

c. Leyes condicionales ("Si hace esto, entonces . . . ")

2. Antiguo Testamento "Torah" – Éxodo-Deuteronomio y "La ley y los profetas"

   a. El código del pacto – Éxodo

   b. El código deuteronómico – Deuteronomio 12-25

   c. El código de santidad – Levítico 17-26

   Estas leyes involucran temas legales, incluyendo la ley civil y criminal, asesinato y asalto, robos, negligencia y daño, ofensas morales y religiosas, familia, esclavitud, ley internacional, y las más importantes, las leyes relacionadas a la santidad personal y corporativa delante de Dios.

3. Nuevo Testamento "nomos" – La "Ley" de Cristo y su significado en los escritos apostólicos.

   a. La referencia a las Escrituras hebreas, el pacto sinaítico, y la ley de Dios como la expresión de Su voluntad.

   b. La referencia a la ley como principio que gobierna la fe y práctica (Stg. 1)

   c. La "ley real" que cumple la ley del AT (ej., Ro. 13.10)

   d. La ley vs. el evangelio – Principios conflictivos para acercarse a Dios y vivir la vida cristiana, Ro. 11.6

e. La ley de Cristo – Gál. 6.2; Juan 13.34-35

C. *Las epístolas (cartas)* – Cartas escritas por los apóstoles a las iglesias cristianas para animarlas a seguir con las verdades del evangelio y para resolver retos particulares que estaban viviendo en su contexto y tiempo.

1. Las epístolas son la "herencia de toda la literatura de los pueblos" (comp. a los ejemplos en el AT, ej., 2 Sm. 11; 2 Reyes 5; Is. 37).

2. El balance entre la preocupación teológica y las necesidades personales y corporativas.

3. Epístolas paulinas – Corintios, Gálatas, Filipenses, Tesalonicenses, Efesios, Colosenses, Romanos, Hebreos(?), Timoteo, Tito, Filemón

4. Epístolas petrinas – 1 y 2 Pedro

5. Epístolas juaninas – 1, 2, y 3 Juan

6. Epístolas generales – Santiago, Hebreos, Judas

Las epístolas son retóricas (temáticas), personales (dadas a gente conocida), espirituales (resaltando temas espirituales claves), doctrinales (tocan temas teológicos), ocasionales (enfocadas en tocar necesidades particulares), y prácticas (dirigidas a retar y animar a los creyentes en su caminar con Dios y con otros).

D. *La profecía* – son escritos en el Antiguo y Nuevo Testamentos que desplazan la sabiduría de Dios acerca de nuestras vidas en cada dimensión (pasado, presente, y futuro), y miran hacia el futuro de este mundo y su destino venidero

   1. *Predicación* (hablar adelantadamente) – la comunicación de la Palabra presente de Dios para una persona o personas en una situación particular en forma de advertencia, ánimo, y reto, (ej., Natán y David)

   2. *Predicción* – comunicación de la perspectiva y visión de Dios para una persona o personas concernientes al futuro (ej., Isaías 11)

   3. El oficio profético y la profecía por todas las Escrituras.

      a. Moisés como el profeta ejemplar (comp. Dt. 18.15-19)

      b. AT – los profetas "mayores" y "menores", Saúl, Balaam

      c. NT – Cristo, los apóstoles, Ana, Agabo, Caifás.

   4. Características de la profecía

      a. Es ricamente simbólica

      b. Entrelaza la historia y la predicción

      c. Está fuertemente enfocada en la bendición o condenación moral por parte de Dios.

d. Es extremadamente compleja y difícil de decifrar por causa de la distancia lingüística y simbólica.

5. La *predicción profética-presente* revela la visión moral y el corazón de Dios.

6. La *predicción profética-futura* despliega la mente de Dios y su voluntad como una regla en la historia.

E. Literatura sapiencial – "una familia de géneros literarios comunes en el antiguo Cercano Oriente (región de Asia occidental) que proveen instrucciones para vivir con éxito y contempla las perplejidades de la existencia humana" (comp. New Bible Dictionary, pp. 1257-58)

1. *Proverbios* – enunciados concisos, los cuales resumen pensamientos colectivos acerca de tópicos prácticos y temas especiales

2. *Diálogos y monólogos* – comunicaciones diseñadas para explorar el significado de las preguntas humanas más profundas y los dilemas concernientes a Dios y a la humanidad.

3. Salmos, Proverbios, Job, Eclesiastés y Cantares componen la literatura sapiencial en el AT

4. Características de la sabiduría sapiencial

a. Es maravillosamente categórica en su tono

b. Investiga por medio del análisis (va al centro de las motivaciones)

c. Asignada para ser memorizada y transferida a otros

d. Ricamente poética

e. No busca resolver toda la ambigüedad y contestar las preguntas

f. Afirma nuestras limitaciones humanas de comprender las cosas finales de Dios

g. Celebra el misterio

5. Incluye una amplia cantidad de materiales y escritos

   a. Acertijos

   b. Proverbios

   c. Fábulas

   d. Alegorías

   e. Parábolas

   f. Poesía

La literatura sapiencial es dramáticamente importante porque lucha con los temas que son de una preocupación sincera de nuestras vidas (está diseñada para afirmar el sentido de la vida, y no da respuestas definitivas a los temas de la misma).

F. *Obras poéticas* – forman un género bíblico que usualmente aparece como canto, salmo, soneto, o himno, y está diseñada para dar imagen a la realidad en su sentido más concreto, para movernos e inspirarnos

1. Cercanamente asociados con la tradición musical de la gente hebrea

2. El compás, el ritmo, y el paso son importantes para los poemas y piezas artísticas.

3. Los cantos jugaron un papel grandioso para impartir la verdad (son importantes en términos del contenido de su escritura).

4. Los Salmos son la mina más rica de poesía que se encuentra en el AT, pero se ve a lo largo de la Escritura, especialmente en la literatura sapiencial.

5. Los cantos fueron una parte significativa de la vida y cultura hebrea (ej., Canto del pozo, Nm. 21.17-18; Gn. 31.27; Jer. 7.34, etc.).

6. Muchos poemas fueron acompañados por música instrumental (Ex. 15.20; Is. 23.16).

7. La poesía hebrea fue una forma recitada de comunicación, resaltando acentos y énfasis en las vocales (ésta es la clave de su compás).

8. Características de la poesía bíblica

   a. Imaginación y acción – el énfasis en lo concreto y en el movimiento, no en lo abstracto (ej., Sal. 1.1-3)

   b. Paralelismo – decir cosas de cierta forma que vuelve a decir en la segunda línea lo que se ha dicho en la primera (ej., Sal. 59.1)

   c. Énfasis – reforzar un mensaje particular y dar el tema en cada linea y en cada frase (Sal. 55.6)

   d. Contrastes – los opuestos se ponen el uno junto al otro (ej., Sal. 1.6)

III. Propósito – ¿Por qué existen diferentes géneros bíblicos, y por qué es importante el estudio de los mismos?

A. Para llenar una necesidad particular (naturaleza contextual u ocasional de toda la literatura)

   Cada parte de la Biblia fue escrita en un contexto particular con el propósito de hablar a una audiencia particular que tenía necesidades particulares y temas para los cuales el texto fue diseñado.

   1. Para *informar*: Romanos (prosa), Proverbios (proverbios o dichos), Hechos, obras históricas

   2. Para *legislar*: Levítico, Deuteronomio

   3. Para *advertir*: libros proféticos

4. Para *inspirar*: Sadrac, Mesac, y Abed-nego (narrativas)

5. Para *entretener*: David y Goliat (narrativa); El sermón del monte (la metáfora de la paja y la viga)

6. Para *preguntar*: Eclesiastés, Job

7. Para *persuadir*: La revelación de San Juan, Evangelio de Juan

La narrativa y la profecía tienen características que les permiten encarar muchos de estos propósitos simultáneamente.

B. Para profundizar nuestro entendimiento para nuestra propia experiencia humana

La Biblia se enfoca en la profundidad de las experiencias y las preguntas que los seres humanos viven y experimentan en el transcurso de sus vidas.

1. Sentimiento, participación, y emoción son el propósito del estudio bíblico, no meramente la búsqueda de información abstracta.

2. Para usar los personajes bíblicos como espejos de la experiencia humana

3. Nos da "la luz verde" para hacernos preguntas cruciales: quiénes somos, de dónde venimos, hacia dónde vamos cuando morimos, etc.

C. Para permitirnos imaginar la realidad en su forma más concreta

1. Ellos ven la vida, "mostrar y contar": para desplegar en una forma verbal la realidad de la vida humana

2. Para exhibir "cómo es la vida" dentro de la historia y enseñanzas de los personajes bíblicos

3. Para forzarnos a que reconozcamos que estamos dentro de la realidad

4. Para que nuestra imaginación y emociones experimenten las historias como propias

5. El estudio de los géneros dan luz a los tres grandes temas de la vida:

    a. ¿Qué es realmente *verdadero*? (El dominio de la vida tal como es)

    b. ¿Qué es realmente *bueno o malo*? (El mundo de lo moral)

    c. ¿Qué realmente *vale la pena*? (El mundo del valor, significado, y propósito)

D. Para ver el despliegue artístico de los autores bíblicos, siendo guiados por el Espíritu Santo

1. Los géneros son caracterizados por literatura que fue hecha a propósito en varias formas para ensanchar el arte de escribir y el uso del lenguaje.

2. Los escritos de géneros = belleza, buen trabajo y técnica

3. No solamente QUÉ dijeron, sino también CÓMO como lo dijeron

4. Ryken: elementos de forma artística y diseño (común a todos los artistas)

    a. Patrón o diseño

    b. Tema o enfoque central

    c. Unidad orgánica

    d. Coherencia

    e. Equilibrio

    f. Contraste

    g. Simetría

    h. Repetición

    i. Progreso unificado

E. Para revelar la riqueza del misterio bíblico y la obra de Dios en el mundo

1. Dios emplea el lenguaje, pero Él va mucho más allá del lenguaje; Dios emplea la diferencia para que su gloria sea más rica y profunda.

2. La literatura de la Biblia explora un tipo de lenguaje único y especial.

    a. Metáfora – ¡Usted es una vaca!

    b. Símil – ¡Huele como una vaca!

    c. Ironía – ¡Sólo Berta, de Caracas, sabía que tan mal olían las vacas!

    d. Personificación – ¡Oh, mi vaca tejana, como he deseado ordeñarle, para aliviar su dolor y la presión de la mañana . . . !

3. Ningún lenguaje puede contar las riquezas y profundidades de Dios.

4. El uso de Dios de géneros es un intento por revelar la riqueza del misterio, sin reducirlo ni a Él ni a su obra en una oración en prosa.

IV. Beneficios del estudio bíblico de los géneros

A. Nos capacita para *poder* descubrir lo que el autor originalmente intentaba comunicar por medio de sus palabras y sus formas.

B. Edifica nuestras almas: Dios nos hace crecer al crear conexiones imaginativas entre nuestro mundo (lo conocido) y la verdad de Dios (lo no conocido).

C. *Enriquece* nuestra apreciación de la vida: Dios nos atrae hacia la "vida vicaria", nuestra experiencia es la experiencia concreta de otros, y nos pide participar dentro de las luchas, esperanzas, y retos ("Usted está allí" y "se pone en su lugar").

D. *Entretiene* nuestros corazones: Dios nos "estira" y nos refresca con el arte, la belleza de su literatura y sus matices.

E. *Ilumina* nuestras mentes: Dios nos reta a reconocer su Palabra en una forma muy diferente de nuestras formas naturales de pensar y vivir en el mundo, y por medio de los géneros nos llama a un riguroso estudio de la Biblia.

Al acercarnos a los textos en las formas en que el Espíritu Santo nos dice, encontraremos que Dios es el Dios de infinita sabiduría, el cual siempre va más allá de nuestros intentos de colocarlo en una caja o de los conceptos que elaboramos para Él.

Conclusión

» El género se refiere al tipo de forma literaria que comunica la verdad y debe interpretarse según las reglas de dicha forma.

» Como toda obra literaria, la Biblia se debe entender en sus propios términos, según las reglas que el Espíritu Santo utilizó en las diversas porciones y secciones de la Biblia al inspirarla.

Por favor, tome el tiempo que disponga para responder éstas y otras preguntas que el video formula. Un elemento mayor en la interpretación bíblica efectiva es el entrenamiento y la atención a las reglas y elementos relacionados al estudio de los géneros. La Biblia es una obra literaria, y entender cómo funciona puede ensanchar grandemente nuestra apreciación con respecto al manejo de los autores bíblicos, tanto como nuestra comprensión del significado de la misma. Responda las siguientes preguntas acerca de los géneros, su relevancia en la interpretación bíblica y su importancia para desarrollar una hermenéutica válida de la Escritura. Sea específico en sus respuestas.

Seguimiento 1

Preguntas y reflexión acerca del contenido del video

Página 322 3

1. ¿Cuál es la definición del término "género" y cómo se relaciona al entendimiento de la literatura en general? ¿Por qué esta definición nos puede ayudar a entender el papel del género para los estudios bíblicos?

2. ¿Cuáles son algunas de las principales suposiciones que rigen un válido entendimiento del uso del género en la interpretación bíblica? ¿Por qué es tan importante reconocer la Biblia como una obra literaria, y qué diferencias encontramos en esto con respecto a nuestro manejo del texto, en sus diferentes tipos?

3. ¿Cómo sabemos que Dios escogió utilizar estos tipos de estrategias literarias humanas para comunicarnos sus palabras? ¿Por qué nos debe animar el hecho de descubrir las reglas y las estrategias de géneros que fueron incluidas en las Sagradas Escrituras?

4. Haga una lista de las formas significativas y tipos de literatura en las Escrituras. ¿Qué información obtenemos de la Biblia al apreciar tan amplia variedad de tipos literarios en la misma?

5. En su acercamiento a los diferentes géneros de la Biblia, ¿cree que existen algunos tipos más importantes que otros, y si es así, cuáles son y por qué?

6. ¿Cómo podemos explicar la presencia de tantos géneros y tipos diferentes de literatura contenidos en la Biblia? ¿En qué maneras nos ayuda el estudio de los géneros a entender mejor las variadas dimensiones de la "experiencia humana"?

7. Alguien ha dicho que la literatura *muestra* la verdad y de esa forma habla de ella. ¿Cómo nos ayuda el estudio de los géneros a comprender la verdad al verla *imaginada* en su forma más concreta?

8. ¿Por qué será importante que los estudiantes bíblicos se apropien del arte de los autores bíblicos como *escritores* que estuvieron bajo la influencia y guía del Espíritu Santo? ¿Cómo revela el estudio del género la riqueza y misterio de Dios y su obra en el mundo?

9. Haga una lista de los mayores beneficios del estudio de género en la interpretación bíblica. De todos los beneficios cubiertos en este segmento, ¿cuál cree que motivará su estudio bíblico en forma más directa? Explique.

Literatura Bíblica: Interpretando los Géneros Literarios de la Biblia

Segmento 2: Interpretando los géneros de narrativa y profecía en la Escritura

Rev. Dr. Don L. Davis

"La hermenéutica especial" se refiere a esas reglas especiales y procedimientos que nos ayudan a interpretar las formas literarias de la Biblia. Tal hermenéutica es importante, especialmente cuando comenzamos a utilizar esas reglas en nuestra interpretación de los tipos de literatura bíblica. La narrativa es un tipo particular de estudio, y es el fundamento para la teología de la historia, la cual argumenta que Dios ha provisto un registro de su obra en los relatos históricos de la Biblia. Los teólogos de la historia reconocen el significado de la misma, y nos conducen (entre otras cosas) a las presencias sacramentales como normativas para la comunidad cristiana, produciendo la teología, los rituales, y los sacramentos. La profecía es otro género de la interpretación bíblica, el cual nos ofrece la verdad acerca de Dios y el universo, manifestándose en modos literales y personales. La literatura apocalíptica es un subgénero de la profecía, un elemento visto en los dos tipos principales de apocalipsis judíos, en el libro de Daniel en el AT, y el libro profético más distintivo en la Escritura, el libro de Apocalipsis. Interpretaremos los géneros de la profecía y el apocalipsis de la Escritura de buena forma si nos enfocamos en la persona de Jesucristo, basando el mensaje profético en el llamado al Reino de Dios, y enfatizando el cumplimiento de los soberanos propósitos de Dios en su juicio contra el mal, el sufrimiento y la injusticia.

Resumen introductorio al segmento 2

Nuestro objetivo para este segmento, *Interpretando los géneros de narrativa y profecía en la Escritura*, es ayudarle a ver que:

- "La hermenéutica especial" se refiere a esas reglas y procedimientos específicos que nos ayudan a interpretar las formas literarias de la Biblia.

- La narrativa es la forma más común de género en la Escritura, e incluye historias y recuentos de hechos históricos o imaginarios.

- Los historiógrafos teológicos se enfocan en los recuentos de la narrativa en la Escritura, y comienzan su trabajo de interpretación con presuposiciones generales basados en la teología de las historias, las cuales incluyen la idea de la forma primaria de Dios, que tiene que ver con registrar asuntos de su persona y obra a la luz de los cuentos o historias en la Escritura. Otras presuposiciones incluyen la idea de que toda teología debe reflexionar en las historias de la Biblia, esas historias bíblicas interpretadas en hechos históricos reales y confiables, donde las historias han sido escritas con habilidad artística y maestría, donde encontramos a Dios en el texto, el cual provee a menudo su propio comentario sobre el significado bíblico de los hechos históricos.

- La teología de la historia está construida en el fundamento de preposiciones claves acerca de las historias, la Biblia, y la Iglesia. Éstas incluyen el concepto de que las historias nos introducen a presencias sacramentales, son más importantes que los hechos, y son normativas para la comunidad cristiana. Las tradiciones cristianas se mueven y se definen a sí mismas a través de las historias, las cuales también preceden la comunidad, produciendo censura, la teología de dar cuentas, rituales, y sacramentos en la Iglesia. Los relatos también son historia.

- Como muchos tipos de literatura, los elementos generales de la narrativa en la Escritura incluyen el contexto, personajes, el punto de vista del autor, plan, y tema de las historias.

- La profecía es otro género principal de las Escrituras, un tipo literario que ofrece la verdad acerca de Dios y del universo, fluye del Espíritu, y es en sí mismo un modo específico de revelación de Dios que llega a través de personas o en forma escrita.

- La profecía apocalíptica es un subgénero de la profecía, e incluye los dos tipos principales de apocalipsis judío, el libro de Daniel en el AT, y el libro de la Escritura más distintivamente profético, el libro de Apocalipsis.

- Para poder interpretar correctamente los géneros de la profecía y el apocalipsis de la Escritura, debemos primero enfocarnos en la persona de Jesucristo, y referir los mensajes al llamado del Reino de Dios, buscando enfatizar el cumplimiento de los propósitos soberanos de Dios de cara al mal, el sufrimiento y la injusticia.

La diversidad de la Escritura

No debemos perder de vista al apreciar la unidad de la Escritura, su diversidad... Ésta contiene formas variadas. Los libros de la Biblia están escritos por diferentes autores, en diferentes lugares y tiempos, a diferentes audiencias en distintas circunstancias, usando varios géneros literarios. Cada libro despliega propósitos y temas únicos. En algunas instancias, diferentes porciones de la Escritura son tan paralelas que es posible postular una relación literaria entre ellas y asumir sus diferencias como intencionales: algunas veces teológicamente motivadas; otras meramente por variación estilística. Deuteronomio, conscientemente pone al día varias leyes de Éxodo y Levítico para una vida más pacífica en la Tierra Prometida. Crónicas cuenta nuevamente porciones significativas de las historia deuteronómicas, añadiendo, omitiendo y refraseando sus hechos para resaltar su enfoque en el reino del sur, sus reyes, el templo y el servicio sacerdotal. Cada uno de los cuatro evangelios claramente tiene su propia forma con respecto a la identidad de Jesús y la naturaleza de su ministerio, mientras 2 Pedro parece tener revisado y suplementado a Judas para combatir un nuevo grupo de falsos maestros en un nuevo contexto.

~ C. L. Blomberg. "The Unity and Diversity of Scripture".
The New Dictionary of Biblical Theology.
T. D. Alexander, ed. (electronic ed.).
Downers Grove, IL: InterVarsity Press, 2001.

I. Hermenéutica especial y la definición de narrativa

Video y bosquejo segmento 2

A. Hermenéutica especial

1. "Hermenéutica especial": *las reglas y procedimientos que nos permiten interpretar las formas literarias de la Biblia*

2. El *Modelo de los Tres Pasos* se aplica a *cada texto de la Escritura que busca interpretar.*

   a. Entender la situación original.

   b. Sacar principios para la vida.

   c. Aplicar esos principios a las situaciones de su propia vida.

3. Para entender el verdadero significado del texto, vamos a usar nuestro entendimiento del *género bíblico particular de forma literaria, el cual comunica la verdad y debe ser interpretada de acuerdo a las reglas de su misma forma.*

4. La hermenéutica especial es esa rama de la interpretación bíblica comprometida a entender y aplicar las reglas específicas de interpretación a un tipo particular de literatura que busca entender y comunicar su mensaje.

B. La historias (narrativa) en la literatura

1. Una narrativa es una forma literaria que se distingue por "la presencia de una historia o del narrador de la misma historia" (Robert Scholes and Robert Kellogg, *The Nature of Narrative*, London: Oxford University Press, 1966, p. 4).

2. "Una historia . . . [es] un recuento de personajes y eventos de una trama, moviéndose en medio del tiempo y el espacio, pasando por un conflicto en dirección a una resolución" (Gabriel Fackre, "Narrative Theology").

3. Las narrativas son *historias*, sean históricas *(historias acerca de cosas que sucedieron)* o imaginarias *(historias ficticias que Dios u otras personas en la Escritura cuentan, usualmente para ilustrar una verdad espiritual, o retar a través de una lección espiritual).* Las parábolas son el mejor ejemplo.

C. Suposiciones generales de la *Teología de la historia*

1. Dios nos ha provisto un registro de su carácter y sus hechos primordialmente a través de los recuentos de las historias de la Biblia.

   a. La mayoría del texto bíblico se encuentra en forma de historias.

b. Entender las formas en que funcionan las historias puede ayudarle a incrementar nuestro conocimiento de la Biblia, y por medio de él, incrementar nuestro conocimiento del Dios de la Biblia.

2. Toda la teología es una reflexión de las historias de la Biblia, y es una disciplina de "tercer orden".

   a. *Primer orden*: Dios actúa en la historia

   b. *Segundo orden*: Dios funge como el superintendente del registro de sus hechos en la historia, a través de esta forma en la Palabra de Dios.

   c. *Tercer orden*: Podemos reflexionar en la Palabra para asirnos del significado del carácter de Dios y sus hechos

   d. La teología tiene que ver con reflexionar acerca del significado de los hechos de Dios en la historia, capturando las historias narradas en la Biblia.

3. Mientras que las obras literarias que usan la narrativa no tienen por qué ser fidedignas (aun cuando son bien hechas), las historias de la Biblia son confiables y precisas, ciertas cuando se refieren a hechos históricos.

   a. Dos tipos de historias

      (1) *Narrativas históricas* las cuales testifican precisamente de sucesos actuales y reales, ej., el nacimiento de Jesús, Lucas 2.1-7

      (2) *Narrativa imaginativa* son historias inventadas por el autor para una ilustración y enseñanza, ej., La historia de Natán a David, 2 Sm. 12.1-7.

b. Lo *preciso de los reportes históricos* en la narrativa bíblica histórica: los prólogos de Lucas - Hechos, Lucas 1.1-4

4. Los autores de las Escrituras escriben sus historias con mucha habilidad artística, como expertos narradores.

5. El intento de entender y conectar las sagradas historias es encontrar a Dios en el texto para responder en fe y obediencia en ese encuentro, Santiago 1.22-25.

   a. Ellos muestran los actos de Dios en las historias y cómo Él se relaciona con nosotros hoy.

   b. *La analogía de fe*: De la misma manera que Dios era con ellos en "aquel entonces", así es Él, y estará con nosotros hoy, "aquí y ahora".

   c. Las historias son para identificarnos: correlacionar el significado de las historias con nuestra historia es la clave de un acercamiento a la narrativa de la Biblia.

6. Dios a menudo provee su propio comentario acerca del significado de las historias dentro de la historia misma (Cf. 1 Corintios 15).

D. Proposiciones claves de la *teología de las historias*

William J. Bausch hace una lista de diez proposiciones relacionadas a la teología de la historia que nos ayudan a entender el significado y la importancia del estudio de las historias y el entendimiento de la Biblia y la teología. (William J. Bausch, Storytelling and Faith. Mystic, Connecticut: 23rd Publications, 1984).

1. Las historias nos introducen a las *presencias sacramentales*.

2. Las historias son siempre *más importantes que los hechos*.

3. Las historias son *normativas* (autoritativas) para la comunidad cristiana de fe.

4. *Las tradiciones cristianas* cambian y se definen a sí mismas a través y alrededor de las historias.

5. Las historias de Dios *preceden, producen, y dan poder* a la comunidad del pueblo de Dios.

6. La historia de la comunidad implica *censura, reprimenda*, y *saldo de cuentas*.

7. Las historias producen *teología*.

8. Las historias producen *muchas teologías*.

9. Las historias producen *rituales y sacramentos*.

10. Las historias son *historia*.

II. Elementos generales para interpretar una historia (narrativa)

Al conectarnos con las historias imaginativas y con todos los hechos históricos de la Escritura, debemos conocer los varios elementos literarios que forman parte de la narrativa de cuentos, y descubrir su uso e interacción en el texto estudiado.

A. Primero, reconozca el *contexto* ("alrededores" o el "entorno") de la historia.

1. ¿Quién está contando la historia, a quién, dónde, y por qué razones?

2. ¿Cuáles son los alrededores físicos de la historia?

3. ¿Cuál es la situación cultural, religiosa, histórica, interpersonal en que la historia está siendo contada? (Lucas 1.1-4, Hechos 1, 2)

B. Segundo, identifique los *personajes* de la historia.

1. ¿Quién es el "héroe"? ¿Quién es el "villano"? ¿Cómo afectan el uno al otro sus encuentros e interacciones en la historia?

2. ¿Cómo se revelan los personajes a nosotros?

    a. Descripciones directas de los personajes (descripciones y recuentos de las actitudes, acciones y apariencias de tales personajes en las historias)

    b. Caracterización indirecta (e.d., apariencia, por las palabras que dicen, pensamientos y actitudes, su influencia y el efecto de sus acciones en otros [virtuosas o mal intencionadas])

3. ¿Cómo son probados los personajes, y qué opciones toman?

4. ¿Cómo progresa y crece el personaje? ¿Se desarrolla dentro de la historia?

C. Tercero, mire el *punto de vista y la voz del autor*.

   1. ¿Cuáles son los comentarios del autor acerca de las acciones y palabras del personaje?

   2. ¿En qué persona se está escribiendo la historia?

      a. Punto de vista del Espíritu (en literatura: la vista omnisciente)

      b. Punto de vista de la primera persona (contando su propia historia: Nehemías)

      c. Punto de vista del narrador, la tercera persona (contando las historias de Jesús: Lucas)

   3. ¿En qué voz se está escribiendo: "La voz es la actitud de la persona hacia todo lo observado" (John Leggett).

D. Cuarto, detecte el *plan trazado de desarrollo* dentro de la historia.

   1. Trate de describir y bosquejar cómo se desarrolla la historia básica (principio, medio, fin).

   2. Note los elementos clásicos de la estructura del plan — John Leggett

      a. *Alfombra* — ¿cómo se presenta la historia?

b. *Complicaciones* — ¿cuáles son los conflictos específicos y problemas que están confrontando los personajes en la historia?

c. *Clímax* — ¿cuál es el pico y punto de retorno de la acción, el momento cuando alguien en el conflicto "gana", se rinde, escapa, o se deja vencer?

d. *Conclusión* — ¿cómo es que la historia termina finalmente sus temas, se deshace de los problemas, y trae una resolución a los temas presentados al principio?

e. *Fin* — ¡Fin temporal!

E. Quinto, note el *tema de la historia* (los principios y verdades de Dios).

1. ¿Qué "comentario sobre la vida" provee la historia?

    a. Su punto de vista de la "*realidad*", (¿cómo es el contexto y quiénes están en él?)

    b. Su punto de vista de la "*moralidad*", (¿Qué constituye lo bueno y lo malo?)

    c. Su entendimiento acerca de los "*valores*", (¿cuál es la preocupación final?)

2. ¿Qué verdades acerca de Dios y nosotros mismos recibimos al conectarnos con esta historia?

La unidad Y la diversidad de las Escrituras

En resumidas cuentas, la unidad y diversidad de las Escrituras debe ser reconocida y tenida en un delicado balance. Los eruditos más liberales tienden a enfocarse tanto en la diversidad que la unidad desaparece. Los eruditos conservadores tienden a enfocarse tanto en la unidad que la diversidad desaparece. Sin reconocer la unidad de la Escritura, el canon completo no puede funcionar como el fundamento autoritativo para la creencia y práctica cristiana como se ha hecho históricamente. Sin una apreciación de la diversidad la cual proviene de escuchar cada texto, libro y autor en sus propios términos, uno arriesga malinterpretar la Escritura y no discernir lo que Dios intentó decir a su pueblo en cualquier punto dado de su historia. Teológicamente, la unidad de la Escritura marca límites claros de pensamiento y comportamiento, y si los individuos o iglesias no los respetan, los mismos no podrían ser llamados legítimamente cristianos. Por otro lado, la diversidad de las Escrituras demuestra que ningún grupo o tradición eclesiástica tiene el monopolio de la verdad. Uno puede convertirse en un hereje por ser demasiado abierto o demasiado cerrado.

~ C. L. Blomberg. "The Unity and Diversity of Scripture".
The New Dictionary of Biblical Theology. T. D. Alexander, ed. (electronic ed.).
Downers Grove, IL: InterVarsity Press, 2001.

III. La profecía como un género de la literatura bíblica

A. La profecía ofrece la verdad acerca de Dios y el universo.

1. Trata las preguntas centrales de la existencia humana y la vida.

2. Trata la naturaleza de la creación y el universo.

3. Fluye desde un punto de vista trascendente del mundo (e.d., un Dios trino obrando su voluntad en el mundo).

4. Provee una distinta reclamación de la verdad mucho más allá de lo entendido por la razón humana, la filosofía y la búsqueda científica.

   a. 1 Co. 1.18-3.20

   b. Col. 2.1-10

   c. 2 Pe. 1.20-21

B. La profecía fluye del *Espíritu Santo de Dios* hacia nosotros.

   1. El don de profecía es un "don" del Espíritu, Ro. 12.6; 1 Co. 12.10, 28; Ef. 4.8; 1 Ts. 5.19.

   2. A menudo, el profeta se identifica como una persona "del Espíritu", 1 Co. 14.37 con Oseas 9.7; ver también 1 Sm. 19.20; 2 Reyes 2.15; Neh. 9.30.

   3. La promesa profética del Reino: el Espíritu derramado sobre toda carne

      a. La esperanza de Moisés: "todos los del pueblo del Señor fueran profetas", Nm. 11.16, 29; comp. Lucas 10.1.

      b. El oráculo profético de Joel: "Dios derramará su Espíritu sobre toda carne", Joel 2.28.

      c. Cumplimiento: el día del Pentecostés (ver Hechos 2.16-33 con Mt. 3.11)

C. La profecía es un *modo específico de revelación* de Dios.

1. Existen variedades de revelación divina: Jer. 18.18 (ver Is. 28.7; 29.10, 14) (ej., la ley del sacerdote, consejo de los sabios, palabra del profeta).

2. ¿Quiénes eran los profetas de la Biblia?

    a. Podían vivir en grupos, escuelas, comunidades, o asociaciones (ej., 2 Reyes 2.3ss; 6.1).

    b. Algunos estaban en el templo, y tal vez sirvieron como sacerdotes (ej., Samuel, Elías, Ezequiel [1.3], y Jeremías [1.1]).

    c. Los sacerdotes tenían la función profética de interpretar, transcribir, poner al día y aplicar la ley (comp. Is. 28.7, también el ejemplo de Esdras).

    d. Los sabios maestros eran estimados en Israel porque eran dotados con dones proféticos (ver Gn. 41.38f; 2 Sm. 14.20, 16.23; 1 Reyes 3.9, 12, 28).

D. La profecía se manifiesta a sí misma en varias *formas personales y literarias*.

1. Es reconocida en el judaísmo y la cristiandad temprana por tener diferentes formas (comp. Josefo, contra Apión I, 38-42 con Marcos 12.36; Hechos 2.30; 7.37)

2. Los oráculos en la Escritura, Is. 1.1 y sig.

3. Predicaciones en la iglesia, 1 Co. 12-14

4. Las exhortaciones y dichos de los apóstoles, Hechos 2

5. Enseñanzas revelatorias de personas inspiradas, 1 Co. 14.6

6. La totalidad de la revelación divina está asociada con la profecía escrita, 2 Pe. 1.19-21 (comp. Lucas 11.50-51, Hechos 2.16ss, Santiago 5.10-11).

E. Características de la profecía bíblica

1. Hay muchas colecciones de oráculos dados oralmente o dados físicamente en distintos eventos y acciones.

2. Ricas en símbolos, metáforas, imágenes, y alegorías, comp. Amós 4.1 e Is. 44.23

3. A menudo son dadas y/o escritas en forma poética.

   a. Hacen que la palabra profética sea memorable.

   b. Uso del paralelismo

   c. El imaginar la verdad, o actuarla para dar el mensaje de Dios

4. Puede ser dada para esconder la verdad o para revelar la persona y mente de Dios, Nm. 12.6-8

5. El profeta no puede ser el juez final en la validez de su mensaje.

   a. Los profetas y sus mensajes en el Antiguo y Nuevo Testamentos fueron probados y afligidos (ver 1 Reyes 22; Jer. 23; 28; y 2 Co. 11.4, 13; 1 Juan 4.1-3).

   b. Los dichos proféticos fueron probados:

      (1) Por su carácter profético, 1 Co. 14.29

      (2) Por estar acorde con las enseñanzas de Moisés, Dt. 13.1-5

      (3) Por su cumplimiento en la historia, Jer. 23

      (4) Por su consistencia con la persona y enseñanzas de Jesucristo, Mt. 7.15; 24.11; 2 Pe. 2.1

      (5) Sólo entonces eran aceptados y reconocidos como verdad, 1 Ts. 5.19-21.

IV. Literatura apocalíptica como un género de la Escritura

A. Definición de literatura apocalíptica

   1. Se deriva del término "apocalypse" a·poc·a·lupse (-pk-lps), n. "develar" o "revelar".

   2. Porciones de Daniel y el libro de Apocalipsis.

3. Un número grande de textos anónimos judíos o cristianos, que va desde el segundo siglo A.C. al segundo siglo D.C., contiene visiones proféticas o simbólicas, especialmente de la destrucción del mundo y la salvación de los justos.

4. Devastación total y desastres; destino: *el Apocalipsis de la guerra nuclear*; un cierre profético; una revelación

5. La literatura apocalíptica trata con el fin de las cosas, la escatología (el estudio de los eventos del futuro) la cual se enfatiza durante tiempos de crisis intensa, persecución, o desorden.

B. Tipos de literatura apocalíptica

1. Apocalíptica verdadera en el AT: Daniel, comp. Daniel 2; 7

2. La gran época apocalíptica-judía: segundo siglo A.C. al segundo siglo D.C. (varios libros)

   1 Enoc, 2 Baruc, 4 Esdras (conocido como los apócrifos desde 2 Esdras), 3 Baruc, el Apocalipsis de Abraham, 2 Enoc, el Apocalipsis de Sofonías

3. Características de la apocalíptica judía

   a. Revelaciones de misterios celestiales

   b. Usualmente tratan con una amplia lista de temas espirituales

      (1) La naturaleza del cosmos

(2) El contenido de los cielos

(3) La visión de la habitación del trono celestial

(4) El ámbito de los muertos

(5) El problema del sufrimiento humano y la teodicea

c. Escritos a menudo bajo seudónimos (nombre diferente al nombre real del autor), usualmente un gran personaje bíblico del pasado (ej., Enoc, Esdras)

d. Dado usualmente por medio de sueños, visiones, o revelación especial en la que las ricas representaciones simbólicas son interpretadas al "vidente" (e.d., el receptor de la visión) a través de un ángel.

4. Dos tipos principales de apocalipsis judíos

a. *Apocalipsis cosmológico* – se concentra en los secretos del cosmos y los cielos, los cuales son revelados en otros viajes mundanos

b. *Apocalipsis histórico - escatológico* – (comp. Daniel) – se enfoca en los propósitos de Dios en la historia, contiene resúmenes de la historia humana donde Dios ha ordenado ciertos períodos

(1) Se enfocan en la venida del fin de la historia humana.

(2) Hablan de la venida de Dios en victoria sobre los poderes del mal y la gente que destruye y oprime a las naciones.

(3) Hablan de la destrucción por parte de Dios de todos los poderes demoníacos, el mal, y el sufrimiento asociado con la caída.

(4) Hablan del establecimiento del reino de Dios para siempre, incluyendo la resurrección de los muertos, el juicio de los malvados y de aquellos que no se han arrepentido, la venida del universo bendito y de los justos.

Un mensaje que guía hacia la persona de Jesucristo

La Biblia no comenzó como si fuera un manual doctrinal de ética. Sino que se formó por géneros literarios diversos, es un registro de la historia de la revelación especial, una historia de la cual su propia producción (inscripturación . . .) es una parte. Esta larga historia comienza tan temprano como el jardín del Edén y después de la caída, y continúa con la actividad redentora de Dios, acompañada por su propia palabra interpretada, primariamente tratando con Israel en los pactos, hasta su culminación en la persona y obra de Cristo. La revelación bíblica, luego, es esencialmente redentora, o de pactos históricos, y la preocupación de la teología bíblica es explorar y clarificar este carácter especial históricamente progresivo y diferente de la revelación especial.
~ R. B. Gaffin "New Testament Theology". *New Dictionary of Theology*. Sinclair B. Ferguson, David Wright, eds. (electronic ed.). Downers Grove, IL: InterVarsity Press, 1988, p.463.

C. Apocalipsis del NT: el libro de Apocalipsis

1. El único verdadero Apocalipsis en el NT (comp., *Pastor de Hermas*, escrito por un profeta cristiano)

2. Pertenece a la tradición histórico-escatológica de los apocalipsis judíos

3. Trata con la intención de Dios de alertar a su iglesia al respecto de los eventos por suceder, Ap. 1.1-3

4. Otorga una revelación comprensiva de la persona y obra de Jesucristo, Ap. 1.7-18

5. Toca los temas del juicio al final de la historia humana, Ap. 20.11-15

6. Emplea un lenguaje místico, imaginario o metafórico, simbólico, y fantasioso, Ap. 12.14-16

7. Se enfoca en la importancia de números y juegos numerados para la estructura y para comunicar el contenido del mensaje, ej., Ap. 13.18; 21.12-14; 4.2-8

V. Tres principios interpretativos para el género profético y apocalíptico

A. Primer principio: *se enfoca en la persona de Jesucristo.*

1. El testimonio de Jesús es el mismo espíritu de la profecía (e.d., motivo y racional interna) para toda la interpretación, Ap. 19.10.

2. Cristo es el centro de la interpretación bíblica, y por ende el predecir histórico (e.d., la profecía aplicada a los eventos históricos futuros) encuentra su máximo ítem de integración en Él (comp. Lucas 24.27, 44-48).

3. Las tres partes del cumplimiento histórico profético (Walter Kaiser, *An Introduction to Biblical Hermeneutics*)

    a. *La palabra predicha* que procede al evento al que se refiere

    b. *Los significados históricos por los cuales Dios mantuvo viva la palabra predicha para generaciones venideras* (e.d., los primeros pagos que conectan el primer anuncio con su cumplimiento cumbre)

    c. El cumplimiento final en el NT de la predicción profética dada en el AT en lo que refiere a la primera o Segunda Venida de Cristo.

B. Segundo principio: se refiere a los mensajes proféticos al llamado del Reino – *adoptar un estilo de vida según el Reino al enfrentar los eventos futuros.*

    1. Nueva resolución de prepararnos y estar listos para el regreso de Cristo, 1 Pe. 1.10-13

    2. Absoluta seguridad en los eventos por venir, 2 Pe. 1.19-21

3. Llamado a la santidad a la luz del juicio de todas las cosas, 2 Pe. 3.10-14

C. Tercer principio: enfatiza el cumplimiento del *propósito soberano de Dios al confrontar el mal, el sufrimiento y la injusticia.*

1. El reino de Dios, al final, destruirá todo lo mundano, Dn. 2.44.

2. El propósito soberano de Dios se cumplirá finalmente en todas las dimensiones del universo, todo para la gloria de su nombre, Dn. 4.34-37.

3. Dios juzgará en última instancia a todo ser humano de acuerdo a sus obras, sean buenas o malas, Ap. 22.8-16.

Conclusión

» En el estudio de los géneros bíblicos, tal vez ninguno sea más prominente y significativo que la narrativa y la profecía.

» Al descubrir las reglas de los diversos tipos de géneros en las Escrituras, podremos entender y aplicar mejor las reglas de la forma con el fin de descubrir la verdad de Dios en su maravilloso mundo.

Seguimiento 2

Preguntas y reflexión acerca del contenido del video

Las siguientes preguntas fueron diseñadas para ayudarle a repasar el material en el segundo segmento del video. En esta sección vimos el papel de la "*hermenéutica especial*" en dos tipos distintos de literatura, narrativa y profecía. Los relatos de la narrativa sirven como fundamento para la teología de la historia, y la profecía ofrece la verdad acerca de Dios y el universo en un modo personal y literario. Al crecer en el conocimiento de la interpretación de géneros, su enriquecimiento y edificación en la Palabra crecerán, y lo mismo sucederá con su habilidad de enseñar y predicar las Escrituras con poder y claridad.

Responda las siguientes preguntas repasando cuidadosamente los conceptos centrales que rodean la hermenéutica especial de la narrativa y la profecía, incluyendo la literatura apocalíptica.

1. ¿Cuál es la definición de "hermenéutica especial", y cómo sus reglas y procedimientos nos ayudan a interpretar las variadas formas literarias en la Biblia?

2. ¿Qué es la narrativa, y cuán prominente es dentro de la Biblia misma? ¿Cuál es la distinción entre materiales "históricos" de narrativa versus materiales "imaginarios" de la narrativa?

3. ¿Cómo relacionan los teólogos de narrativa o de historia los hechos de la narrativa en la Escritura? Recite las presuposiciones generales que dan forma y sustancia a la idea de la teología histórica.

4. De todas las presuposiciones de los teólogos de historia, ¿cuál(es) cree que es la más importante para todos los que buscamos tomar las historias de la Biblia seriamente, como historias y como revelaciones de Dios?

5. ¿Cuál es la relación entre nuestra interpretación de una historia y el comentario y significado que Dios nos da a través de los comentarios del autor en los recuentos bíblicos de la historia? Explique su respuesta.

6. Enliste las preposiciones claves acerca de las historias, la Biblia, y la Iglesia incluidas en esta sección. De todas las preposiciones, ¿cuáles cree que son las más importantes para que busquemos tomar en serio el papel de la narrativa en la interpretación bíblica? Explique su respuesta.

7. ¿Cuáles son los elementos generales de la narrativa en la Escritura, y cómo se relacionan con otras historias en novelas, cuentos cortos, u otro tipos de literatura?

8. Defina la profecía como un género principal de la Escritura. ¿Qué sabemos es real acerca de la profecía al relacionarse con nuestro conocimiento de Dios, el universo, y su obra en el mundo?

9. ¿Qué es la "literatura apocalíptica", qué libros de nuestra Biblia son de este subgénero de la profecía, y por qué es el estudio del género apocalíptico tan importante para la interpretación bíblica efectiva?

10. ¿Qué tres principios y perspectivas son significativos si interpretamos correctamente la profecía y los géneros apocalípticos de la Escritura?

Resumen de conceptos importantes

Esta lección se enfoca en el papel y los usos del género en la interpretación bíblica. Los conceptos a continuación resumen los consejos principales cubiertos en este segmento acerca del significado de los géneros en la hermenéutica especial.

- El término "género" se refiere a un tipo particular de forma literaria que comunica la verdad teniendo que ser interpretada de acuerdo a las reglas de esa forma.

- La interpretación de la Biblia de acuerdo a los géneros debe comenzar con un cuidadoso entendimiento de las presuposiciones básicas del estudio del género, que afirma el hecho que la Biblia misma es obra literaria, la cual está ordenada y gobernada por reglas y principios literarios, como también por palabras pertenecientes a la literatura, y que Dios empleó géneros y estrategias humanas literarias para comunicarnos su Palabra.

- Hay muchas formas significativas y tipos de literatura en la Escritura. Esto incluye el uso de la narrativa (histórica e imaginativa), la ocurrencia de la ley (escritos legales), epístolas (cartas), profecía (incluyendo literatura apocalíptica), la literatura sapiencial de la Escritura (incluyendo proverbios, monólogos, acertijos, fábulas, parábolas, alegorías, etc.), y la presencia de obras poéticas.

- Los géneros ocurren a través del propósito literario particular de los autores en lo que respecta a las necesidades y temas particulares de sus respectivas audiencias, también para profundizar el entendimiento de nuestra experiencia humana. El estudio de géneros nos permite comprender la verdad al apreciarla *imaginada* en su forma más concreta, tanto como para desplegar el arte de los autores bíblicos cuando fueron guiados por el Espíritu, como para revelar la riqueza del misterio de Dios y su obra en el mundo.

- La atención cuidadosa a los géneros y las reglas de interpretación de los mismos nos puede ayudar en nuestra interpretación bíblica; el estudio de géneros puede darnos conocimientos para descubrir la intención original del autor, edificarnos al identificar el significado de las Escrituras para nuestras vidas, enriquecer y entretenernos en la belleza de las mismas y darnos luz en el conocimiento del propósito y voluntad de Dios.

- La hermenéutica especial se refiere a esas reglas específicas y procedimientos que nos ayudan a interpretar las formas literarias de la Biblia.

- La narrativa es la forma más común de género en la Escritura, incluyendo historias y relatos que pueden ser imaginativos o históricos.

- Los teólogos de historia se enfocan en la narrativa de la Escritura, y comienzan su trabajo de interpretación con presuposiciones generales de la teología de la historia, lo cual incluye la idea de la forma primaria de Dios de registrar su persona y obra, a la luz de los relatos de la historia en las Escrituras. Otras presuposiciones incluyen la idea de que toda teología se refleja en las historias de la Biblia, esas historias bíblicas que se refieren a relatos históricos, las cuales son confiables y seguros. Las historias están escritas con habilidad artística y maestría, encontramos a Dios en el texto de la historia que a menudo provee su comentario del significado de los relatos bíblicos históricos.

- La teología de la historia está construida en el fundamento de preposiciones claves acerca de las mismas, la Biblia y la Iglesia. Éstas incluyen el concepto de que las historias presentan presencias sacramentales, y que las mismas son más importantes que los hechos y son normativas para la comunidad cristiana. Las tradiciones cristianas evolucionan y se definen a sí mismas por las historias, las cuales también preceden y producen comunidad, censura, y el tener que dar cuentas a nivel teológico, en los rituales, y sacramentos en la Iglesia. Las historias, también son historia.

- Como en otras obras, los elementos generales de la narrativa en las Escrituras incluyen el contexto, los personajes, el punto de vista del autor, su plan, y el tema que trata la historia.

- La profecía es otro género principal de la Escritura, un tipo literario que ofrece la verdad acerca de Dios y del universo, fluye del Espíritu, y es en sí mismo un modo específico de la revelación de Dios a través de personas o formas escritas.

- La literatura apocalíptica es un subgénero de la profecía, e incluye dos tipos principales de apocalíptica judía, el libro del AT de Daniel, y el libro más distintivo de la escritura profética, el libro de Apocalipsis.

- Para poder interpretar correctamente los géneros de la profecía y la literatura apocalíptica en la Escritura debemos primero enfocarnos en la persona de Jesucristo, referir el mensaje profético al llamado del Reino de Dios, y buscar enfatizar el cumplimiento de los propósitos soberanos de Dios de cara al mal, el sufrimiento y la injusticia.

Aplicación del estudiante

Como estudiante de la Palabra de Dios, necesitará luchar con reglas, procedimientos, y procesos para entender en forma completa y aplicar las enseñanzas en esta lección acerca de los géneros de la Biblia. Su habilidad para comprender este concepto y aplicarlo a su estudio será de gran influencia en todo su caminar y ministerio, especialmente en su predicación y enseñanza, además de su estudio bíblico personal. Ahora es necesario que se enfoque en las preguntas acerca del género que han vagado en su mente en las discusiones e investigaciones de este material. Use las preguntas a continuación como ayuda para formular y clarificar esas áreas de preocupación e interés que le ayudarán en su comprensión del papel del género en la interpretación bíblica.

* ¿Está convencido ahora que la Biblia no puede ser interpretada apropiadamente sin entender los géneros de la Biblia? ¿Está convencido que al ser la Biblia misma obra literaria debe por lo tanto ser interpretada de acuerdo a las reglas literarias y principios como otras obras de literatura? Explique su respuesta.

* De los géneros enlistados en esta lección, ¿cuál ha sido el reto más grande para entender, aplicar, y enseñar a otros? (Recuerde que estos incluyen la narrativa, ley, epístolas, profecía [incluyendo la literatura apocalíptica], literatura sapiencial, y obras poéticas).

* ¿Ha invertido mucho tiempo en el estudio de los géneros? ¿Cuáles son sus impresiones generales? ¿Esta lección ha marcado alguna diferencia en cómo ve el papel del estudio de los géneros en su estudio bíblico? Explique.

* ¿Por qué es importante usar el *Modelo de los Tres Pasos* en conjunto con el estudio específico de géneros, y sus reglas de interpretación? ¿Existen géneros para los cuales el *Modelo de los Tres Pasos* no sirve? Explique.

* ¿Cuánto tiempo pasa estudiando las historias y profecías de la Biblia? Dado el hecho que estos dos géneros son la vasta mayoría del contenido bíblico, ¿diría que está ignorando este material en su estudio presente de la Biblia o lo tiene bien presente?

* ¿Hay un cierto género de la Biblia en el cual tiende a enfocarse más que otros? ¿Por qué piensa que pone su enfoque en este tipo de material? ¿Es más fácil de entender, más interesante, otras razones?

* ¿Cuánto tiempo pasa estudiando los Evangelios y las parábolas? ¿Cree que si entendiera mejor "cómo funciona la narrativa" pasaría más tiempo en los Evangelios y el libro de Hechos, además de otros relatos históricos?

* Al ver las proposiciones incluidas en esta lección acerca de la teología de la historia, ¿existen proposiciones que parecen estar sobrenfatizadas o que no son verdaderas a su juicio? Explique su respuesta. Si las hay, ¿cómo podría refrasear la proposición para poder estar más acorde con su creencia?

* ¿Ha estudiado antes los materiales proféticos y apocalípticos en una forma profunda? ¿Qué tendría que suceder para que tome en serio el estudio de este tipo de literatura en la Biblia? ¿Cuáles son sus brechas en lo que respecta a saber *cómo* estudiarlos?

Demasiadas reglas

Al ver la diversidad del material literario en la Biblia (e.d., poemas, prosa, cantos, himnos, historias, metáforas, literatura simbólica, profecía, alegoría, parábolas, etc.) algunos se desaniman mucho en el estudio de géneros. ¿Puede entender claramente por qué? ¿Quién podría pasar suficiente tiempo aprendiendo todos los géneros de la Biblia para poder así ganar un buen entendimiento de todos ellos? ¿No es tal cosa imposible? ¿No hay eruditos que han pasado décadas en un género particular, y confiesan que todavía no lo comprenden? ¿Cómo estamos nosotros (no somos expertos en los lenguajes bíblicos ni en los géneros mismos) como para usar estas reglas como bases de nuestro estudio bíblico? ¿No nos ofrece demasiadas reglas este acercamiento a la Biblia orientado en géneros para conocerla y manejarla antes de empezar a saborear algo del fresco entendimiento que la Palabra de Dios nos ofrece?

Las historias son para el sermón de los niños

El sermón de los niños en muchas iglesias es simplemente un tiempo donde se narra una historia. Esto no es un acto desinteresado. Usualmente el maestro se vale de un objeto que sirve como introducción al sermón, los niños cada semana reciben consejo de la voluntad de Dios por medio de una historia cuidadosamente seleccionada para lidiar con el tema relacionado a cómo los niños deben pensar, hablar, portarse, o elegir. La historia provee una ilustración para la verdad principal, la moral de la historia, la cual se ilustra en la misma. Para muchos, este tipo de uso elemental de la historia es su mejor y más directa aplicación. Hablando francamente, muchos creen que las historias son para los niños, especialmente los de la Escuela Dominical, el sermón de los niños, o la escuela bíblica de vacaciones. En el corazón de esta creencia está la noción de que la historia es una forma elemental y sencilla de una verdad religiosa, y que hablar de la doctrina es la forma más profunda, clara, y adulta de acercarse a las Escrituras. Este punto de vista está siendo retado más y más en muchos entornos cristianos. Los teólogos de la historia y la narrativa argumentan que las historias son el vehículo más fundamental e importante para comunicar la verdad de Dios, como fue ejemplificado en el Señor en el uso de las parábolas, metáforas, y símbolos en sus enseñanzas. ¿En su opinión, qué punto de vista es más correcto, los que creen que las historias son esencialmente para niños, o aquellos que creen que las mismas son el elemento más fundamental e importante en la Palabra de Dios?

¿Tres puntos, un poema y una oración?

Una de las estrategias claves en la homilética enseñada en muchos seminarios es la "regla de tres", tres puntos, tres conceptos, tres exhortaciones para ayudarnos a estructurar nuestra enseñanza y predicación. No se intenta aplicar este método sin un razonamiento sobre el mismo, pero tiende a reducir todo a unos cuantos puntos claros, usando referencias de la Escritura para cada uno, e ilustrando cada punto con una lección objetiva o un ejemplo de la experiencia. Pocos abrazarían la idea de que esencialmente toda predicación y enseñanza debería tener un buen manejo del arte de contar historias, sea que la historia de Dios en la Escritura llegue a su clímax con Jesús de Nazaret, o la historia de aquellos que conocemos y con los cuales vivimos cada día. Si estuviera en la posición de enseñar a una nueva generación de predicadores modernos y maestros una estrategia de comunicación que cree sería efectiva en la ciudad, ¿cuál sería la suya? ¿Se enfocaría más en que los presentadores aprendan a estudiar, predicar y comunicar historias, o pondría más énfasis en las formas tradicionales de homilética y enseñanza: "tres puntos, un poema y una oración"?

Mordido por el "insecto de la profecía"

Muchos cristianos hoy son ignorantes del género profético, ya que es uno de los segmentos más ignorados de la Palabra de Dios. Muchos pastores hoy evitan el uso de las escrituras proféticas. No las enseñan en sus sermones, las ignoran en sus lecciones de la Escuela Dominical, y evitan usarlas al compartir las Buenas Nuevas. El estudio de la literatura profética a menudo llega a ser dominado por maestros poco convencionales, quienes armados con un periódico en una mano y las Escrituras proféticas en la otra, hacen predicciones acerca de los últimos eventos en el mundo, basándose en las referencias de la palabra profética. Por causa de estas tendencias, muchos creyentes crecen espiritualmente sin ser expuestos saludablemente a una meditación de las escrituras proféticas. ¿Qué tipos de cambios en actitud, estilo, y horario debemos hacer para abrazar e investigar correctamente las Escrituras proféticas en nuestras iglesias? ¿Por qué puede una fresca y nueva interpretación de la palabra profética mostrar un descubrimiento importante y poderoso en la senda espiritual de las iglesias urbanas?

El término "género" se refiere a ese tipo particular de forma literaria que comunica la verdad y debe ser interpretada de acuerdo a las reglas de la misma. El estudio del género comienza con ciertas presuposiciones acerca de la Biblia como obra literaria, ordenada y gobernada por leyes y principios al igual que otras obras de literatura, reglas que Dios empleó para comunicarnos su Palabra.

Reafirmación de la tesis de la lección

Hay muchas formas significativas y tipos de literatura en la Escritura. Éstas incluyen el uso de la narrativa (histórica e imaginativa), la ocurrencia de la ley (escritos legales), epístolas (cartas), profecía (que incluye la literatura apocalíptica), literatura sapiencial de la Escritura (que incluye los proverbios, monólogos, acertijos, fábulas, parábolas, alegorías, etc.), y la presencia de obras poéticas. Los géneros tocan necesidades particulares de audiencias específicas, profundizan nuestro punto de vista en la experiencia humana, presentan la realidad, revelan el arte de los autores bíblicos, y la riqueza del misterio de Dios y su obra en el mundo.

La hermenéutica especial se refiere a esas reglas específicas y procedimientos que nos ayudan a interpretar las formas literarias de la Biblia. La narrativa, el género más común de las Escrituras trata el uso del mismo el cual es histórico o imaginativo. Los teólogos de la historia resaltan la misma como la forma primaria de Dios de revelar su persona y obra en la Escritura, y dicen que toda la teología es el reflejo de las historias de la Biblia, que históricamente son confiables y ciertas, y que además muestra el arte y habilidad de los autores, y el comentario del Señor con respecto a ellos. La teología de la narrativa afirma que las historias introducen presencias sacramentales, son más importantes que los hechos, y son normativas para la comunidad cristiana. Las tradiciones cristianas evolucionan y se definen a sí mismas por las historias, las cuales también preceden y producen comunidad, censura, el dar cuentas, teología, rituales y sacramentos en la iglesia. Como cualquier otra literatura, los elementos generales de la narrativa en la Escritura incluyen el contexto, los personajes, el punto de vista del autor, su plan, y el tema de la historia. La profecía, el siguiente género mayor en la Escritura, es un tipo literario que trata con Dios y su relación con su pueblo, las naciones y la creación. La literatura apocalíptica es un subgénero de la profecía, incluye los dos tipos principales del apocalipsis judío, el libro del AT de Daniel, y el libro profético más distintivo en la Escritura, el Apocalipsis. Tres principios amplios pueden ayudarnos a interpretar correctamente los género proféticos y apocalípticos: enfocarse en la persona de Jesucristo, referir los mensajes proféticos al llamado del Reino de Dios, y buscar enfatizar el cumplimiento de los propósitos soberanos de Dios en cuanto al mal, el sufrimiento y la injusticia.

Recursos y bibliografía

Si está interesado en profundizar algunas de estas ideas sobre la *Literatura Bíblica: Interpretando los Géneros Literarios de la Biblia*, podría estudiar estos libros (algunos de estos t tulos pueden estar disponibles en español, o revise nuestro portal en la red cibernética para recursos adicionales en español):

Adler, Mortimer, and Charles Van Doren. *How to Read a Book*. New York: Simon and Schuster, 1972.

Ryken, Leland. *Words of Delight: A Literary Introduction to the Bible*. 2nd ed. Grand Rapids: Baker Book House, 1992.

------. *How to Read the Bible as Literature*. Grand Rapids: Zondervan, 1984.

Conexiones ministeriales

El tener apertura ante el estudio de la Biblia como literatura puede hacer maravillas en cada faceta de su predicación, enseñanza y comunicación de la Palabra de Dios. No sólo comenzará a prestarle atención a cosas que antes hubiera dejado pasar en su estudio, sino que la imaginación en el contexto de la Escritura despertará su imaginación de tal forma que redescubrirá la "lengua nativa" de la Biblia. En vez de sólo enfocarse en ideas, conceptos, y proposiciones, comenzará a vivir en el mundo de la imaginación, a narrar cuentos, y tener fe, esto le ayudará a "abrir sus alas" en la forma en que comparte a Cristo en las varias dimensiones de su ministerio, en su casa, el trabajo, y por medio de su iglesia. Permanezca abierto a las formas en las que el Espíritu Santo quiere que incorpore estos enfoques en cada dimensión de su testimonio y ministerio, y pase un buen tiempo esta semana meditando en el poder de la imaginación y de la historia en su vida y trabajo. Al considerar su proyecto ministerial para este módulo, posiblemente puede usarlo para concretar estas verdades de una manera práctica.

Consejería y oración

Busque la faz del Señor referente a su propio entendimiento y aplicación de los principios relacionados a los géneros en la interpretación bíblica, y no dude en buscar un compañero de oración que pueda compartir su carga y levantar sus peticiones a Dios. Pida consejo a su instructor y dirección al estudiar las lecciones y consejos ganados de ésta sesión en su propia vida y estudio. Por sobre todo, ábrase al Señor para que le guíe a nuevas direcciones, y pida a sus colegas orar por usted cuando Dios le guíe en nuevas direcciones en su propio estudio de la Palabra de Dios.

Versículos para memorizar

2 Timoteo 3.14-17

Lectura del texto asignado

Para prepararse para la clase, por favor visite www.tumi.org/libros para encontrar las lecturas asignadas de la próxima semana o pregunte a su mentor.

Otras asignaturas o tareas

Como es usual, debe venir con su reporte de lecturas que contiene el resumen del material leído en la semana. También, debe haber seleccionado el texto para su proyecto exegético, y entregar su propuesta para su proyecto ministerial.

Página 322 📖 *4*

Esperamos ansiosamente la próxima lección

En esta lección exploramos la naturaleza del estudio de los géneros en la interpretación bíblica. Vimos cómo ese estudio reconoce los materiales diversos que componen la literatura de la Biblia, y argumentamos que esas formas deben ser interpretadas de acuerdo a las reglas de la literatura misma. El estudio del género comienza con ciertas presuposiciones acerca de la Biblia como literatura, ordenada y gobernada por reglas y principios como otras obras de literatura, reglas que Dios empleó para comunicarnos su Palabra. Vimos en particular la narrativa y la profecía, y cómo la atención cuidadosa a ciertas reglas puede profundizar nuestro punto de vista de la experiencia humana fundamental, y revelar la riqueza del misterio de Dios y su obra en el mundo.

En nuestra próxima lección, vamos a concluir este módulo con un enfoque sobre el rol de las herramientas de estudio y recursos al intentar entender el significado del texto. Existen muchas herramientas excelentes a nivel escrito y digital para ensanchar el aprendizaje del estudiante de la Palabra de Dios, y en nuestra próxima lección vamos a discutir la disponibilidad, propósito, y beneficios de estas herramientas en la interpretación bíblica efectiva.

Capstone Curriculum

Módulo 5: Interpretación Bíblica
Reporte de lectura

Nombre_____

Fecha_____

Por cada lectura asignada, escriba un resumen corto (uno o dos párrafos) del punto central del autor (si se le pide otro material o lee material adicional, use el dorso de esta hoja).

Lectura 1

Título y autor:_____ páginas _____

Lectura 2

Título y autor:_____ páginas _____

LECCIÓN 4

Estudios Bíblicos
Usando las Herramientas Básicas en el Estudio de la Biblia

Página 323

Objetivos de la lección

¡Bienvenido en el poderoso nombre de Jesucristo! Después de su lectura, estudio, discusión y aplicación de los materiales de ésta lección, podrá:

- Identificar y entender el papel de las herramientas de erudición en nuestro intento por entender el significado del texto.

- Recitar el propósito del uso de las herramientas en la interpretación bíblica, incluyendo la habilidad de ayudarnos a disminuir las varias brechas entre el contexto bíblico y nuestro contexto contemporáneo, para aprovechar así el destacado incremento de buenas herramientas que han surgido en nuestros días, y su valor en ayudarnos a ser más fieles a la Palabra de Dios y reconstruir su significado en su contexto original.

- Reconocer y explicar las denominadas herramientas básicas y elementales para la interpretación bíblica, incluyendo una buena traducción de la Biblia, léxicos del griego y hebreo con el sistema de numeración de Strong, un sólido diccionario bíblico, una concordancia, y comentarios exegéticos creíbles que se enfoquen en el significado bíblico del pasaje.

- Reconocer y explicar las herramientas que pueden proveer consejo adicional al significado de los textos bíblicos, incluyendo varias traducciones diferentes de la Biblia, un atlas y un manual bíblico, una Biblia temática, un diccionario de teología y finalmente comentarios teológicos que se enfoquen en el contexto teológico más importante del pasaje.

- Explicar los tres lenguajes en los cuales la Biblia fue escrita (hebreo, arameo, y griego), e identificar los retos particulares asociados con la producción de buenas traducciones, incluyendo las dificultades del uso de palabras, distinciones culturales, consideraciones contextuales, y diferencias entre los traductores mismos.

- Explicar el significado de las concordancias, léxicos, diccionarios y comentarios, y mostrar cómo se deben usar las herramientas particulares en el contexto de la interpretación bíblica, y ofrecer distintas sugerencias para cada uno que quiera ensanchar la exégesis de la Escritura.

- Definir el papel de las referencias cruzadas en la exégesis bíblica (ej., Biblias temáticas, Biblias de referencias cruzadas, guías temáticas y concordancias), definir sus beneficios para el estudio, y establecer algunas de las precauciones más críticas en las que debemos estar alerta cuando usamos tales herramientas.

- Establecer las razones para emplear los diccionarios bíblicos, enciclopedias, atlas, y manuales que tienen que ver con las costumbres y con la historia, identificando los beneficios de tales herramientas, tanto como la precaución del mal uso o confianza desmedida cuando elaboramos nuestra propia interpretación.

- Citar la definición, los beneficios, y las precauciones asociadas con el uso de manuales bíblicos, Biblias de estudio, y guías de las imágenes bíblicas, demostrando su uso y el cuidado que debemos tener al emplearlos.

- Bosquejar los principales tipos de comentarios que existen como ayudas a nuestra interpretación (e.d., devocional, doctrinal, exegético, y homilético), y cuidadosamente articular los mayores beneficios y peligros asociados con su uso.

- Resumir el protocolo de "mejor uso" para usar las herramientas extra bíblicas en nuestra interpretación de la Palabra, incluyendo nuestro intento de acercar la brecha entre los contextos del texto y nuestro contexto contemporáneo.

- Describir las limitaciones de las herramientas, e.d., cómo en el análisis final, todas las dudas deben ser rigurosamente probadas y confrontadas con lo dicho en la Escritura misma, y nada de lo hallado debe ser aceptado si contradice la clara confesión de las Escrituras acerca de la persona de Cristo y su obra de redención.

El espíritu más noble

Devocional

Página 324 *2*

Hechos 17.10-12 – Inmediatamente, los hermanos enviaron de noche a Pablo y a Silas hasta Berea. Y ellos, habiendo llegado, entraron en la sinagoga de los judíos. [11] Y éstos eran más nobles que los que estaban en Tesalónica, pues recibieron la palabra con toda solicitud, escudriñando cada día las Escrituras para ver si estas cosas eran así. [12] Así que creyeron muchos de ellos, y mujeres griegas de distinción, y no pocos hombres.

En nuestra búsqueda por entender el propósito y plan de Dios en nuestra interpretación de las Escrituras, es fácil perderse en temas secundarios y caminos poco importantes, especializarse en las cosas menos cruciales y perder el corazón y el alma de lo que Dios busca comunicarnos. ¿Qué es lo más importante en nuestro estudio de la Palabra de Dios? ¿Debemos impresionar a otros con el amplio conocimiento que hemos obtenido, producto de todas las horas que hemos estudiado las Escrituras? ¿Nos gusta corregir a otros en su interpretación equívoca ya que no entienden el significado de los idiomas originales, o cometen errores históricos o gramaticales los cuales pretendemos con suma alegría sacar a la luz? ¿Disfrutamos nuestra reputación por ser nosotros personas de profundo conocimiento y consejo, alguien a quien otros respetan profundamente y buscan consultar por su vasto conocimiento de la Palabra? ¿Queremos que otros desmayen ante el genio y profundidad de nuestra enseñanza y de la forma en la que dejamos las audiencias admiradas por el remarcable conocimiento en las cosas más profundas de Dios?

Este tipo de deseo deformado siempre está presente en el estudio de la Palabra de Dios, y es maravilloso que las Escrituras mismas nos den pistas para este tipo de actitudes y del enfoque que necesitamos cuando surge la competencia técnica en nuestro conocimiento de la Palabra de Dios. En vez de buscar impresionar a otros o de superar a muchos en nuestro conocimiento y estudio del texto, debemos por sobre todas las cosas, estar orientados hacia la Biblia. En otras palabras, referente a todas las preguntas de lo que se dice de Cristo y de su Reino, debemos someternos respetuosamente a la disciplina de encontrar nuestras respuestas en la Biblia. No debemos tener favoritos, no debemos crear cosas falsas, no debemos seguir las huellas de quienes fundaron ciertas sectas, ni impresionarnos con el show de otros. En todas las cosas espirituales, debemos buscar respuestas investigando de primera mano las Escrituras mismas.

Este tipo de orientación se ve vívidamente en el ejemplo de los de Berea, quienes escucharon el mensaje y enseñanzas de Pablo y Silas después de tener un ministerio fructífero en Tesalónica como se ve en Hechos 17.1-9. Después de la apertura de muchos griegos devotos y la posibilidad de guiar al Señor a varias mujeres en Tesalónica, Pablo y Silas fueron buscados por miembros de la facción judía de aquella ciudad que rechazaban sus enseñanzas. Cuando Pablo y Silas no pudieron ser hallados, la multitud derramó su frustración en Jasón y otros compañeros de Pablo, acusándoles de dar vuelta el mundo y continuar su ministerio de disturbio allí (17.6 y sig.). Nuestro texto habla de la recepción que tuvo la proclamación de la palabra concerniente a Jesús en Berea, y Lucas, hablando bajo la influencia del Espíritu Santo, sugiere que los de Berea tenían más noble espíritu que los de Tesalónica. ¿Cuál precisamente era el carácter de esta nobleza en Berea?

Está claramente indicado en el texto, en Hechos 17.11. "Y estos eran más nobles que los que estaban en Tesalónica, pues recibieron la palabra con toda solicitud, escudriñando cada día las Escrituras para ver si estas cosas eran así". Los de Berea eran estudiantes asiduos de la Palabra en lo concerniente a Jesús, y el Reino de Dios. Ellos recibieron la Palabra de Dios con toda solicitud, con hambre, interés y receptividad, y en vez de recibir la palabra de Pablo y Silas con respecto a las Escrituras y a Jesús sin pregunta alguna, se dedicaron a un estudio diario y riguroso de las Escrituras con el propósito de "ver si estas cosas eran así". Dios, en vez de considerar que su actitud estaba llena de dudas o que era de desobediencia, consideró que su espíritu era noble, vehemente, que estaba hambriento y que era digno de ponderación. Esto nos habla que ninguna autoridad, ni aún los apóstoles, deben ser consultados y creídos a menos que haya sido verificado por el testimonio de las Escrituras mismas.

¿Cómo se relaciona esto con nuestra tarea de interpretación bíblica? Por cierto, muchos miles de excelentes eruditos bíblicos han invertido sus vidas investigando implícitamente cada dimensión de la Palabra de Dios, desde los lenguajes originales en los cuales fueron escritos hasta literalmente volúmenes de cada uno de los temas cubiertos en la Biblia. Estos vienen en todas formas: escritos, digitales, internet, audio, video - todo el círculo tecnológico. Debemos agradecer a Dios por el inmensurable valor de tales herramientas y obras, nosotros, como los de Berea, nunca debemos permitir que otros verifiquen por nosotros las Escrituras. Más aún, nunca es malo verificar las enseñanzas de cualquier autoridad espiritual, especialmente si el propósito es ver si las cosas que ellos enseñan concuerdan con la directa enseñanza de la Biblia. En la mente de Dios, este trabajo de verificación es noble, el espíritu más noble de todos.

Mientras trabaja diligentemente para entender el amplio espectro de herramientas excelentes para el estudio bíblico que están a nuestro alcance, asegúrese de no perder el derecho a revisar, revisar otra vez, y aún la tercera vez todo lo que se dice acerca de las Escrituras para saber si está en contra de la enseñanza directa de las Escrituras mismas. Esto es noble y digno de alabar, y siempre encontrará la aprobación y bendición del Señor. El verificar la palabra de un apóstol a través de un estudio diario de la Escritura es tomado como "noble" por el Señor. Vivamos esa nobleza tanto como podamos, con el fin de verificar la verdad que nos libera en la Palabra del Señor (Juan 8.31-32).

El Credo Niceno y oración

Después de recitar o cantar El Credo Niceno (localizado en el apéndice), haga la siguiente oración:

Oh Dios, dinos a través de tu Espíritu lo que necesitamos oír, y muéstranos lo que debemos hacer, para obedecer a Jesucristo nuestro salvador.

~ Presbyterian Church (U.S.A.) and Cumberland Presbyterian Church. The Theology and Worship Ministry Unit. **Book of Common Worship**. Louisville: Westminster/John Knox Press, 1993. p. 60.

Prueba

Deje las notas a un lado, haga un repaso de sus pensamientos y reflexiones, y tome la Prueba de la lección 3, *La Literatura Bíblica: Interpretando los Géneros Literarios de la Biblia*.

Revisión de los versículos memorizados

Revise con un compañero, escriba y/o recite los versículos para memorizar en la última clase: 2 Timoteo 3.14-17.

Entrega de tareas

Entregue el resumen de la lectura asignada la última semana, es decir, su breve respuesta y explicación de los puntos principales del material de lectura (Reporte de lectura).

Herramientas adecuadas para el corazón hambriento

Aquellos que mantienen una vista simplista de la Biblia (es decir, tienden a ignorar la identidad de la Biblia como obra literaria, y por consiguiente creen que la misma no está sujeta a las reglas y normas de literatura) piensan que el enfoque del estudio del género y el uso de herramientas eruditas es algo embarazoso en extremo, al borde de una conducta elitista, siendo posible sólo para algunas personas que pueden entender todas las reglas literarias y permitirse el lujo de todas las herramientas de erudición. Se preocupan con razón que la Biblia no deje a un lado a la persona común que simplemente ama y cree en el Señor Jesús, siendo su discípulo, y que desea la lectura de la Palabra de Dios con el intento de creer en ella y obedecerla. Estas personas no son eruditas en el griego, y nunca entenderán todos los principios y reglas de la Biblia como en literatura. No tienen el acceso a los últimos léxicos o diccionarios de la Biblia. No han confiado en su humildad y franqueza con el Espíritu Santo para que les ayude a entender la Palabra de Dios, sino que se han sometido alegremente a la dirección de su pastor cuando éste ha ministrado la Palabra en medio de ellos. ¿No es necesario este uso abierto, humilde, y devoto de las Escrituras también en los líderes cristianos? ¿No es el énfasis en las herramientas y recursos lo que hace que nuestra interpretación de la Biblia dependa de nuestro acceso a las mismas, las cuales son caras e imposibles de obtener y entender para millones de personas? ¿Cuál sería entonces el uso de las herramientas de erudición en la interpretación bíblica, y cómo pueden ser usadas de una buena forma?

El uso individual de las herramientas vs. dones oficiales de enseñanza en la iglesia

Si bien los eruditos y las herramientas de erudición pueden reforzar nuestra habilidad de entender muchos refranes difíciles y complejos del texto, debemos preguntarnos si las herramientas son tan significativas como los dones vivientes del Espíritu en medio de la iglesia, los cuales tienen el propósito de descubrir el significado en la Palabra de Dios. Para muchos cristianos protestantes hoy, la Biblia es un libro privado, un libro para su propio estudio individual y apropiación devota. A menudo los cristianos conciben la Biblia como algo que está desligado de los dones de la iglesia. No confían en los hombres y mujeres dotados en sus iglesias, sino que basan su confianza en las herramientas selectas, recursos, y referencias que esencialmente enseñan lo que ellos ya creen. También es común identificar a esos maestros en la esfera pública los cuales se enfocan en los asuntos e interpretaciones que ya creemos, siendo de esta manera como nos volvemos expertos en lo que "X" o "Y" dicen sobre la salvación, la redención, la sanidad, o cualquier asunto que esté "caliente" en el momento. Algunos que están orientados más en torno a las interpretaciones proporcionadas por la autoridad de la iglesia oficial incluso sugieren que el uso de herramientas independientes de la autoridad pastoral de la iglesia alimentan la división, las grietas e incluso las herejías. Argumentan que si cada cristiano utiliza su autoridad para interpretar, ¿cómo podemos realmente definir en qué consiste la enseñanza cristiana? ¿Qué hace con respecto al uso de las herramientas versus el reconocimiento oficial de los maestros dotados en una iglesia o comunidad? ¿Qué es de más ayuda, nuestro estudio individual o nuestro lugar en una congregación local?

Traducción moderna contaminada

Incluso en nuestros días, en los cuales es posible acceder a muchas traducciones fiables basadas en los mejores manuscritos disponibles, un número significativo de cristianos desconfía profundamente de muchas de las últimas traducciones. Al ver los tipos de problemas sociales que influyen en los traductores, estos individuos y grupos creen que la Palabra de Dios realmente ha sido alterada en las últimas traducciones. Su creencia es que una preocupación desmedida por los temas de igualdad de género, sensibilidad cultural, y una legión de controversias éticas modernas han corrompido las traducciones, forzando a los traductores a cambiar en forma silenciosa el significado del texto para incluir la sensibilidad del día. Mientras muchas de estas imputaciones son exageradas, parece que capturan con precisión lo que muchos sugieren acerca de las traducciones. ¿Siente que se le da mucha atención a querer estar en lo correcto políticamente en muchas de las traducciones modernas en las que los traductores adaptan en la Biblia para que los lectores post-modernos puedan leerla?

Estudios Bíblicos: Usando las Herramientas Básicas en el Estudio de la Biblia

Segmento 1: Las herramientas básicas

Rev. Dr. Don L. Davis

Resumen introductorio al segmento 1

Gracias a los trabajos de centenares de maestros especializados que aprecian y aman las Escrituras, tenemos acceso a una serie notable de herramientas de erudición que pueden permitirnos entender el significado del texto bíblico. El propósito esencial del uso de las herramientas es ayudarnos a acercar las varias brechas entre el contexto bíblico y nuestro contexto contemporáneo. Este acercamiento ayuda al intérprete bíblico diligente a ser más fiel a la Palabra de Dios, permitiéndole reconstruir el significado en su contexto original. Las herramientas básicas de interpretación bíblica incluyen una buena traducción de la Biblia, léxicos hebreos y griegos con el sistema de numeración de Strong, un diccionario bíblico sólido, una concordancia, y los comentarios exegéticos plausibles que se enfocan en los significados bíblicos del pasaje. El usar en un lugar y tiempo apropiado, estas herramientas pueden proveer un acercamiento inestimable entre el contexto bíblico y nuestra comprensión de ese mundo.

Nuestro objetivo para este segmento, *Las herramientas básicas*, es ayudarle a ver que:

- Como resultado de los centenares de eruditos bíblicos especializados y las nuevas tecnologías, tenemos acceso ahora a una inmensa serie de herramientas de erudición sólidas, las cuales refuerzan grandemente nuestra habilidad de entender, aplicar, y enseñar a otros el significado de los textos bíblicos.

- Tres propósitos para usar las herramientas de erudición en la interpretación bíblica son su habilidad de ayudarnos a acercar las varias brechas entre el contexto bíblico y nuestro contexto contemporáneo, su habilidad de exponernos al inmenso incremento de herramientas notables que han surgido en nuestros días, y su valor al ayudarnos a ser más fieles a la Palabra de Dios, permitiéndonos reconstruir su significado en su contexto original.

- La clave para entender las variadas herramientas para la interpretación bíblica está en reconocer cómo y de qué manera una herramienta particular nos ayuda a cerrar las brechas entre nuestra cultura y la cultura de los autores bíblicos y sus audiencias.

- Las herramientas básicas de interpretación bíblica incluyen una buena traducción de la Biblia, léxicos del griego y hebreo con el sistema de numeración de Strong, un diccionario bíblico sólido, una concordancia, y comentarios exegéticos creíbles que se enfoquen en los significados bíblicos del pasaje.

- La Biblia fue escrita en tres idiomas (hebreo, arameo, y griego), y por consiguiente necesitamos una traducción buena de las Escrituras en nuestra lengua nativa. Debido a las diferencias en el idioma, significado de las palabras y gramática, distinciones culturales, distancia histórica, y los distintos acercamientos y filosofías entre los traductores, las traducciones difieren grandemente.

- La mayoría de nuestras traducciones modernas están basadas fidedignamente en la evidencia y los datos, están bien documentadas, bien investigadas, y son fiables para el estudiante bíblico.

- Entre las herramientas básicas, las concordancias hacen una lista de todas las palabras de la Biblia, muestran sus referencias y las colocan en orden alfabético, mientras que los léxicos dan las definiciones (los usos) de palabras dadas en un versículo particular de la Escritura. Los diccionarios expositivos agregan los comentarios para explicar la relación entre los significados de las palabras y las doctrinas bíblicas.

- Los diccionarios bíblicos dan una lista de la información histórica, geográfica, cultural, científica, y teológica sobre las personas, los lugares, los animales, los eventos, y los objetos físicos encontrados en la Biblia, así como los resúmenes de cada libro en la misma.

- Los comentarios exegéticos comparten la opinión de especialistas en el significado real de las palabras del texto original, incluyendo temas de gramática, significados de las palabras, y los resultados de la crítica bíblica. Ellos también incluyen la información sobre los hechos históricos y la cultura del contexto bíblico, lo cual puede influir en la interpretación de un texto.

- No importando la herramienta, debemos usar las referencias libremente, siempre atentos a que su uso correcto brinde claridad al significado del texto, no negando o disminuyendo su importancia.

Video y bosquejo segmento 1

Siempre la necesidad de la interpretación

El aceptar lo que dice la Escritura concerniente a su propia veracidad no garantiza las verdaderas interpretaciones. Los intérpretes humanos pueden cometer y han cometido errores. Así, el significado de las Escrituras ha sido disputado en muchas áreas importantes y no tan importantes.
~ E. J. Schnabel. "Scripture". *New Dictionary of Biblical Theology*. T. D. Alexander, ed. (electronic ed.). InterVarsity Press: Downers Grove, IL: InterVarsity Press, 2001.

I. La importancia de herramientas en la interpretación bíblica

A. Su *propósito*: ayudar a reducir la distancia entre el mundo o contexto bíblico y nuestro contexto contemporáneo

1. El *Modelo de los Tres Pasos* está enraizado en conectar el contexto antiguo con nuestro contexto contemporáneo.

2. Para que el modelo pueda funcionar correctamente, debemos luchar por entender el significado de los autores bíblicos en su contexto original.

3. Las herramientas de la interpretación bíblica son invaluables para conectarnos con los idiomas, culturas, lenguajes, costumbres, y eventos históricos relacionados con el contexto bíblico (e.d., "Estar allí").

B. Su *ocasión*: una explosión de recursos bíblicos han surgido desde 1950.

C. Su *beneficio: enfoque en la fidelidad al mensaje de la Palabra de Dios en sus propios términos*

1. Entendiendo el contexto original

2. Se puede identificar mejor y descubrir los significados del texto además de entender cómo *la audiencia original pudo haber entendido el mensaje*

3. Menos susceptible para cometer errores históricos, gramaticales, y culturales en la búsqueda de la interpretación de la Palabra de Dios para nuestras vidas

El mensaje central de la Biblia

El mensaje central de la Biblia es la historia de la salvación, y a lo largo de ambos Testamentos es posible distinguir tres corrientes: el que trae la salvación, el camino de la salvación y los herederos de la salvación. Esto podría redactarse de nuevo en términos de la idea de pacto, al decir que el mensaje central de la Biblia es el pacto de Dios con los hombres, y que las corrientes son las mediadoras del pacto, las bases del pacto y las personas del pacto. El propio Dios es el salvador de su pueblo; es quien confirma su pacto de misericordia con ellos. El que trae la salvación, el mediador del pacto, es Jesucristo, el Hijo de Dios. El camino de salvación, la base del pacto, es la gracia de Dios, pidiendo de su pueblo una respuesta de fe y obediencia. Los herederos de la salvación, el pueblo del pacto, es el Israel de Dios, la iglesia de Dios.

~ F. F. Bruce. "Bible". **New Bible Dictionary**. D. R. W. Wood, ed. (3rd ed). (electronic ed.). Downers Grove, IL: InterVarsity Press, 1996, pp. 137-138.

II. Las herramientas en la interpretación bíblica

A. Las *herramientas básicas*

1. Una buena traducción de la Biblia en su propia lengua

2. Léxicos del griego y el hebreo con el sistema de numeración de Strong

3. Un diccionario bíblico

4. Una concordancia con el sistema de numeración de Strong

5. Comentarios exegéticos

B. Las *herramientas adicionales*

1. Diferentes traducciones de la Biblia en español

2. Atlas de la Biblia

3. Manual de la Biblia

4. Biblia temática (con tópicos) y concordancia

5. Diccionario de teología

6. Comentarios teológicos

Usando las herramientas básicas

III. Usando las *herramientas básicas:* Procure una buena traducción de la Biblia.

La clave para entender las diversas herramientas para la interpretación bíblica es nuestro deseo como estudiantes de la Biblia de acercar la brecha entre nuestra cultura y la de los autores bíblicos y sus audiencias. El primer paso y el más importante en la interpretación bíblica es acercar la distancia entre estos dos contextos y pueblos.

Una "traducción", por definición, es el primer paso para acercar las variadas brechas entre el contexto bíblico y el nuestro. Una verdadera traducción de la Biblia es aquella que ha sido traducida directamente de los manuscritos hebreos y griegos (esto es diferente de una "paráfrasis" que es dar otras palabras a una traducción existente para hacerla más entendible a un público moderno particular).

A. La Biblia fue escrita en tres lenguajes.

1. Hebreo (el Antiguo Testamento)

   a. Un lenguaje *antiguo* (Los orígenes de este idioma han sido rastreados hasta el 2400 A.C. es decir 4.400 años atrás).

      (1) Desde nuestra perspectiva se lee "de atrás para adelante" (de derecha a izquierda).

      (2) Su alfabeto es distinto al nuestro

   b. Concreto y pictórico (usa imágenes para exaltar conceptos, tales como el "cuerno" para la fuerza)

   c. Un lenguaje *económico*

      (1) Una raíz puede servir para diferentes significados y aplicaciones.

      (2) En hebreo, el Salmo 23 contiene solamente 55 palabras mientras que la versión castellana de la Reina-Valera emplea 103 palabras.

2. Arameo

   a. De los lenguajes conocidos, es el que se ha usado en forma continua por más tiempo. Se hablaba durante el tiempo de Abraham y todavía se habla en algunos grupos hoy.

   b. Un lenguaje veterotestamentario secundario; usado en Génesis 31.47; Esdras 4.8-6.18; 7.12-26; Jer. 10.11; Dn. 2.4b-7.28

c. Era comúnmente hablado por los judíos en el tiempo de Jesús y posiblemente era el lenguaje que Jesús habló como lengua común. Era el preferido por los judíos por sus raíces semíticas (se parecía al hebreo) pero era entendido comúnmente por muchos otros. En los días de Jesús, era común leer las Escrituras en la sinagoga en hebreo y luego leerlas en arameo para que los que no hablaran hebreo pudieran entenderlas. Al comienzo del año 200 A.C. porciones individuales de las Escrituras hebreas comenzaron a ser escritas en arameo, las cuales eran llamadas "Tárgumes".

3. Griego

   a. Dialecto Koiné - ("griego de la calle") diferente del griego clásico gramático, es más sencillo y más accesible

   b. Sencillo, de habla popular, el idioma común de comercio y gobierno en el disperso imperio romano

   c. La Septuaginta - traducción de las Escrituras del Antiguo Testamento al griego por 70 eruditos judíos. (A menudo se refiere a ésta con la abreviatura LXX la cuál es el número romano para 70).

B. El reto de la traducción de un lenguaje: ¿Por qué es difícil traducir?

1. Superar las diferencias en el significado del uso, la gramática, y las palabras

   a. La traducción se acerca a lo que la cultura receptora entiende; pero, ¿qué si ésta tiene menos o diferentes opciones que aquellas dadas en las Escrituras?

¿Cómo traducir la Biblia a un lenguaje que sólo tiene cinco colores? ¿Cómo traducir la palabra "púrpura", como cuando los soldados colocaron una túnica púrpura sobre Jesús? Aún más importante, ¿cómo mantiene la traducción el sentido original, ya que todos los lectores del NT entendían que el color púrpura era para la realeza y que los soldados se estaban burlando porque Jesús se decía rey? ¿Qué otro color sirve para la realeza? ¿Qué sucede si el púrpura en esta cultura es para los mercantes? ¿Está bien que el traductor sustituya la palabra, aun cuando no sea la misma que usa la Escritura?

b. *Falta de conjunciones:* El griego no tiene palabras comunes: "de", "por", "para".

c. *Múltiples palabras para un concepto singular:* El español tiene sólo dos palabras sinónimas: "amor" y "querer", pero el griego tiene varias no sinónimas: "eros", "filo", "ágape".

d. *El griego y el español tienen diferentes géneros para las palabras y sus significados:* Formas masculinas, femeninas y neutras.

2. Las características lingüísticas y distinciones culturales hacen que la traducción sea necesaria.

   a. *El simbolismo agrario antiguo*: Algunas culturas nunca han visto una oveja, pero cuidan cerdos casi de la misma forma en que los hebreos cuidaban sus ovejas. ¿Está bien usar un animal de su cultura cuando se está traduciendo?

   b. La *ausencia* de conceptos en algunas culturas. Algunas culturas creen que sólo las personas que están mintiendo dicen que no son mentirosas. ¿Cómo habría de traducir la declaración de Pablo en Romanos 9.1 - "yo hablo la verdad—no miento, mi conciencia lo confirma en el Espíritu Santo"?

Nota del traductor: El griego usa el plural cuando el receptor es un grupo (similar al español), por ejemplo, "Y me seréis testigos". Pero existen idiomas que no usan plurales en sus conjugaciones. ¿Cómo se debe traducir "seréis testigos" (tal como el plural griego) si el idioma receptor no tiene plurales?

C. Los retos de la traducción: ser fiel tanto al mensaje de la Escritura y al idioma como a las normas culturales de la cultura receptora

1. Los traductores seleccionan diferentes enfoques en sus filosofías de traducción.

    a. *Traducción literal* - palabras exactas (lo más literal posible), lo más cercano posible a la estructura gramática original

    b. *Equivalencia dinámica* - el significado exacto usando cualquier palabra que pueda ser encontrada para llevar el significado

2. *Los traductores mismos* son muy diferentes el uno del otro (e.d., ellos tienen diferentes creencias acerca de la confiabilidad de las Escrituras).

    a. Los editores de la Biblia Dartmouth se sintieron en libertad de editar las Escrituras, solamente preservando lo que ellos consideraron como no repetitivo y muy necesario.

    b. Los Testigos de Jehová han publicado su propia versión de la Biblia porque partes de ella parecen no estar de acuerdo con su doctrina. Por lo tanto las han cambiado.

    c. La Biblia de Jerusalén es una traducción católica muy fina, pero las notas que acompañan la Biblia interpretan el texto desde una perspectiva católica tradicional.

3. Los traductores *trabajan solos o en una comitiva* (e.d., grupos de eruditos tienden a tener habilidades grupales para ser más balanceados con el propósito de escuchar el punto de vista de otros).

4. Los traductores *usan diferentes tipos de lenguaje* y estilos en sus traducciones.

   a. Ellos usan diferentes *dialectos*.

      (1) *España* - RV60, Versión Reina Valera 1960

      (2) *Latinoamérica* - LBLA, NVI, La Biblia de Las Américas, Nueva Versión Internacional

      (3) *Una combinación* - RV95, Versión Reina Valera 1995

   b. Usan diferentes *estilos de lenguajes*.

      (1) Estilos *formales:* RV, LBLA

      (2) Estilos *moderadamente formales:* NVI, CST

      (3) Estilos *informales:* BLS, DHH

   c. También existen casos especiales.

      (1) *Paráfrasis*. Las paráfrasis son versiones de la Biblia que no han sido traducidas de los idiomas originales. En su lugar, una traducción existente ha sido refraseada en un intento de hacerla más clara y más accesible.

      (2) *La versión amplificada en inglés*. Esta versión da todos los significados posibles a las palabras claves usadas en el texto.

      (3) *Traducciones judías*. En el siglo XX algunas traducciones judías muy importantes de la Biblia han sido publicadas. *Las santas Escrituras de acuerdo al texto masorético: una nueva traducción*, y *la Biblia judía completa*.

D. Escogiendo una buena traducción

1. *El fundamento sólido de la erudición para las traducciones modernas*. Los muchos descubrimientos de manuscritos antiguos han confirmado qué tan confiables son nuestras Escrituras traducidas, y nos han ayudado a entender mejor algunos de los pasajes difíciles.

a. Los rollos del Mar Muerto descubiertos a mediados del 1940 y 50 nos dan un texto del AT que data de antes del 70 D.C. Eso es cerca de 1000 años más antiguo que cualquier texto que teníamos en ese tiempo.

b. En 1898, 35 nuevos manuscritos del NT fueron encontrados en Egipto. En el siglo XX, cerca de 100 manuscritos con porciones del NT han sido descubiertos.

2. Muy buenos fundamentos de erudición apoyan el trabajo de nuestras traducciones modernas.

3. Muchos traductores hoy están bien documentados, han investigado mucho y son confiables.

4. Escoja una traducción y familiarícese con ella. *Cualquiera de las siguientes le va a servir como una traducción básica y confiable para el estudio de la Biblia.*

    a. Reina Valera 1960 - RV60

    b. La Biblia de Las Américas - LBLA

    c. Reina Valera Actualizada - RVA

    d. Nueva Versión Internacional - NVI

    e. Reina Valera 1995 - RV95

f. En inglés: King James Versión - KJV, New King James Versión - NKJV, New American Standard Bible - NASB, y otras más

5. Manténgase alerta de por qué escoge una traducción y tome eso en cuenta al estudiar.

6. Compare traducciones al leer un versículo de las Escrituras.

   a. Entienda cuáles lecturas son más comunes. Si muchas versiones traducen en formas similares, lo que dice se debe tomar en serio.

   b. Piense en las implicaciones de una lectura diferente.

   c. Explore las diferencias usando otras herramientas de estudio.

IV. Una concordancia (con el sistema de numeración de Strong)

A. Definición: una concordancia es un libro que hace una lista de todas las palabras de la Biblia y las coloca en orden alfabético.

1. Se usa para buscar una *palabra en particular* (hebreo o griego) a lo largo de un testamento (Antiguo o Nuevo)

2. Encuentre un versículo particular con el que no está familiarizado usando una palabra con la que sí lo está (ej., si busca la palabra "verdad", la concordancia le dará todas las citas bíblicas donde aparece esa palabra).

3. Juntar y relacionar versículos acerca de un tema particular para un estudio o predicación.

B. El uso de una buena concordancia: comparando la Escritura con la Escritura

1. Tal vez sea la habilidad más esencial en toda interpretación bíblica: comparar versículos con otros versículos en la Biblia

2. Para estudiar un pasaje, una concordancia le permite encontrar rápidamente otros pasajes en las Escrituras donde ocurren las mismas palabras e ideas.

3. Al usar el sistema de numeración de una concordancia, puede identificar la palabra griega o hebrea que se usa en el pasaje que está estudiando y estudiarlo más profundamente con un léxico hebreo o griego o compararlo con otras partes de la Escritura.

4. Nosotros recomendamos la concordancia de Strong y su sistema de numeración (*Nueva Concordancia Strong Exhaustiva* [Word Publishing]).

V. Léxicos hebreos y griegos

A. Definición de la herramienta: Un léxico da definiciones de las palabras. Muchos léxicos usados para el estudio de la Biblia también muestran qué significado se usa en un versículo en particular de la Escritura. Los diccionarios expositivos agregan comentarios para explicar la relación entre los significados de la Palabra y la doctrina bíblica.

B. El uso de la herramienta: Un léxico le permite examinar todo el significado de una palabra griega o hebrea y da instrucción en el significado de esa palabra para un texto particular.

C. Herramientas básicas útiles para el uso de palabras griegas y hebreas

1. Diccionario Strong de la Biblia hebrea y griega

2. *Diccionario Expositivo de Palabras del Antiguo y Nuevo Testamento de Vine*

3. *Léxico — Concordancia del NT en Giego y Español* (Jorge G. Parker)

D. Herramientas que usan el sistema de numeración de Strong

1. Griego

    a. *Diccionario Expositivo de Palabras del Antiguo y Nuevo Testamento Exhaustivo de Vine*, W. E. Vine, (Editorial Caribe, 1999).

    b. *The Complete Word Study Dictionary — New Testament*, Spiros Zodhiates, Rev. ed. (Chattanooga: AMG Publishers, 1993).

    c. *Thayer's Greek-English Lexicon of the New Testament: Coded With the Numbering System from Strong's Exhaustive Concordance of the Bible*, Joseph Thayer. (Peabody, MA: Hendrickson 1997).

    d. *The New International Dictionary of New Testament Theology*, Colin Brown, ed. 4 Volumes. (Grand Rapids: Zondervan, 1971).

2. Hebreo

    a. *Diccionario Expositivo de Palabras del Antiguo y Nuevo Testamento Exhaustivo de Vine*, W. E. Vine (Editorial Caribe, 1999).

b. *The Brown-Driver-Briggs Hebrew and English Lexicon: With an Appendix Containing the Biblical Aramaic: Coded With the Numbering System from Strong's*, F. Brown, S. Driver and C. Briggs. (Peabody, MA: Hendrickson Publishers, 1996).

c. *Theological Wordbook of the Old Testament*, R. Laird Harris, Gleason L. Archer, Jr. and Bruce K. Waltke, 2 Volumes. (Chicago: Moody Press, 1980).

d. *New Wilson's Old Testament Word Studies*, William Wilson. (Grand Rapids: Kregel Publishing, 1987)

e. *New International Dictionary of Old Testament Theology and Exegesis*, by Willem A. Vangemeren. (Grand Rapids: Zondervan, 1997) [Keyed to Goodrick/Kohlenberger as well as Strong].

VI. Un buen diccionario de la Biblia

A. Definición de la herramienta

1. Un diccionario bíblico da información histórica, geográfica, cultural, científica, y teológica acerca de la gente, los lugares, animales, eventos, y los objetos físicos encontrados en la Biblia.

2. Es un cofre de tesoros con una lista para cada libro de la Biblia (como Romanos), que a menudo presenta un bosquejo del libro, da la información sobre la fecha, el autor, la audiencia original, la información histórica o cultural que es importante para entender el mensaje del autor.

B. Uso de la herramienta

1. *Material introductorio e información*: Este es un posible punto de encuentro para descubrir quién escribió el libro, dónde y cuándo fue escrito, y cuáles eran las preocupaciones del autor y de la audiencia original.

2. La mayoría de los "pronombres" (personas, lugares, o cosas) con los que se encuentra cuando lee un versículo de la Escritura pueden ser encontradas en un diccionario bíblico que le dé más información sobre dónde estaban, qué quiso decir, y cómo fueron usados durante los tiempos bíblicos.

C. Una herramienta: *Nuevo Diccionario Ilustrado de la Biblia* (Editorial Caribe)

VII. Comentarios exegéticos

A. Definición de la herramienta

1. Una ayuda en la interpretación de la Biblia que da luz al significado de las Escrituras, compartiendo la opinión experta de la gramática, significado de las palabras, temas de la crítica alta y baja

2. Los comentarios exegéticos también proveen entendimiento de las maneras en que los hechos históricos y temas culturales del contexto bíblico pueden influir en nuestra comprensión sobre un texto.

B. Uso de la herramienta

1. Le ayuda como intérprete bíblico a leer el lenguaje y la gramática del texto más claramente.

2. Estimula un mejor descubrimiento de eventos históricos y perspectivas culturales que pueden influir la forma en que la audiencia original pudo haber entendido el texto

C. Herramientas a escoger

1. *Comentario al Texto Greigo del NT* (Editorial CLIE)

2. *El Conocimiento Bíblico AT y NT* (Ediciones Las Américas)

3. *Comentaño Bíblico Portavoz* (Editorial Portavoz)

4. *Comentario Bíblico Moody AT y NT* (Editorial Portavoz)

5. *Comentario Bíblico de William MacDonald* (Editorial CLIE)

6. *Nuevo Comentario Ilustrado del Biblia* (Editorial Caribe)

Conclusión

» El grupo básico de herramientas para la interpretación bíblica puede ayudar a acercar la distancia entre nuestra comprensión del texto antiguo y nuestra propia aplicación del texto hoy.

» Con una inversión relativamente pequeña, el estudiante de las Escrituras puede obtener y usar estas herramientas para aprender las brechas históricas, culturales, lingüísticas, y sociales que bloquean nuestra comprensión del texto.

Por favor tome tanto tiempo como tenga disponible para contestar éstas y otras preguntas que el video formula. Debido al trabajo especializado de muchos estudiosos bíblicos, tenemos la habilidad de usar una serie notable de herramientas de erudición diseñadas para dar consejo en el contexto del texto bíblico. Nuestro compromiso esencial frente a tales herramientas es acercar la brecha entre nuestro contexto y el contexto bíblico antiguo, y así poder interpretar correctamente la Palabra en nuestra reconstrucción del significado en su contexto original. Asegúrese que entiende el papel y uso de las herramientas básicas y cómo ellas pueden ensanchar nuestro estudio del texto cuando repase las siguientes preguntas.

Seguimiento 1

Preguntas y reflexión acerca del contenido del video

Página 326 📖 *3*

1. ¿Cuál es el estado actual de disponibilidad al público en general de la herramientas bíblicas de erudición, y qué tipo de posibilidades abren tales herramientas para aquellos interesados en acercar la brecha entre el conocimiento de este mundo y el mundo antiguo?

2. Explique el significado de la declaración: "las herramientas en la interpretación bíblica están diseñadas para ayudarnos a acercar las brechas entre el contexto bíblico y nuestro contexto contemporáneo". ¿Por qué es tan importante entre estos dos contextos interpretar correctamente la Palabra de Dios y entender su significado para nosotros en la actualidad?

3. ¿Por qué es tan importante evaluar una herramienta de acuerdo a cómo nos ayuda a identificar la manera en que podemos superar la brecha de un idioma en particular, cultura, o conocimientos en lo que respecta a nuestra cultura y la de los autores bíblicos y sus audiencias?

4. Haga una lista de lo que se consideró como "las herramientas básicas de interpretación bíblica" en este segmento. De todas estas herramientas básicas, ¿cuáles cree que son esenciales y fundamentales para toda la interpretación bíblica? Explique.

5. ¿En qué idiomas antiguos fue escrita la Biblia, y por qué por consiguiente necesitamos una traducción de estos idiomas? ¿Cuáles son algunas de las razones por las cuales es tan difícil crear una traducción suficiente para todos los creyentes? Explique.

6. ¿Cuánta confianza podemos tener en las traducciones modernas de las Escrituras? ¿Cómo sabemos que las traducciones extraídas de los idiomas originales son confiables?

7. ¿Qué es una concordancia, un léxico, y un diccionario expositivo, y cómo funcionan en términos de ensanchar nuestra comprensión del texto bíblico? ¿Cómo se deben usar, y qué precauciones debemos tener cuando las empleamos?

8. ¿Cuáles son los comentarios exegéticos, y cómo nos ayudarán en nuestro esfuerzo por interpretar el texto de las Escrituras?

9. ¿Qué principio en particular debemos tener en mente al buscar las herramientas básicas que tenemos disponibles? ¿De qué debemos tener cuidado al emplear estas herramientas en nuestro estudio bíblico?

Estudios Bíblicos: Usando las Herramientas Básicas en el Estudio de la Biblia

Segmento 2: Herramientas teológicas adicionales

Rev. Dr. Don L. Davis

Resumen introductorio al segmento 2

Además de las herramientas básicas de interpretación bíblica (es decir, una traducción buena de la Biblia, léxicos de griego y hebreo, diccionario de la Biblia, concordancia, y los comentarios exegéticos confiables), hay herramientas adicionales que pueden enriquecer nuestra comprensión de la Palabra de Dios. Estos incluyen varias traducciones diferentes de la Biblia, un atlas y un manual de la Biblia, una Biblia temática, un diccionario de teología, y comentarios teológicos. Cada una de estas herramientas se enfoca en un desafío particular de interpretación bíblica, desde los problemas del idioma, cultura, historia, y teología. Como con cualquier herramienta, debemos tener cuidado que al ensanchar nuestro conocimiento del texto, no neguemos ni disminuyamos el mensaje esencial de la Biblia cuando habla de nuestra salvación en la persona de Jesucristo.

Nuestro objetivo para este segmento, *Herramientas teológicas adicionales*, es ayudarle a ver que:

- Además de las herramientas básicas de interpretación bíblica (es decir, una traducción buena de la Biblia, léxicos del griego y el hebreo, diccionario de la Biblia, concordancia, y comentarios exegéticos confiables), existen más herramientas que pueden enriquecer nuestra comprensión de la Palabra de Dios.

- Las herramientas adicionales que debemos aprender a usar incluyen diferentes traducciones de la Biblia, un atlas, un manual bíblico, una Biblia temática, un diccionario de teología, y comentarios teológicos.

- Las ayudas de referencias cruzadas se enfocan en la relación de varios textos y pasajes que comparten un tema común o el centro temático en la exégesis bíblica (por ejemplo, Biblias temáticas, Biblias de referencias cruzadas, guías temáticas y concordancias). Mientras todo esto nos ayuda a asociar los textos en un asunto dado, debemos tener cuidado en no cometer errores contextuales al conectar los versículos, y siempre estar atentos a que los editores pueden hacer asociaciones que son ilegítimas e indefendibles.

- Ciertas herramientas proporcionan el trasfondo de la historia, cultura, costumbres sociales, pueblos, y el ambiente físico del contexto bíblico, entre ellas están los diccionarios de la Biblia, enciclopedias de la Biblia, los atlas y manuales bíblicos, además de las obras que traten con la historia bíblica y las costumbres. Estas herramientas pueden proveer una cantidad increíble de información acerca del contexto del texto, pero deben ser cuidadosamente leídas para distinguir los *datos históricos* de la *interpretación acerca de la validez del texto*.

- Otras herramientas son especialmente útiles para obtener información sobre el trasfondo del autor, fecha, y circunstancias del libro, y ciertos usos especiales del idioma en la interpretación y la exégesis (símbolos, metáforas, idioma figurativo, etc.). Estas herramientas incluyen manuales bíblicos, Biblias de estudio, y guías de las imágenes bíblicas. Debemos ser cuidadosos al analizar los puntos de vista de tales recursos, ya que las distintas expresiones o *puntos de vista del comentarista* pueden alejarse del texto.

- Los comentarios están para ayudar a interpretar el significado de un libro particular de la Escritura desde el punto de vista ventajoso de un pastor, estudioso, o intérprete bíblico. Hay cuatro tipos principales de comentarios los cuales nos ayudarán en nuestro estudio: devocional, doctrinal, exegético, y homilético (es decir, ayudas específicamente diseñadas para los predicadores y maestros que predican y para la preparación de lecciones bíblicas). Si bien los comentarios pueden reforzar nuestro conocimiento del texto en forma sorprendente, nunca deben sustituir el estudio que surge directamente del texto.

- Usamos estas herramientas básicas y adicionales en forma debida cuando las empleamos con el objetivo de acercar la brecha entre los dos contextos: el del texto y nuestro contexto contemporáneo. Ninguna explicación o especulación de cualquier intérprete debe aceptarse si niega o contradice el testimonio de las Escrituras. Nada en cualquiera de las herramientas será aceptado que contradiga la confesión de las Escrituras sobre la persona de Cristo y su obra de redención a través de la cruz.

La "alta crítica" y "la baja crítica" de la Biblia: ¿Cuál es la diferencia?

[La alta crítica es] esa porción de estudios bíblicos que intentan evaluar el contenido de la composición como la fecha del escrito, la paternidad literaria, el destino, las fuentes que se usaron en él (oral, escrito, etc.), y la forma literaria general (incluyendo la comparación con los rasgos contemporáneos literarios no-bíblicos y estilos); realizados en forma constructiva y con un punto de vista elevado de la integridad de la Escritura, esta área de estudio puede hacer contribuciones importantes. Si se hace sin un sublime respeto a la Escritura puede ser una influencia destructiva; ya que, el término a veces se usa para tener un enfoque racional de la Biblia. Durante los últimos cien años se tendió a considerarla como un trabajo humano, no como una forma de relación divina integrada [compare esto con la baja crítica = crítica textual], que trata de establecer el mejor texto de la Escritura para trabajar con el mismo.

~ Paul Karleen. **The Handbook to Bible Study**. (electronic ed.). New York: Oxford University Press, 1987.

Video y bosquejo segmento 2

I. **Ayudas de referencias cruzadas, Biblias temáticas, Biblias de referencias cruzadas, y concordancias temáticas**

　　A. Ayudas de referencias cruzadas (sirven para encontrar los principios generales)

　　　　1. Definición: *las ayudas de referencias cruzadas nos sirven para entrar en las interconexiones de los textos de la Biblia al comparar la Escritura con la Escritura.*

　　　　2. Ayudas de referencias cruzadas que recomendamos

　　　　　　a. *The New Treasury of Scriptural Knowledge*, Jerome H. Smith, ed. (Thomas Nelson 1997)

　　　　　　b. *Biblia de Referencia Thompson*

  c. *Holman Topical Conconrdance*

  d. *The New Torrey's Topical Textbook*

3. Beneficios: *nos ayudan a asociar los textos relacionados en un mismo tema, o problema dado*

4. Precauciones

  a. Pueden estimular la tendencia a confiar demasiado en ellas y opacarían nuestra atención al texto bajo discusión con el fin de buscar nuevas asociaciones

  b. Los editores pueden organizar las asociaciones de formas que no son enteramente legítimas o defendibles.

B. Biblias temáticas

1. Definición: *una Biblia temática enlista un tema y luego muestra versos de la Escrituras relacionados a los temas enlistados.*

2. Biblias y concordancias temáticas recomendadas

  a. *Baker Topical Guide to the Bible*, Walter A. Elwell, Gn. ed. (Baker, 2000).

  b. *Nave's Topical Bible*, Orville J. Nave. (Zondervan, 1999).

3. Beneficios: *economizan el tiempo para buscar textos pertinentes a un tema similar*

4. Precauciones: *la sobredependencia en esto puede hacer que el análisis esté desunido o visto únicamente por puntos (el énfasis en las partes sin el análisis del tema a lo largo de toda la Biblia)*

II. Diccionarios bíblicos, enciclopedias bíblicas, atlas bíblicos, y obras de historias de la Biblia y referencia de costumbres

A. Diccionario bíblico, enciclopedia bíblica

1. Definición: *proveer trasfondo acerca de la historia, cultura, costumbres sociales, pueblos, topografía, y asuntos relacionados a los períodos bíblicos*

2. Excelente para acercar la brecha histórica y cultural entre nuestro contexto y el contexto antiguo

    a. Estas herramientas son las más importantes para acortar la distancia entre nuestro contexto y el contexto de la Biblia

    b. Volúmenes numerosos, excelentes y accesibles, también hay programas

3. Útiles para identificar la información en los conceptos bíblicos más importantes

    a. *Gente* (Abraham, Senaquerib, Rut)

Analogía de fe: Interpretar las Escrituras a través de las Escrituras

Cada libro procedió de la misma mente divina, para que la enseñanza de los sesenta y seis libros de la Biblia sea complementada y consistente. Si no logramos ver esto aún, la falta está en nosotros, no en la Escritura. Es cierto que la Escritura no contradice la Escritura en parte alguna; más bien, un pasaje explica otro. Este principio legítimo de interpretar la Escritura por la Escritura a veces es llamado la analogía de Escritura o la analogía de fe.

~ J. I. Packer. *Concise Theology: A Guide to Historic Christian Beliefs*. (electronic ed.). Wheaton, IL: Tyndale House, 1995.

b. *Lugares* (Ur, Belén, Gosén, Mar de Galilea, Asiria)

c. *Cosas* (Urim y Tumim, tabernáculo, pilar, denario)

d. *Temas y conceptos* (enfermedades, religiones cananeas, idioma del Antiguo Testamento, oración, perfección, maldad, alabanza)

4. Los diccionarios de la Biblia y enciclopedias también proporcionan información útil sobre el trasfondo de los libros de la Biblia (es decir la fecha, el autor, audiencia, los propósitos, un bosquejo, etc.).

5. La mayoría de los diccionarios de la Biblia trata de ser lo más comprensible posible en lo referente a las primeras tres categorías.

6. Beneficios: *estas herramientas descubren tesoros en lo que se refiere a los trasfondos de la Biblia los cuales son de mucho interés e importancia.*

7. Precaución: *la mucha confianza en las explicaciones contenidas en estas herramientas puede hacernos evadir la lucha rigurosa que debemos tener PRIMERO con el texto.*

8. Diccionarios bíblicos y enciclopedias recomendadas

   a. *New Bible Dictionary*, 3rd edition. I. H. Marshall & others, eds. (InterVarsity Press, 1996)

   b. *Baker Encyclopedia of the Bible* (Segundo volumen), Walter A. Elwell, ed. (Baker 1988)

c. *International Standard Bible Encyclopedia* (Cuarto volumen), Geoffrey W. Bromiley, Gn. ed., Revised edition. (Eerdmans, 1979)

B. Atlas bíblico

1. Definición: *se usa para establecer el ambiente de las narrativas y eventos bíblicos, y para encontrar información de trasfondo acerca de los lugares y regiones*

2. Atlas de la Biblia sugeridos

a. *Atlas Bíblico Unilit*, Tim Dowley (Editorial Unilit, 1998)

b. *The Macmillan Bible Atlas*, Revised 3rd edition Yohanan Aharoni, Michael Avi-Yonah, A. Rainey and Z. Safrai. (Macmillan, 1993)

C. Obras de referencia histórica y socio-cultural

1. Definición: *referencias que proveen información y consejo sobre la naturaleza de un evento particular, social, cultural, y de las costumbres religiosas o eventos históricos las cuales pueden dar mucha luz al significado del texto en su contexto*

2. Por ejemplo, en Los Estados Unidos, una invitación se puede aceptar inmediatamente, pero en el Oriente tal aceptación podría ser descrita como algo indigno. El invitado debe rechazar la invitación al inicio, aunque esto es también lo que el anfitrión espera que haga, quien deberá instarle a que acepte (*Usos y Costumbres de las Tierras Bíblicas*).

3. Tome la idea anterior y considere por un momento. ¿Cuáles podrían ser las implicaciones de entender esto en los siguientes textos?

   a. Lucas 14.23 - Dijo el señor al siervo: "Vé por los caminos y por los vallados, y fuérzalos a entrar, para que se llene mi casa".

   b. Hechos 16.15 -Y cuando fue bautizada, y su familia, nos rogó diciendo: "Si habéis juzgado que yo sea fiel al Señor, entrad en mi casa, y posad". Y nos obligó a quedarnos.

4. Obras de referencia recomendadas

   a. *Usos y Costumbres de las Tierras Bíblicas*, Fred Wight (Editorial Portavoz)

   b. *Life and Times of Jesus the Messiah*, Alfred Edersheim. (Hendrickson, 1997)

   c. *Ancient Israel: Its Life and Institutions* (Biblical Resource Series), by Roland De Vaux, David Noel Freedman, ed. (Eerdmans, 1997)

D. Recursos históricos

1. *Cities of the Biblical World*, LaMoine F. DeVries. (Hendrickson, 1997)

2. Para el Antiguo Testamento

   a. *Israel and the Nations: The History of Israel from the Exodus to the Fall of the Second Temple*, David F. Payne and F. F. Bruce. (InterVarsity Press, 1998)

b. *Old Testament Survey: The Message, Form, and Background of the Old Testament*, William Sanford La Sor; David Allan Hubbard, and Frederick William Bush. (Grand Rapids: William B. Eerdmans Publishing, 1985)

3. Nuevo Testamento

a. *New Testament History*, F. F. Bruce. (Anchor, 1972)

b. *Jerusalem in the Time of Jesus*, Joachim Jeremias. (Fortress, 1979)

III. Manuales bíblicos, Biblias de estudio, y guías para las imágenes bíblicas

A. Manuales bíblicos

1. Definición: *los manuales bíblicos y las Biblias de estudio son útiles para obtener información acerca del autor, fecha, y circunstancias en las que el libro fue escrito (su contexto).*

2. Ejemplo: *Manual Bíblico de Halley*

B. Biblias de estudio

1. Definición: *las Biblias de estudio ofrecen un comentario en el contexto de un erudito o de un grupo de intérpretes relacionados con una traducción particular de las Escrituras.*

2. Conveniencia: *los comentarios acerca de los textos cruciales están usualmente en las notas al pie de la página o en los apéndices de la traducción misma.*

3. Precaución: *el punto de vista contenido en los comentarios bíblicos usualmente expresa el entendimiento propio del comentarista del texto y sus compromisos teológicos.*

4. Ejemplos

    a. *Biblia Plenitud.* (Editorial Caribe-Betania)

    b. *Biblia de Estudio de la Vida Plena.* (Editorial Vida)

C. Guías para las imágenes bíblicas

1. Definición: *estas herramientas ayudan al intérprete bíblico a determinar cómo se desarrollan en la Biblia ciertas imágenes, símbolos, y motivos, usualmente en el Antiguo y Nuevo Testamento, manteniendo un ojo en la convención literaria y la aplicación espiritual.*

2. Estas herramientas son valiosas al entender el mensaje de la Biblia en la forma e idioma de los autores bíblicos (e.d., el mundo del antiguo oriente está lleno de imágenes, símbolos, metáforas y cuentos).

3. Guías recomendadas para las imágenes bíblicas

    a. *Dictionary of Biblical Imagery*, Leland Ryken and others. (InterVarsity Press, 1998)

    b. *A Dictionary of Bible Types*, Walter L. Wilson. (Hendrickson, 1999)

IV. Comentarios

A. Propósito: Los comentarios son ayudas para la interpretación, las cuales estudian el testimonio, descubrimientos y resultados, y consejos de un libro particular de la Escritura desde el punto de vista de un pastor, conocedor, o intérprete bíblico.

1. Ayudas para la interpretación: *los comentarios no son sustitutos de la interpretación.*

2. Nos dan testimonios, descubrimientos, y consejos acerca de un libro en particular de la Escritura: *los comentarios son análisis del texto basados en el conocimiento y experiencia del comentarista.*

3. Del punto de vista de un pastor, erudito, o intérprete bíblico: *los comentarios contienen muchas opiniones informadas.*

B. Tipos de comentarios

1. Un volumen versus volúmenes múltiples: *El Nuevo Diccionario Bíblico es un comentario de un volumen muy bueno.*

2. Comentarios devocionales

   a. Propósito: *proveer ayuda diaria para la lectura de la Escritura de alguien en su caminar con Dios*

   b. Serie *Manantiales en el Desierto* (comentario devocional no erudito)

3. Comentarios doctrinales (teológicos)

   a. Propósito: *proveer interpretación acerca de las enseñanzas principales de las Escrituras, con un punto de vista hacia el tratamiento sistemático de la teología*

   b. *Comentarios* de Calvino

   c. Las denominaciones y grupos pueden comisionar a eruditos dentro de su tradición para proveer una lectura autoritativa de las Escrituras con sus puntos de vista (*Broadman's Bible Commentary*–conexión bautista del sur).

4. Comentarios exegéticos

   a. Propósito: *son comentarios diseñados para dar información de mucha ayuda acerca del lenguaje, la historia, la cultura, y la gramática del texto con el propósito de una buena exégesis*

   b. *Comentario Bíblico Conciso Holman.* (Broadman & Holman Publishing)

   c. Erudito, riguroso, difícil para aquellos que comienzan a estudiar las Escrituras

5. Comentarios homiléticos (del púlpito)

a. Propósito: *dar al ocupado predicador o maestro los recursos para preparar y dar sermones y/o lecciones bíblicas basadas en los textos de la Escritura*

b. Lawrence O. Richards, *The Teacher's Commentary*, *Comentaño de Matthew Henry*.

C. Uso de los comentarios

1. Precauciones

   a. Los comentarios nunca deben sustituir el estudio del texto. *Nunca comience su estudio a través de los comentarios.*

   b. Entienda que todos los comentarios operan desde un punto de vista, de acuerdo a una *perspectiva particular*.

   c. Use los comentarios exegéticos como primer herramienta pero hasta que su estudio esté "adentrado".

   d. Nunca tome la posición de algún comentarista como verdadera sin antes verificar por usted mismo lo que dice directamente el texto, y la enseñanza general de la Escritura.

2. Uso

   a. Investigue acerca de la persona o personas que patrocinaron o escribieron el comentario consultado.

b. Posponga el uso del comentario hasta que haya completado su estudio y formulado sus propios principios (*la segunda etapa*).

c. Al determinar sus ideas y opiniones con respecto a su estudio, busque confirmar las mismas hasta dos veces en los comentarios.

d. Use la luz que dan los comentarios, permitiendo nuevas direcciones al surgir nuevas ideas para que su estudio se profundice y amplíe.

V. Palabra final acerca de las herramientas

Recuerde que la Biblia está inspirada por Dios: Use las herramientas apropiadamente.

De acuerdo con 2 Ti. 3.16, los que han sido inspirados son precisamente los escritos bíblicos. La inspiración es una obra de Dios que no culminó con los hombres que iban a escribir la Biblia (como si, al haber recibido la idea de lo que debían decir, Dios los dejó que encontraran una forma de decirlo), sino en el producto escrito. Es la Escritura—graphe, el texto escrito—que Dios inspiró. La idea esencial aquí es que toda la Escritura tiene el mismo carácter, al igual que los sermones de los profetas, cuando escribieron, hablaron (comp. 2 Pe. 1.19–21, del origen divino de cada 'profecía' en la Escritura; ver también Jer. 36; Is. 8.16–20). Esto nos lleva a decir que la Escritura no sólo es la palabra del hombre, el fruto del pensamiento humano, premeditación y arte, sino que también es la Palabra de Dios, hablada por medio de los labios de los hombres o escrita con lápices de hombres. En otras palabras, la Escritura tiene doble autoría, y el hombre sólo es el autor secundario; el autor primario, por medio de su iniciativa, iluminación, y bajo la supervisión de quien cada escritor humano hizo su trabajo, es Dios en la persona del Espíritu Santo.

~ J. I. Packer. "Inspiration". **New Bible Dictionary**. D. R. W. Wood, ed. (3rd ed). (electronic ed.). Downers Grove, IL: InterVarsity Press, 1996. p. 507.

A. Use las herramientas para ayudarle a cerrar la brecha entre los dos contextos: *el contexto del texto y el contexto en el cual vivimos y trabajamos.*

B. No sustituya la Palabra del Dios viviente por la palabra de hombre.

   1. Al final, rechace toda especulación que se levanta contra el Señor.

      a. Ro. 3.4

      b. Dt. 32.4

      c. Sal. 100.5

      d. Sal. 119.160

      e. Sal. 138.2

      f. Tito 1.2

   2. *No acepte nada que vaya en contra del testimonio de la Palabra de Dios*: no importa que tan erudito, experto o experimentado sea el comentarista. Si no está de acuerdo con las enseñanzas de la Escritura, ¡está equivocado!

      a. Hechos 17.11

      b. Sal. 119.100

c. Is. 8.20

3. *Examinadlo todo: retened lo bueno* (e.d., para aferrarse a lo que es bueno, a aquello que se conforma a la Palabra de Dios), 1 Ts. 5.21.

Conclusión

» Además de las herramientas básicas de interpretación bíblica, existen muchas otras herramientas históricas, teológicas, y exegéticas que pueden enriquecer grandemente nuestra comprensión de la Palabra de Dios.

» Independientemente de las herramientas que usemos, ninguna de ellas se ha hecho para sustituir nuestro estudio disciplinado en oración, y obediencia a la Palabra de Dios.

» Sin embargo, si somos cuidadosos y usamos estas herramientas correctamente, es decir, como medios para entender el contexto bíblico, las mismas pueden revolucionar nuestro estudio de la Palabra.

» No sólo nos alimentaremos mejor, sino que a través de ellas, podremos predicar las Buenas Nuevas del Reino y alimentar la grey de Dios como Cristo nos ha ordenado que hagamos.

» ¡Que Dios nos de la pasión y energía para ser obreros y obreras que estudian diligentemente la Palabra de Dios, manejando con precisión la perfecta Palabra de verdad!

Las siguientes preguntas fueron diseñadas para ayudarle a repasar el material en el segundo segmento del video. Esta sesión particular se enfocó en algunas de las herramientas adicionales de la interpretación bíblica que pueden reforzar grandemente nuestro estudio de la Palabra de Dios. Se incluyó el obtener varias traducciones diferentes de la Biblia, un atlas y un manual de la Biblia, una Biblia temática, un diccionario de teología, y comentarios de varios tipos. Todas estas herramientas pueden proporcionarnos una ayuda inestimable al acercar la distancia entre nuestro contexto y el de los autores y su audiencia. Repase los siguientes hechos acerca de estas herramientas, concentrándose especialmente en qué reglas y principios debemos tener en cuenta para su correcto uso en nuestra interpretación bíblica.

Seguimiento 2

Preguntas y reflexión acerca del contenido del video

1. Para un repaso, reitere esos recursos bíblicos considerados como "las herramientas básicas de interpretación bíblica". De nuevo, diga por qué estas herramientas son tan fundamentales en nuestro verdadero acercamiento a la Palabra, sobre todo por ser personas a las cuales se les ha dado la responsabilidad de alimentar a otros en la iglesia.

2. ¿Cuáles son las herramientas adicionales que consideramos en este segmento, diseñadas para reforzar nuestra habilidad de acercar la brecha entre el contexto bíblico y el nuestro? De estas herramientas adicionales, ¿cuáles cree que son más esenciales que otras, sobre todo para los líderes urbanos en sus responsabilidades de cuidar las almas de los discípulos urbanos? Explique su respuesta.

3. ¿Cuáles son algunas de las principales ayudas de referencias cruzadas para la exégesis bíblica, y en qué específicamente nos ayudan respecto al texto? ¿Cómo nos ayudan éstas a profundizar nuestra comprensión del significado del pasaje o del libro? ¿Qué precauciones deben tenerse en cuenta cuando las empleamos en nuestro estudio?

4. ¿Cuáles son las herramientas específicas de referencia que se concentran en proporcionarnos el consejo en la historia, cultura, costumbres sociales, pueblos, y el entorno físico del contexto bíblico? ¿Cuáles son los beneficios principales al integrar estas herramientas en nuestro estudio del texto? ¿Qué tipos de cosas debemos tener presente cuando buscamos aprovechar la investigación legítima contenida dentro de ellas?

5. ¿Cuáles son las herramientas bíblicas que nos ayudan a obtener información del trasfondo del autor, fecha, y circunstancias del libro, y ciertos usos de idiomas especiales en la Biblia (ej., el símbolo, la metáfora, el lenguaje figurativo, etc.)? ¿Cuáles son los tipos de precauciones en los cuales debemos estar atentos cuando usamos estos recursos en nuestro estudio?

6. ¿Por qué los comentarios son un tipo único de herramienta de referencia, comparado a muchas de las otras herramientas mencionadas anteriormente? ¿Cuáles son los cuatro tipos principales de comentarios disponibles para nosotros hoy, y cómo funciona cada uno específicamente?

7. Si bien los comentarios son ayudas inestimables para proporcionar un entendimiento útil y completo de pasajes y libros de la Biblia, ¿Cómo no se deben usar? ¿Puede cualquier serie de comentarios, sea útil o inteligente, tomar el lugar de nuestro estudio del texto? Explique.

8. Si tuviera que dar una sola declaración del "uso correcto" de las herramientas para la interpretación bíblica, ¿Cuál sería? ¿Por qué no debemos aceptar ninguna explicación de cualquier herramienta que niegue o contradiga el testimonio de las Escrituras mismas? Explique.

9. A la luz del propósito de la Biblia de hacernos "sabios para la salvación a través de la fe en Cristo Jesús" (comp. 2 Ti. 3.15), ¿Por qué en nuestro uso de las herramientas no debería aceptarse nada que contradiga la confesión clara de las Escrituras sobre la persona de Cristo y su obra de redención? Explique.

CONEXIÓN

Resumen de conceptos importantes

Esta lección se enfoca en la meta de acercar la brecha entre dos contextos, el contexto del texto bíblico y nuestro contexto contemporáneo, y el conjunto notable de herramientas y recursos diseñados para ayudarnos a lograr esta tarea. En un sentido, toda la interpretación bíblica eficaz está diseña para ayudarnos a entender mejor la naturaleza de este mundo perdido, para que nosotros no cometamos errores históricos, teológicos, gramaticales, o culturales al buscar entender el significado de los textos bíblicos que estudiamos. A continuación hay una lista de los temas más importantes y de los conceptos asociados con el uso correcto de las herramientas básicas y adicionales de la interpretación bíblica. Al repasar estos conceptos tenga siempre presente el propósito de las herramientas, y cómo un uso correcto de las mismas puede transformar nuestro estudio de las Escrituras.

- Como resultado de los centenares de eruditos bíblicos especializados y las nuevas tecnologías, tenemos acceso ahora a una vasta serie de herramientas de erudición sólidas que pueden reforzar grandemente nuestra habilidad de entender, aplicar, y enseñar a otros el significado de los textos bíblicos. El propósito básico de estas herramientas es ayudarnos a acercar las brechas entre el contexto bíblico y nuestro contexto contemporáneo.

- La clave para entender las varias herramientas para la interpretación bíblica es reconocer cómo y de qué forma una herramienta particular nos ayuda a superar las brechas entre nuestra cultura y la de los autores bíblicos y sus audiencias.

- Las herramientas básicas incluyen una traducción buena de la Biblia, léxicos de griego y hebreo con el sistema Strong de referencias, un diccionario bíblico sólido, una concordancia, y comentarios exegéticos plausibles que se enfoquen en los significados bíblicos del pasaje.

- La Biblia fue escrita en tres idiomas (hebreo, arameo, y griego), y por consiguiente necesitamos una traducción buena de las Escrituras en nuestra propia lengua natal. Las traducciones son difíciles, debido a las diferencias en el idioma, distinciones culturales, distancia histórica, enfoques y filosofías diferentes entre los traductores.

- Las *concordancias* hacen una lista de todas las palabras de la Biblia y su ubicación en el orden alfabético, y los léxicos dan las definiciones (usos) de las palabras en un versículo particular de la Escritura. Los diccionarios expositivos agregan comentarios para explicar la relación entre los significados de las palabras y las doctrinas bíblicas.

- Los *diccionarios bíblicos* enlistan la información histórica, geográfica, cultural, científica, y teológica sobre las personas, los lugares, animales, eventos, y los objetos físicos encontrados en la Biblia, así como los resúmenes de cada libro de la misma.

- Los *comentarios exegéticos* comparten la opinión de un especialista en lo que respecta al significado real de las palabras en el texto original, incluso los problemas de gramática, los resultados de la crítica bíblica, y consejos históricos y culturales que pueden influir en la interpretación de un texto.

- Independientemente de cuál sea la herramienta, debemos usar las referencias libremente, siempre atentos a que su uso correcto dejará en claro el significado del texto, no negando ni desmintiendo su importancia.

- Las *herramientas adicionales* que debemos aprender a usar incluyen varias traducciones diferentes de la Biblia, un atlas y manual bíblico, una Biblia temática, un diccionario de teología, y comentarios teológicos.

- Las *ayudas de referencias cruzadas* se enfocan en la relación de varios textos y pasajes que comparten un tema en común o el centro temático en la exégesis bíblica (por ejemplo, Biblias temáticas, Biblias de referencias cruzadas, guías temáticas y concordancias). Estas ayudas deben usarse cuidadosamente para evitar los errores contextuales así como los prejuicios de los editores para hacer asociaciones que no son legítimas ni defendibles.

- Las herramientas que proporcionan el trasfondo histórico, cultural, las costumbres sociales, de la gente, y el entorno físico de la Biblia son los diccionarios de la Biblia, enciclopedias de la Biblia, los atlas y manuales de la Biblia, y obras que tratan con la historia de la Biblia y las costumbres. Ellos deben leerse cuidadosamente para distinguir los *datos históricos* de la interpretación en la *validez del propio texto*.

- *Los manuales bíblicos, Biblias de estudio, y guías de imágenes bíblicas* proporcionan la información del trasfondo sobre el autor, fecha, y circunstancias en el libro, y ciertos usos de idiomas especiales en la interpretación y exégesis (símbolos, metáforas, el idioma figurativo, etc.). Debemos ser cuidadosos para distinguir entre los puntos de vista de los comentaristas y el propio texto.

- Los *comentarios* ayudan a interpretar el significado de un libro particular de la Escritura desde el punto de vista de un pastor, maestro, o intérprete bíblico. Existen cuatro tipos mayores de comentarios: devocional, doctrinal, exegético, y homilético. Si bien son invalorables para entender el texto, no son un sustituto para nuestro estudio de primera mano del texto mismo.

- Usamos estas herramientas básicas y adicionales debidamente para ayudarnos a acercar la brecha entre los dos contextos: el contexto del texto y nuestro contexto contemporáneo. Ninguna explicación o especulación del intérprete debe aceptarse si niega o contradice el testimonio de las Escrituras, o la confesión clara de las mismas sobre la persona de Cristo y su obra de redención por medio de la cruz.

Aplicación del estudiante

Ahora es el tiempo para que discuta con sus compañeros las preguntas sobre el uso de las herramientas en la interpretación bíblica. Agradezca a Dios por la rica y abundante cantidad de herramientas de ayuda para nuestro estudio de la Biblia. Debemos tener cuidado, sin embargo, que las mismas nunca sustituyan nuestro estudio del texto. Debe evaluar su uso de las herramientas cuidadosamente en su uso personal, y buscar descubrir la apropiación correcta para su crecimiento. Use las preguntas a continuación para evaluar cómo actualmente ha empleado las herramientas en su estudio y uso de la Biblia.

* ¿Cuántas herramientas básicas tiene en su biblioteca personal? De ellas, ¿cuál herramienta usa más a menudo en su estudio de las Escrituras?

* ¿Cómo mediría su conocimiento de la brecha entre el contexto bíblico y nuestro contexto contemporáneo; cómo se calificaría en acercar la brecha por medio de su uso de las herramientas?

* ¿Entiende cómo funcionan las diversas herramientas? En otras palabras, ¿cómo y de qué manera cada herramienta proporciona un conocimiento para ayudarle a superar la brecha de conocimiento entre nuestra cultura y la de los autores bíblicos y sus audiencias?

* ¿Cuáles son las herramientas básicas que menos usa, y por qué? Correspondientemente, de las herramientas adicionales ¿cuáles usa más, cuáles menos, y por qué?

* ¿Qué serie de comentarios usa más? ¿Es consciente de los compromisos particulares e ideas a las que ellos se comprometen? ¿Cómo influye esto en el uso de los comentarios?

* ¿Qué traducción de la Biblia usa más a menudo? ¿Cuántas traducciones de la Biblia posee, y cómo las usa en su estudio de la Palabra? ¿Cómo le ayudan a captar el significado de pasajes diferentes en la Escritura?

* ¿Qué tiempo le dedica a un estudio más profundo de la Biblia, tiene algún hábito regular, o estudia cuándo puede? ¿Estudia la Biblia con un grupo pequeño, con un amigo o mentor, con el pastor, o en la iglesia? ¿Qué tipos de cambios en su horario necesitará hacer para asegurarse un estudio firme y enfocado de la Biblia?

* ¿Cómo registra los frutos de su estudio: en la computadora, notas escritas a mano, alguna otra manera? ¿Cómo guarda sus notas, tiene un sistema para archivarlas una vez que ha terminado un estudio?

* Cuando encuentra un dicho difícil o un pasaje complejo en la Biblia, ¿su primer impulso es dirigirse a otras Escrituras para entenderlo, o inmediatamente revisa los comentarios y diccionarios? ¿Es éste un buen hábito, o no? Explique.

* ¿Cuál es la actitud que necesita adquirir si va a usar las herramientas más eficazmente en su estudio personal de la Biblia? Explique.

Casos de estudio

De la página al púlpito

(Basado en una historia real). Recientemente, en una iglesia urbana en crecimiento, un pastor era relevado de su posición como pastor general ya que se descubrió que en la mayoría de las ocasiones, sacaba y leía sus sermones de un libro, sin editarlos y sin comunicar que lo estaba haciendo. La junta de ancianos estaba profundamente preocupada por esto, así que creyó necesario suspender su ministerio en la iglesia, no tanto debido a preguntas académicas sino a los preguntas espirituales. ¿Qué nos hace pensar de un líder espiritual, argumentaron, que recita prácticamente palabra por palabra las ideas de alguien más como suyas, sin dar a la congregación y a las personas las palabras más frescas, mejores, y más francas que haya recibido del Señor para ellos? ¿Qué piensa de esta situación? ¿Acaso el confiar en las herramientas y recursos de otros ha hecho perezosos a los líderes y los ha vuelto incapaces de reflexionar frescamente en la Palabra de Dios de tal manera que puedan entregar una nueva palabra del Señor a sus congregaciones? ¿Será que la explosión en cuanto a la disponibilidad de herramientas para los líderes cristianos, (las cuales les permiten relajarse en sus propias normas de estudio y disciplina) les ha convertido en personas que rumean la comida que han recibido de otros?

El conocimiento infla el orgullo.

¿Quién no se ha encontrado con la historia de un estimado, humilde, y dulce joven que estaba dedicado al Señor y esperanzado de ser usado por Él, quien alegremente aceptó cursar un seminario en un lugar lejano? Después de cuatro o cinco años, vuelve con el ánimo de servir, pero se comunica con un espíritu y un énfasis completamente diferente. En lugar de enfocarse en las cosas que solía enfatizar (por ej., el amor a Dios, el amor a las almas, buscar la presencia de Dios en el culto, disfrutar la profundidad y poder de la Palabra de Dios, etc.), quiere discutir ahora conceptos teológicos difíciles. Usa términos y frases que sólo el más instruido de la congregación conoce, su enseñanza no se ha llenado con las lágrimas y anhelo de Dios sino de controversias acerca de los problemas teológicos que parecen triviales e insignificantes. ¿Qué le pasó a nuestro hermano? ¿De qué manera enorgullece a alguien un énfasis desmedido en las herramientas, recursos, conocimiento, y especialización? ¿Cómo puede uno disfrutar y apoderarse de las muchas herramientas bíblicas disponibles sin inflarse y rendirse ante un proceso aburrido y estéril?

No es libre porque no conoce la verdad

Recientemente, un miembro de una iglesia urbana local fue abordado por tres miembros del salón del reino de los Testigos de Jehová, quienes estaban sondeando el vecindario. Después de unos instantes de conversación cordial, se enfocaron en uno de los problemas doctrinales, el rechazo de la deidad de Jesucristo. Este hermano, que es una persona totalmente conocedora de las Escrituras, defendió como mejor pudo su comprensión de la divinidad de Jesús. Los tres testigos, sin embargo, constantemente se referían al griego de Juan 1.1, y argumentaban que en dicho idioma no estaba el artículo definido, haciendo que la mayoría de nuestras traducciones modernas quedaran como falsas. Frustrado y agitado, dicho hermano le ha pedido una clase introductoria de griego al pastor, para poder defender sus creencias sobre Jesús con mayor confianza y mejor evidencia. ¿Cuál es la respuesta para contestar las demandas de grupos como éstos, quienes argumentan que la mayor parte de la creencia cristiana no está arraigada en el conocimiento, sino en la superstición, tradición, y el conocimiento falso sobre la Biblia? ¿Debemos hacer el esfuerzo por ayudar a todos los creyentes a ganar un mejor conocimiento de los lenguajes de la Biblia, o enfocarnos más en los problemas de crecimiento y madurez espiritual? ¿Qué papel debe jugar el uso del idioma y las herramientas teológicas en lo que respecta a equipar a nuestros miembros con la habilidad de debatir debidamente y noblemente defender la Palabra de verdad como se encuentra en la Escritura?

¿Saber poco es peor que no saber nada?

Muchos de nosotros hemos sido víctimas de una conversación con alguien que está listo a corregirnos en todas nuestras creencias. Al preguntarnos si hemos oído hablar del renombrado estudioso bíblico, "Dr. X", comienzan a decirnos con gran intensidad y energía cómo ellos han sido cambiados por su "nueva revelación" de la Palabra de Dios. Cualquier tema que fuera, el "Dr. X" lo había dominado y hablado de él, y ahora para nuestro amigo esa era la palabra definitiva en ese asunto. El simple hecho de que nosotros nunca hemos oído hablar del Dr. X y su enseñanza (la cual cambia vidas en todo asunto), nos hace creer que estamos aislados o que ignoramos las últimas y mejores enseñanzas del Señor en estos temas. Después de oír durante algún tiempo las ideas del Dr. X, desea terminar la conversación lo más amigable posible. Al reflexionar extensamente, se le ocurre que uno de los problemas de la expansión del conocimiento es la posibilidad muy real que nuevas herejías, sectas, y raros énfasis crezcan rápidamente. Con tantas personas que dicen tener la guía y bendición de Dios, miles de maestros y predicadores llevan títulos oficiales como por ejemplo "Anciano tal y tal" y "Obispo tal y tal", y predican sus nuevas revelaciones en las iglesias y los medios masivos. La inmensa mayoría de estos nuevos maestros es absolutamente independiente, y no está sujeta a ningún tipo de autoridad espiritual o asociación que los proteja de ellos mismos o del error. ¿Cómo remediar estos asuntos, cuando hay tantos que reclaman su propia forma independiente de la Palabra del Señor, siendo ellos mismos sus fuentes de autoridad espiritual y enseñanza?

Gracias al trabajo de cientos de eruditos especializados que aprecian y aman las Escrituras, tenemos acceso a una serie notable de herramientas de erudición que pueden permitirnos entender el significado del texto bíblico. El propósito esencial de nuestro uso de las herramientas de erudición es ayudarnos a acercar las varias brechas entre el contexto bíblico y nuestro contexto contemporáneo. Este acercamiento ayuda al intérprete bíblico diligente a ser más fiel a la Palabra de Dios, ayudándole a reconstruir el significado en su contexto original. Las herramientas básicas de la interpretación bíblica incluyen una buena traducción de la Biblia, léxicos en griego y hebreo, codificados al sistema de numeración Strong, un diccionario de la Biblia sólido, una concordancia, y comentarios exegéticos plausibles que se enfoquen en los significados bíblicos del pasaje. Usadas en un lugar y tiempo apropiados, estas herramientas pueden ser invalorables para acercar la brecha entre el contexto bíblico y nuestra comprensión de ese mundo.

Además de las herramientas básicas de interpretación bíblica (es decir, una buena traducción de la Biblia, léxicos griego y hebreo, diccionario de la Biblia, concordancia, y los comentarios exegéticos plausibles), existen herramientas adicionales que pueden enriquecer nuestra comprensión de la Palabra de Dios. Las mismas incluyen varias traducciones diferentes de la Biblia, un atlas y manual de la Biblia, una Biblia temática, un diccionario de teología, y comentarios teológicos. Cada una de estas herramientas se enfoca en un desafío particular de interpretación bíblica, desde problemas del idioma, cultura, historia, y teología. Como con cualquier herramienta, debemos tener cuidado en usarla con el propósito de ensanchar nuestro conocimiento del texto, sin negar ni desvirtuar el mensaje esencial de la Biblia con respecto a nuestra salvación en la persona de Jesucristo.

Reafirmación de la tesis de la lección

Si está interesado en profundizar más en las ideas de *Estudios Bíblicos: Usando las Herramientas Báscas en el Estudio Bíblico,* debería dar un vistazo a estos libros (algunos de estos t tulos pueden estar disponibles en español, o revise nuestro portal en la red cibernética para recursos adicionales en español)*:*

Recursos y bibliografía

Bruce, F. F. *New Testament History.* New York: Doubleday, 1969.

Penney, Russell, and Mal Couch. eds. *An Introduction to Classical Evangelical Hermeneutics: A Guide to the History and Practice of Biblical Interpretation.* Grand Rapids: Kregel Books, 2000.

Sire, James W. *Scripture Twisting: Twenty Ways the Cults Misread the Bible.* Downers Grove, IL: InterVarsity, 1980.

Stott, John. *The Contemporary Christian: Applying God's Word to Today's World.* Downers Grove, IL: InterVarsity, 1992.

Conexiones ministeriales

Comprender las formas en que estas herramientas pueden ayudarle a entender el contexto antiguo, le hará un mejor ministro de la Palabra de Dios en este mundo. Nada afectará cada dimensión de su ministerio como un dominio de la Palabra de Dios. Nuestra meta debe ser consistente con la palabra que Pablo dio a Timoteo en 2 Ti. 4.1-2: "Te encarezco delante de Dios y del Señor Jesucristo, que juzgará a los vivos y a los muertos en su manifestación y en su reino, [2] que prediques la palabra; que instes a tiempo y fuera de tiempo; redarguye, reprende, exhorta con toda paciencia y doctrina". No habrá desperdicio en el hombre o mujer de Dios que se disciplina en la Palabra, estando listo para predicar, enseñar, hablar, aconsejar, y orar por otros cuando Dios dirija, sin tener en cuenta el lugar o la condición. Éste es nuestro sueño y mandato.

Tiene el privilegio de compartir ahora lo que ha aprendido en este módulo en una manera práctica que usted y su mentor acuerden. Lo importante es encontrar un sitio de acción dónde pueda compartir sus conocimientos aprendidos y aplicados en este módulo -sea con los miembros de su familia, en su iglesia, trabajo, o dondequiera que Dios le guíe. Aquello en lo que se conecte es un reflejo de cómo esta enseñanza se ha conectado con su vida, trabajo, y ministerio. El proyecto ministerial está diseñado con este propósito, y en los próximos días tendrá la oportunidad de compartir estos conocimientos en su vida real, y ambientes ministeriales reales. Ore para que Dios le dé el conocimiento a Su manera cuando comparta sus conocimientos en sus proyectos.

Consejería y oración

Ahora que ha llegado al final de este módulo, reflexione si hay algún problema, personas, situaciones, u oportunidades por las que necesita orar como resultado de sus estudios en esta lección. Pregúntele al Señor, al Espíritu Santo, que traiga a su mente cualquier aplicación o cambios que Él desea ver en su vida como resultado de estos estudios, y tome tiempo para orar con y por sus colegas en las áreas de mayor preocupación. Recuerde, la oración nos proporciona el apoyo necesario para establecer cambios de forma confiada y valiente en las áreas que nuestro Señor desea que crezcamos.

No hay tarea que entregar.	**Versículos para memorizar**
No hay tarea que entregar.	**Lectura del texto asignado**
Su proyecto ministerial y su proyecto exegético ya deben estar definidos, determinados, y aceptados por su instructor. Ya no hay más lecciones para este módulo, así que debe estar seguro que se ha comunicado con su instructor, que ha recibido todas las reglas y bosquejos para sus tareas, y que está de acuerdo en una fecha para que entregar sus tareas.	**Otras asignaturas o tareas** *Página 326* 4
El Examen Final lo podrá llevar a casa, e incluirá preguntas de las primeras tres pruebas, preguntas nuevas o material sacado de esta lección, y preguntas de ensayo que exigirán respuestas cortas a preguntas integrales claves. También debe estudiar para recitar o escribir los versículos memorizados durante el transcurso del examen. Cuando haya completado su examen, por favor notifíquelo a su mentor y asegúrese de entregarle sus proyectos. Por favor, tome en cuenta lo siguiente: Su calificación del módulo no puede determinarse si no toma el Examen Final y entrega todas las asignaturas a su mentor (reporte de lecturas, proyecto ministerial, proyecto exegético, y Examen Final).	**Anuncio del Examen Final**
En esta lección hemos considerado los tipos de herramientas a las que tenemos acceso, las cuales refuerzan nuestra interpretación de la Biblia. Hemos considerado la necesidad para la interpretación bíblica, y para la preparación de nuestros corazones, mentes, y voluntades con el propósito de introducirnos en la Palabra eterna del Dios viviente. Hemos examinado el tema de la inspiración de la Biblia y las proclamaciones de los eruditos bíblicos, y vimos cómo la Palabra de Dios es inspirada por Dios, que los autores fueron guiados por el Espíritu Santo y que las Escrituras que ellos escribieron, por consiguiente, son las palabras inspiradas del Dios vivo. Nuestro *Modelo de los Tres Pasos* nos ha proporcionado un método eficaz para entender el significado de la Biblia en su propio contexto, sacar los principios bíblicos y aplicar su significado en formas prácticas en nuestras vidas bajo la dirección y guía del Espíritu. Además de estos conocimientos, hemos definido también la importancia de estudio del género, de la narrativa y la profecía en la interpretación bíblica. Finalmente, examinamos un grupo de herramientas básicas y diseñadas para ayudarnos a acercar la distancia entre nuestra comprensión del texto antiguo y nuestra propia aplicación hoy.	**La última palabra sobre este módulo**

Independientemente de los métodos o herramientas que empleemos, nada puede ser más útil que nuestra propia disciplina, estudio piadoso y obediente de la Palabra de Dios. Sin la ayuda y guía del Espíritu, somos absolutamente incapaces de comprender el significado de las Escrituras. Pero, si somos humildes y diligentes, la verdad de la Palabra entrará en nuestras vidas y nos transformará cuando sirvamos a nuestro Señor como discípulos del Reino. Tal estudio no solamente nos transformará, sino que Dios también nos usará como vasos para comunicar su Palabra, en la iglesia y en el mundo, todo para su gloria.

Que Dios nos dé la pasión y energía para ser obreros que estudian para presentarse como obreros diligentes en la Palabra de Dios, manejando su perfecta Palabra de verdad con precisión, para conocer a Cristo y darlo a conocer, todo para Su más excelsa gloria.

¡Amén y amén!

Apéndices

221	Apéndice 1: **El Credo Niceno** (con versículos para memorizar)
222	Apéndice 2: **El Credo Niceno en métrica común** *(canto)*
223	Apéndice 3: **La historia de Dios: Nuestras Raíces Sagradas**
224	Apéndice 4: **La teología de Christus Victor**
225	Apéndice 5: **Christus Victor**
226	Apéndice 6: **El Antiguo Testamento testifica de Cristo y Su Reino**
227	Apéndice 7: **Resumen del bosquejo de las Escrituras**
229	Apéndice 8: **Desde antes hasta después del tiempo: El plan de Dios y la historia humana**
231	Apéndice 9: **Hay un río**
232	Apéndice 10: **Esquema para una teología del Reino y la Iglesia**
233	Apéndice 11: **Viviendo en el Reino del YA y EL TODAVÍA NO**
234	Apéndice 12: **Jesús de Nazaret: La presencia del futuro**
235	Apéndice 13: **Tradiciones**
243	Apéndice 14: **Desde la ignorancia hasta el testimonio creíble**
244	Apéndice 15: **La senda de la sabiduría**
245	Apéndice 16: **Diagrama de estudios bíblicos**
247	Apéndice 17: **Teorías de la inspiración**
248	Apéndice 18: **Un ejemplo práctico de la crítica textual**
249	Apéndice 19: **El compás de los elementos narrativos**
250	Apéndice 20: **Una comparación de las filosofías de traducción**
251	Apéndice 21: **Desarrollando oídos que escuchan: Respondiendo al Espíritu y a la Palabra**

252	Apéndice 22: **Metodología de traducción (versiones en inglés)**
253	Apéndice 23: **Figuras de lenguaje**
260	Apéndice 24: **Hoja de trabajo de las herramientas del estudio bíblico**
262	Apéndice 25: **El punto de vista de Cristo acerca de la Biblia**
265	Apéndice 26: **Historia, teología e iglesia**
270	Apéndice 27: **Uso de las herramientas de referencia para interpretar la Biblia**
272	Apéndice 28: **Una bibliografía para la hermenéutica bíblica**
276	Apéndice 29: **Cómo interpretar una narrativa (historia)**
280	Apéndice 30: **Lista de elementos narrativos**
283	Apéndice 31: **Claves para la interpretación bíblica**
292	Apéndice 32: **Documentando su tarea**

APÉNDICE 1
El Credo Niceno

Creemos en un solo Dios, *(Dt. 6.4-5; Mc. 12.29; 1 Co. 8.6)*
    Padre Todopoderoso, *(Gn. 17.1; Dn. 4.35; Mt. 6.9; Ef. 4.6; Ap. 1.8)*
    Creador del cielo, la tierra *(Gn. 1.1; Is. 40.28; Ap. 10.6)*
    y de todas las cosas visibles e invisibles. *(Sal. 148; Rom 11.36; Ap. 4.11)*

Creemos en un solo Señor Jesucristo, el Hijo unigénito de Dios,
    concebido del Padre antes de todos los siglos:
    Dios de Dios, Luz de la Luz, Dios verdadero de Dios verdadero,
    Engendrado, no creado, de la misma esencia del Padre, *(Jn. 1.1-2; 3.18; 8.58; 14.9-10; 20.28;*
        Col. 1.15, 17; Heb. 1.3-6)
    por quien todo fue hecho. *(Jn. 1.3; Col. 1.16)*

Quien por nosotros los hombres, bajó del cielo para nuestra salvación
    y por obra del Espíritu Santo, se encarnó en la virgen María,
    y se hizo hombre. *(Mt. 1.20-23; Jn. 1.14; 6.38; Lc. 19.10)*
    Por nuestra causa fue crucificado en tiempos de Poncio Pilato,
    padeció y fue sepultado. *(Mt. 27.1-2; Mc. 15.24-39, 43-47; Hch. 13.29; Rom 5.8; Heb. 2.10; 13.12)*
    Resucitó al tercer día, según las Escrituras, *(Mc. 16.5-7; Lc. 24.6-8; Hch. 1.3; Rom 6.9; 10.9; 2 Ti. 2.8)*
    ascendió al cielo y está sentado a la derecha del Padre. *(Mc. 16.19; Ef. 1.19-20)*
    Él vendrá de nuevo con gloria,
    para juzgar a los vivos y a los muertos,
    y su Reino no tendrá fin. *(Is. 9.7; Mt. 24.30; Jn. 5.22; Hch. 1.11; 17.31; Rom 14.9; 2 Co. 5.10; 2 Ti. 4.1)*

Creemos en el Espíritu Santo, Señor y dador de vida,
    (Gn. 1.1-2; Job 33.4; Sal. 104.30; 139.7-8; Lc. 4.18-19; Jn. 3.5-6; Hch. 1.1-2; 1 Co. 2.11; Ap. 3.22)
    quien procede del Padre y del Hijo, *(Jn. 14.16-18, 26; 15.26; 20.22)*
    y juntamente con el Padre y el Hijo
    recibe la misma adoración y gloria, *(Is. 6.3; Mt. 28.19; 2 Co. 13.14; Ap. 4.8)*
    quien también habló por los profetas. *(Nm. 11.29; Miq. 3.8; Hch. 2.17-18; 2 Pe. 1.21)*

Creemos en la Iglesia santa, católica* y apostólica.
    (Mt. 16.18; Ef. 5.25-28; 1 Co. 1.2; 10.17; 1 Ti. 3.15; Ap. 7.9)

Confesamos que hay un sólo bautismo
    y perdón de los pecados, *(Hch. 22.16; 1 Pe. 3.21; Ef. 4.4-5)*
    y esperamos la resurrección de los muertos
    y la vida del siglo venidero. Amén. *(Is. 11.6-10; Miq. 4.1-7; Lc. 18.29-30; Ap. 21.1-5; 21.22-22.5)*

*El término "católica" se refiere a la universalidad de la Iglesia, a través de todos los tiempos y edades, de todas las lenguas y grupos de personas. Se refiere no a una tradición en particular o expresión denominacional (ej. como en la Católica Romana).

Versículos para memorizar ⇩

Ap. 4.11 *"Señor, digno eres de recibir la gloria y la honra y el poder; porque tú creaste todas las cosas, y por tu voluntad existen y fueron creadas".*

Jn. 1.1 *En el principio era el Verbo, y el Verbo era con Dios, y el Verbo era Dios.*

1 Co. 15.3-5 *Porque primeramente os he enseñado lo que asimismo recibí: Que Cristo murió por nuestros pecados, conforme a las Escrituras; y que fue sepultado, y que resucitó al tercer día, conforme a las Escrituras; y que apareció a Cefas, y después a los doce.*

Ro 8.11 *Y si el Espíritu de aquel que levantó de los muertos a Jesús mora en vosotros, el que levantó de los muertos a Cristo Jesús vivificará también vuestros cuerpos mortales por su Espíritu que mora en vosotros.*

1 Pe. 2.9 *Mas vosotros sois linaje escogido, real sacerdocio, nación santa, pueblo adquirido por Dios, para que anunciéis las virtudes de aquel que os llamó de las tinieblas a su luz admirable.*

1 Ts. 4.16-17 *Porque el Señor mismo con voz de mando, con voz de arcángel, y con trompeta de Dios, descenderá del cielo; y los muertos en Cristo resucitarán primero. Luego nosotros los que vivimos, los que hayamos quedado, seremos arrebatados juntamente con ellos en las nubes para recibir al Señor en el aire, y así estaremos siempre con el Señor.*

APÉNDICE 2

El Credo Niceno en métrica común

Adaptado por Don L. Davis ©2002. Todos los derechos reservados.

Dios el Padre gobierna, Creador de la tierra y los cielos.
¡Si, todas las cosas vistas y no vistas, por Él fueron hechas y dadas!

Nos adherimos a Jesucristo Señor, El único y solo Hijo de Dios
¡Unigénito, no creado, también, Él y nuestro Señor son uno!

Unigénito del Padre, el mismo, en esencia, Dios y Luz;
A través de Él todas las cosas fueron hechas por Dios, en Él fue dada la vida.

Quien es por todos, para salvación, bajó del cielo a la tierra,
Fue encarnado por el poder del Espíritu, y nace de la virgen María.

Quien por nosotros también, fue crucificado, por la mano de Poncio Pilato,
Sufrió, fue enterrado en la tumba, pero al tercer día resucitó otra vez.

De acuerdo al texto sagrado todo esto trató de decir.
Ascendió a los cielos, a la derecha de Dios, ahora sentado está en alto en gloria.

Vendrá de nuevo en gloria a juzgar a los vivos y a los muertos.
El gobierno de Su Reino no tendrá fin, porque reinará como Cabeza.

Adoramos a Dios, el Espíritu Santo, nuestro Señor, conocido como Dador de vida,
Con el Padre y el Hijo es glorificado, Quien por los profetas habló.

Y creemos en una Iglesia verdadera, el pueblo de Dios para todos los tiempos,
Universal en alcance, y edificada sobre la línea apostólica.

Reconociendo un bautismo, para perdón de nuestro pecado,
Esperamos por el día de la resurreción de los muertos que vivirán de nuevo.

Esperamos esos días sin fin, vida en la Era por venir,
¡Cuando el gran Reino de Cristo vendrá a la tierra, y la voluntad de Dios será hecha!

Esta canción es adaptada de El Credo Niceno, y preparada en métrica común (8.6.8.6), lo que significa que pueda ser cantada con la métrica de cantos tales como: Sublime gracia, Hay un precioso manantial, Al mundo paz.

APÉNDICE 3

La historia de Dios: Nuestras Raíces Sagradas

Rev. Dr. Don L. Davis

El Alfa y el Omega	Christus Victor	Ven Espíritu Santo	Tu Palabra es verdad	La Gran Confesión	Su vida en nosotros	Vivir en el camino	Renacidos para servir
El Señor Dios es la fuente, sostén y fin de todas las cosas en los cielos y en la tierra. Porque de él, y para él, son todas las cosas. A él sea la gloria por los siglos. Amén. Rom. 11.36.							
EL DRAMA DEL TRINO DIOS — La auto-revelación de Dios en la creación, Israel y Cristo				LA PARTICIPACIÓN DE LA IGLESIA EN EL DRAMA DE DIOS — La fidelidad al testimonio apostólico de Cristo y Su Reino			
El fundamento objetivo: El amor soberano de Dios — *Dios narra su obra de salvación en Cristo*				La práctica subjetiva: Salvación por gracia mediante la fe — *La respuesta de los redimidos por la obra salvadora de Dios en Cristo*			
El Autor de la historia	El Campeón de la historia	El Intérprete de la historia	El Testimonio de la historia	El Pueblo de la historia	La Re-creación de la historia	La Encarnación de la historia	La Continuación de la historia
El Padre como Director	Jesús como Actor principal	El Espíritu como Narrador	Las Escrituras como el guión	Como santos confesores	Como ministros adoradores	Como seguidores peregrinos	Como testigos embajadores
Cosmovisión cristiana	Identidad común	Experiencia espiritual	Autoridad bíblica	Teología ortodoxa	Adoración sacerdotal	Discipulado congregacional	Testigo del Reino
Visión teísta y trinitaria	Fundamento Cristo-céntrico	Comunidad llena del Espíritu	Testimonio canónico apostólico	Afirmación del credo antiguo de fe	Reunión semanal de la Iglesia	Formación espiritual colectiva	Agentes activos del Reino de Dios
Soberana voluntad	Representación mesiánica	Consolador Divino	Testimonio inspirado	Repetición verdadera	Gozo sobresaliente	Residencia fiel	Esperanza irresistible
Creador — Verdadero hacedor del cosmos	Recapitulación — *Tipos y cumplimiento del pacto*	Dador de Vida — Regeneración y adopción	Inspiración Divina — La Palabra inspirada de Dios	La confesión de fe — Unión con Cristo	Canto y celebración — Recitación histórica	Supervisión pastoral — Pastoreo del rebaño	Unidad explícita — Amor para los santos
Dueño — Soberano de toda la creación	Revelador — Encarnación de la Palabra	Maestro — Iluminador de la verdad	Historia sagrada — Archivo histórico	Bautismo en Cristo — Comunión de los santos	Homilías y enseñanzas — Proclamación profética	Vida Espiritual — Viaje común a través de las disciplinas espirituales	Hospitalidad radical — Evidencia del reinado de Dios
Gobernador — Controlador bendito de todas las cosas	Redentor — Reconciliador de todas las cosas	Ayudador — Dotación y poder	Teología bíblica — Comentario divino	La regla de fe — El Credo Apostólico y El Credo Niceno	La Cena del Señor — Re-creación dramática	Encarnación — *Anamnesis y prolepsis* a través del año litúrgico	Generosidad excesiva — Buenas obras
Cumplidor del pacto — Fiel prometedor	Restaurador — Cristo el vencedor sobre los poderes del mal	Guía — Divina presencia y gloria de Dios	Alimento espiritual — Sustento para el viaje	El Canon Vicentino — Ubicuidad, antigüedad, universalidad	Presagio escatológico — El YA y EL TODAVÍA NO	Discipulado efectivo — Formación espiritual en la asamblea de creyentes	Testimonio Evangélico — Haciendo discípulos a todas las personas

APÉNDICE 4
La teología de Christus Victor
Un motivo bíblico para integrar y renovar a la iglesia urbana

Rev. Dr. Don L. Davis

	El Mesías prometido	El Verbo hecho carne	El Hijo del Hombre	El Siervo Sufriente	El Cordero de Dios	El Conquistador victorioso	El reinante Señor en los cielos	El Novio y el Rey que viene
Marco bíblico	La esperanza de Israel sobre el ungido de Jehová quien redimiría a su pueblo	En la persona de Jesús de Nazaret, el Señor ha venido al mundo	Como el rey prometido y el divino Hijo del Hombre, Jesús revela la gloria del Padre y la salvación al mundo	Como inaugurador del Reino, Jesús demuestra el reinado de Dios presente a través de sus palabras, maravillas y obras	Como Sumo Sacerdote y Cordero Pascual, Jesús se ofrece a Dios en nuestro lugar como un sacrificio por los pecados	En su resurrección y ascensión a la diestra del Padre, Jesús es proclamado como victorioso sobre el poder del pecado y la muerte	Mientras ahora reina a la diestra del Padre hasta que sus enemigos estén bajo sus pies, Jesús derrama sus beneficios sobre su Iglesia	Pronto el Señor resucitado y ascendido volverá para reunirse con su novia, la Iglesia, para consumar su obra
Referencias bíblicas	Is. 9.6-7 Jr. 23.5-6 Is. 11.1-10	Jn. 1.14-18 Mt. 1.20-23 Flp. 2.6-8	Mt. 2.1-11 Nm. 24.17 Lc. 1.78-79	Mc. 1.14-15 Mt. 12.25-30 Lc. 17.20-21	2 Cor. 5.18-21 Is. 52-53 Jn. 1.29	Ef. 1.16-23 Flp. 2.5-11 Col. 1.15-20	1 Cor. 15-25 Ef. 4.15-16 Hch. 2.32-36	Rom. 14.7-9 Ap. 5.9-13 1 Tes. 4.13-18
La historia de Jesús	El pre-encarnado, unigénito Hijo de Dios en gloria	Su concepción por el Espíritu y su nacimiento por María	Su manifestación a los sabios y al mundo	Sus enseñanzas, expulsión de demonios, milagros y obras portentuosas	Su sufrimiento, crucifixión, muerte y sepultura	Su resurrección, con apariciones a sus testigos y su ascensión al Padre	El envío del Espíritu Santo y sus dones, y Cristo en reunión celestial a la diestra del Padre	Su pronto regreso de los cielos a la tierra como Señor y Cristo: la Segunda Venida
Descripción	La promesa bíblica para la simiente de Abraham, el profeta como Moisés, el hijo de David	Dios ha venido a nosotros mediante la encarnación; Jesús revela a la humanidad la gloria del Padre en plenitud	En Jesús, Dios ha mostrado su salvación al mundo entero, incluyendo a los gentiles	En Jesús, el Reino de Dios prometido ha venido visiblemente a la tierra, la cual está atada al diablo, para anular la maldición	Como el perfecto cordero de Dios, Jesús se ofrece a Dios como una ofrenda por el pecado en nombre del mundo entero	En su resurrección y ascensión, Jesús destruyó la muerte, desarmó a Satanás y anuló la maldición	Jesús es colocado a la diestra del Padre como la Cabeza de la Iglesia, como el primogénito de entre los muertos y el supremo Señor en el cielo	Mientras trabajamos en su cosecha aquí en el mundo, esperamos el regreso de Cristo, el cumplimiento de su promesa
Calendario litúrgico	Adviento	Navidad	Después de epifanía Bautismo y transfiguración	Cuaresma	Semana santa La pasión	La pascua La pascua, el día de ascensión, pentecostés	Después de pentecostés Domingo de la Trinidad	Después de pentecostés El día de todos los santos, el reinado de Cristo el Rey
	La venida de Cristo	El nacimiento de Cristo	La manifestación de Cristo	El ministerio de Cristo	El sufrimiento y la muerte de Cristo	La resurrección y ascensión de Cristo	La reunión celestial de Cristo	El reinado de Cristo
Formación espiritual	Mientras esperamos su regreso, proclamemos la esperanza de Cristo	Oh Verbo hecho carne, que cada corazón le prepare un espacio para morar	Divino Hijo del Hombre, muestra a las naciones tu salvación y gloria	En la persona de Cristo, el poder del reinado de Cristo ha venido a la tierra y a la Iglesia	Que los que compartan la muerte del Señor sean resucitados con Él	Participemos por fe en la victoria de Cristo sobre el poder del pecado, Satanás y la muerte	Ven Espíritu Santo, mora en nosotros y facúltanos para avanzar el Reino de Cristo en el mundo	Vivimos y trabajamos en espera de su pronto regreso, buscando agradarle en todas las cosas

APÉNDICE 5
Christus Victor
Una visión integrada para la vida y el testimonio cristiana
Rev. Dr. Don L. Davis

Para la Iglesia
- La Iglesia es la extensión principal de Jesús en el mundo
- Tesoro redimido del victorioso Cristo resucitado
- *Laos*: El pueblo de Dios
- La nueva creación de Dios: la presencia del futuro
- Lugar y agente del Reino de el ya y el todavía no

Para la teología y la doctrina
- La palabra autoritativa de Cristo: la tradición apostólica: las santas Escrituras
- La Teología como comentario sobre la gran narrativa de Dios
- *Christus Victor* como el marco teológico para el sentido en la vida
- El Credo Niceno: la historia de la triunfante gracia de Dios

Para la vida espiritual
- La presencia y el poder del Espíritu Santo en medio del pueblo de Dios
- Participar en las disciplinas del Espíritu
- Reuniones, leccionario, liturgia y la observancia del año litúrgico
- Vivir la vida del Cristo resucitado en nuestra vida

Para los dones
- La gracia de Dios se dota y beneficia del *Christus Victor*
- Oficios pastorales para la Iglesia
- El Espíritu Santo da soberanamente los dones
- Administración: diferentes dones para el bien común

Christus Victor
Destructor del mal y la muerte
Restaurador de la creación
Vencedor del hades y del pecado
Aplastador de Satanás

Para la adoración
- Pueblo de la resurrección: celebración sin fin del pueblo de Dios
- Recordar y participar del evento de Cristo en nuestra adoración
- Escuchar y responder a la palabra
- Transformados en la Cena del Señor
- La presencia del Padre a través del Hijo en el Espíritu

Para la evangelización y las misiones
- La evangelización como la declaración y la demostración del *Christus Victor* al mundo
- El evangelio como la promesa del Reino
- Proclamamos que el Reino de Dios viene en la persona de Jesús de Nazaret
- La Gran Comisión: ir a todas las personas haciendo discípulos de Cristo y su Reino
- Proclamando a Cristo como Señor y Mesías

Para la justicia y la compasión
- Las expresiones amables y generosas de Jesús a través de la Iglesia
- La Iglesia muestra la vida misma del Reino
- La Iglesia demuestra la vida misma del Reino de los cielos aquí y ahora
- Habiendo recibido de gracia, damos de gracia (sin sentido de mérito u orgullo)
- La justicia como evidencia tangible del Reino venidero

APÉNDICE 6
El Antiguo Testamento testifica de Cristo y Su Reino
Rev. Dr. Don L. Davis

Cristo es visto en el AT:	Promesa y cumplimiento del pacto	Ley moral	Cristofanías	Tipología	Tabernáculo, festival y sacerdocio Levítico	Profecía mesiánica	Promesas de salvación
Pasaje	Gn. 12.1-3	Mt. 5.17-18	Juan 1.18	1 Co. 15.45	Heb. 8.1-6	Mi. 5.2	Is. 9.6-7
Ejemplo	La simiente prometida del pacto Abrahámico	La ley dada en el Monte Sinaí	Comandante del ejército del Señor	Jonás y el gran pez	Melquisedec, como Sumo Sacerdote y Rey	El Siervo Sufriente del Señor	El linaje Justo de David
Cristo como	La simiente de la mujer	El Profeta de Dios	La actual revelación de Dios	El antitipo del drama de Dios	Nuestro eterno Sumo Sacerdote	El Hijo de Dios que vendrá	El Redentor y Rey de Israel
Ilustrado en	Gálatas	Mateo	Juan	Mateo	Hebreos	Lucas y Hechos	Juan y Apocalipsis
Propósito exegético: ve a Cristo	Como el centro del drama sagrado divino	Como el cumplimiento de la Ley	Como quien revela a Dios	Como antitipo de tipos divinos	En el *cultus* de Templo	Como el verdadero Mesías	Como el Rey que viene
Cómo es visto en el NT	Como cumplimiento del juramento de Dios	Como *telos* de la ley	Como la revelación completa, final y superior	Como sustancia detrás de la historia	Como la realidad detrás de las normas y funciones	Como el Reino que está presente	Como el que gobernará sobre el trono de David
Nuestra respuesta en adoración	Veracidad y fidelidad de Dios	La justicia perfecta de Dios	La presencia de Dios entre nosotros	La escritura Inspirada de Dios	La ontología de Dios: su Reino como lo principal y determinante	El siervo ungido y mediador de Dios	La respuesta divina para restaurar la autoridad de Su Reino
Cómo es vindicado Dios	Dios no miente: Él cumple su palabra	Jesús cumple toda justicia	La plenitud de Dios se nos revela en Jesús de Nazaret	El Espíritu habló por los profetas	El Señor ha provisto un mediador para la humanidad	Cada jota y tilde escrita de Él se cumplirá	El mal será aplastado y la creación será restaurada bajo Su Reino

APÉNDICE 7
Resumen del bosquejo de las Escrituras
Rev. Dr. Don L. Davis

1. GÉNESIS - El Principio
   a. Adán
   b. Noé
   c. Abraham
   d. Isaac
   e. Jacob
   f. José
2. ÉXODO - Redención
   a. Esclavitud
   b. Libertad
   c. Ley
   d. Tabernáculo
3. LEVÍTICO - Adoración y compañerismo
   A. Ofrendas, sacrificios
   b. Sacerdotes
   c. Fiestas, festivales
4. NÚMEROS - Servicio y recorrido
   a. Organizados
   b. Errantes
5. DEUTERONOMIO - Obediencia
   a. Moisés repasa la historia y la ley
   b. Leyes civiles y sociales
   c. Pacto palestino
   d. Bendiciones, muerte de Moisés
6. JOSUÉ - Redención (hacia)
   a. Conquistar la tierra
   b. Repartir la tierra
   c. La despedida de Josué
7. JUECES - La liberación de Dios
   a. Desobediencia y juicio
   b. Los doce jueces de Israel
   c. Desobedientes a la ley
8. RUT - Amor
   a. Rut escoge
   b. Rut trabaja
   c. Rut espera
   d. Rut recompensada
9. 1 SAMUEL - Reyes, perspectiva sacerdotal
   a. Elí
   b. Samuel
   c. Saúl
   d. David
10. 2 SAMUEL - David
    a. Rey de Judá (7½ años - Hebrón)
    b. Rey de todo Israel (33 años - Jerusalén)
11. 1 REYES - La gloria de Salomón, la decadencia del reino
    a. Gloria de Salomón
    b. Decadencia del reino
    c. El profeta Elías
12. 2 REYES - El reino dividido
    a. Eliseo
    b. Israel (el reino del norte cae)
    c. Judá (el reino del sur cae)

13. 1 CRÓNICAS - Templo de David
    a. Genealogías
    b. Fin del reino de Saúl
    c. Reino de David
    d. Preparaciones del templo
14. 2 CRÓNICAS - Abandonan el templo y la adoración
    A. Salomón
    B. Reyes de Judá
15. ESDRAS - La minoría (remanente)
    a. Primer retorno del exilio - Zorobabel
    b. Segundo retorno del exilio - Esdras (sacerdote)
16. NEHEMÍAS - Reconstruyendo la fe
    a. Reconstruyen los muros
    b. Avivamiento
    c. Reforma religiosa
17. ESTER - Salvación femenina
    a. Ester
    b. Amán
    c. Mardoqueo
    d. Liberación: Fiesta de Purim
18. JOB - Por qué los rectos sufren
    a. Job el piadoso
    b. Ataque de Satanás
    c. Cuatro amigos filósofos
    d. Dios vive
19. SALMOS - Oración y adoración
    a. Oraciones de David
    b. Sufrimiento piadoso, liberación
    c. Dios trata con Israel
    d. Sufrimiento del pueblo termina con el reinado de Dios
    e. La Palabra de Dios (los sufrimientos y glorioso regreso del Mesías)
20. PROVERBIOS - Sabiduría
    a. Sabiduría y necedad
    b. Salomón
    c. Salomón y Ezequías
    d. Agur
    e. Lemuel
21. ECLESIASTÉS - Vanidad
    a. Experimentación
    b. Observación
    C. Consideración
    e. Lemuel
22. CANTARES - Historia de amor
23. ISAÍAS - La justicia y gracia de Dios
    a. Profecías de castigos
    b. Historia
    c. Profecías de bendiciones

24. JEREMÍAS - El pecado de Judá los lleva a la cautividad babilónica
    a. Jeremías es llamado y facultado
    b. Judá es enjuiciado; cautividad babilónica
    c. Promesa de restauración
    d. Profetiza el juicio infligido
    e. Profetiza contra los gentiles
    f. Resume la cautividad de Judá
25. LAMENTACIONES - Lamento sobre Jerusalén
    a. Aflicción de Jerusalén
    b. Destruida por el pecado
    c. El sufrimiento del profeta
    d. Desolación presente y esplendor pasado
    e. Apelación a Dios por piedad
26. EZEQUIEL - Cautividad y restauración de Israel
    a. Juicio sobre Judá y Jerusalén
    b. Juicio a las naciones gentiles
    c. Israel restaurado; gloria futura de Jerusalén
27. DANIEL - El tiempo de los gentiles
    a. Historia; Nabucodonosor, Beltsasar, Daniel
    b. Profecía
28. OSEAS - Infidelidad
    a. Infidelidad
    b. Castigo
    c. Restauración
29. JOEL - El Día del Señor
    a. Plaga de langostas
    b. Eventos del futuro Día del Señor
    c. Orden del futuro Día del Señor
30. AMÓS - Dios juzga el pecado
    a. Naciones vecinas juzgadas
    b. Israel juzgado
    c. Visiones del futuro juicio
    d. Bendiciones de los juicios pasados sobre Israel
31. ABDÍAS - Destrucción de Edom
    a. Destrucción profetizada
    b. Razones de destrucción

Continuación 31. ABDÍAS
   c. Bendición futura de Israel
   d. Bendiciones de los juicios pasados sobre Israel
32. JONÁS - Salvación a los gentiles
    a. Jonás desobedece
    b. Otros sufren las consecuencias
    c. Jonás castigado
    d. Jonás obedece; miles son salvos
    e. Jonás enojado, sin amor por las almas
33. MIQUEAS - Pecados, juicio y restauración de Israel
    a. Pecado y juicio
    B. Gracia y futura restauración
    c. Apelación y petición
34. NAHÚM - Nínive enjuiciada
    a. Dios detesta el pecado
    b. Juicio de Nínive profetizado
    c. Razones del juicio y destrucción
35. HABACUC - El justo por la fe vivirá
    a. Queja por el pecado tolerado de Judá
    b. Los caldeos los castigarán
    c. Queja contra la maldad de los caldeos
    d. El castigo prometido
    e. Oración por avivamiento; fe en Dios
36. SOFONÍAS - Invasión babilónica, prototipo del Día del Señor
    a. Juicio sobre Judá predice el Gran Día del Señor
    b. Juicio sobre Jerusalén y pueblos vecinos predice el juicio final de las naciones
    c. Israel restaurado después de los juicios
37. HAGEO - Reconstruyen el templo
    a. Negligencia
    b. Valor
    c. Separación
    d. Juicio
38. ZACARÍAS - Las dos venidas de Cristo
    a. Visión de Zacarías
    b. Betel pregunta, Jehová responde
    c. Caída y salvación
39. MALAQUÍAS - Negligencia
    a. Pecados del sacerdote
    b. Pecados del pueblo
    c. Los pocos fieles

Resumen del bosquejo de las Escrituras (continuación)

1. MATEO - Jesús el Rey
   a. La Persona del Rey
   b. La preparación del Rey
   c. La propaganda del Rey
   d. El programa del Rey
   e. La pasión del Rey
   f. El poder del Rey

2. MARCOS - Jesús el Siervo
   a. Juan introduce al Siervo
   b. Dios Padre identifica al Siervo
   c. La tentación, inicio del Siervo
   d. Obra y palabra del Siervo
   e. Muerte, sepultura, resurrección

3. LUCAS - Jesucristo el perfecto Hombre
   a. Nacimiento y familia del Hombre perfecto
   b. El Hombre perfecto probado; su pueblo de nacimiento
   c. Ministerio del Hombre perfecto
   d. Traición, juicio, y muerte del Hombre perfecto
   e. Resurrección del Hombre perfecto

4. JUAN - Jesucristo es Dios
   a. Prólogo - la encarnación
   b. Introducción
   c. Testimonio de Jesús a sus apóstoles
   d. Pasión - testimonio al mundo
   e. Epílogo

5. HECHOS - El Espíritu Santo obrando en la Iglesia
   a. El Señor Jesús obrando por el Espíritu Santo a través de los apóstoles en Jerusalén
   b. En Judea y Samaria
   c. Hasta los confines de la tierra

6. ROMANOS - La Justificación de Dios
   a. Saludos
   b. Pecado y salvación
   c. Santificación
   d. Lucha
   e. Vida llena del Espíritu Santo
   f. Seguridad de la salvación
   g. Apartarse
   h. Sacrificio y servicio
   i. Separación y despedida

7. 1 CORINTIOS - El Señorío de Cristo
   a. Saludos y agradecimiento
   b. Estado moral de los corintios
   c. Concerniente al evangelio
   d. Concerniente a las ofrendas

8. 2 CORINTIOS - El Ministerio en la Iglesia
   a. El consuelo de Dios
   b. Ofrenda para los pobres
   c. Llamamiento del apóstol Pablo

9. GÁLATAS - Justificación por la fe
   a. Introducción
   b. Lo personal - autoridad del apóstol y gloria del evangelio
   c. Lo doctrinal - justificación por la fe
   d. Lo práctico - santificación mediante el Espíritu Santo
   e. Conclusión autografiada y exhortación

10. EFESIOS - La Iglesia de Jesucristo
    a. Lo doctrinal - el llamado celestial a la Iglesia
       Un cuerpo
       Un templo
       Un misterio
    b. Lo práctico - la conducta terrenal de la Iglesia
       Un nuevo hombre
       Una novia
       Un ejército

11. FILIPENSES - Gozo de la vida cristiana
    a. Filosofía de la vida cristiana
    b. Pautas para la vida cristiana
    c. Premios para la vida cristiana
    d. Poder para la vida cristiana

12. COLOSENSES - Cristo la plenitud de Dios
    a. Lo doctrinal - En Cristo los creyentes están completos
    b. Lo práctico - La vida de Cristo derramada sobre los creyentes, y a través de ellos

13. 1 TESALONICENSES - La segunda venida de Cristo:
    a. Es una esperanza inspiradora
    b. Es una esperanza operadora
    c. Es una esperanza purificadora
    d. Es una esperanza alentadora
    e. Es una esperanza estimulante y resplandeciente

14. 2 TESALONICENSES - La segunda venida de Cristo
    a. Persecución de los creyentes ahora; el juicio futuro de los impíos (en la venida de Cristo)
    b. Programa del mundo en conexión con la venida de Cristo
    c. Asuntos prácticos asociados con la venida de Cristo

15. 1 TIMOTEO - Gobierno y orden en la iglesia local
    a. La fe de la iglesia
    b. Oración pública y el lugar de las mujeres en la iglesia
    c. Oficiales en la iglesia
    d. Apostasía en la iglesia
    e. Responsabilidades de los oficiales en la iglesia

16. 2 TIMOTEO - Lealtad en los días de apostasía
    a. Aflicciones por el evangelio
    b. Activos en servicio
    c. Apostasía venidera; autoridad de las Escrituras
    d. Alianza al Señor

17. TITO - La iglesia ideal del Nuevo Testamento
    a. La Iglesia es una organización
    b. La Iglesia debe enseñar y predicar la Palabra de Dios
    c. La Iglesia debe hacer buenas obras

18. FILEMÓN - Revelar el amor de Cristo y enseñar el amor fraternal
    a. Saludo afable a Filemón y su familia
    b. Buena reputación de Filemón
    c. Ruego humilde por Onésimo
    d. Ilustración inocente de imputación
    E. Peticiones generales

19. HEBREOS - Superioridad de Cristo
    a. Lo doctrinal - Cristo mejor que el A.T.
    b. Lo práctico - Cristo trae mejores beneficios

20. SANTIAGO - Ética del cristianismo
    a. Fe probada
    b. Control de la lengua
    c. Sobre la mundanalidad
    d. De la venida del Señor

21. 1 PEDRO - Esperanza cristiana en tiempo de persecución y prueba
    a. Sufrimiento y seguridad
    B. Sufrimiento y la Biblia
    c. Sufrimiento de Cristo
    d. Sufrimiento y la segunda venida de Cristo

22. 2 PEDRO - Advertencia contra los falsos maestros
    a. Crecimiento en la gracia cristiana da seguridad
    b. Autoridad de la Biblia
    c. Apostasía
    d. Actitud hacia el retorno de Cristo
    e. Agenda de Dios en el mundo
    f. Advertencia a los creyentes

23. 1 JUAN - La familia de Dios
    a. Dios es luz
    b. Dios es amor
    c. Dios es vida

24. 2 JUAN - Advertencia a no recibir engañadores
    a. Caminar en la verdad
    b. Amarse unos a otros
    c. No recibir engañadores
    d. Gozo en la comunión

25. 3 JUAN - Amonestación a recibir a los verdaderos creyentes
    a. Gayo, hermano en la iglesia
    b. Oposición de Diótrefes
    c. Buen testimonio de Demetrio

26. JUDAS - Contendiendo por la Fe
    a. Ocasión de la epístola
    b. Acontecimientos de apostasía
    c. Ocupación de los creyentes en los días de la apostasía

27. APOCALIPSIS - La revelación del Cristo glorificado
    a. Cristo en gloria
    b. Posesión de Jesucristo - la Iglesia en el mundo
    c. Programa de Jesucristo - la escena en el cielo
    d. Los siete sellos
    e. Las siete trompetas
    f. Personas importantes en los últimos días
    g. Las siete copas
    h. La caída de Babilonia
    i. El estado eterno

APÉNDICE 8

Desde antes hasta después del tiempo:
El plan de Dios y la historia humana
*Adaptado de Suzanne de Dietrich. **Desarrollo del Propósito de Dios**. Philadelphia: Westminster Press, 1976.*

I. Antes del tiempo (La eternidad pasada) 1 Co. 2.7
  A. El eterno Dios trino
  B. El propósito eterno de Dios
  C. El misterio de la iniquidad
  D. Los principados y potestades

II. El inicio del tiempo (La creación y caída) Gn. 1.1
  A. La Palabra creadora
  B. La humanidad
  C. La Caída
  D. El reinado de la muerte y primeras señales de la gracia

III. El despliegue de los tiempos (El plan de Dios revelado a través de Israel) Gál. 3.8
  A. La promesa (patriarcas)
  B. El ÉXODO y el pacto del Sinaí
  C. La Tierra prometida
  D. La ciudad, el templo, y el trono (profeta, sacerdote, y rey)
  E. El exilio
  F. El remanente

IV. La plenitud del tiempo (La encarnación del Mesías) Gál. 4.4-5
  A. El Rey viene a su Reino
  B. La realidad presente de su reino
  C. El secreto del Reino: Ya está aquí, pero todavía no
  D. El Rey crucificado
  E. El Señor resucitado

V. Los últimos tiempos (El derramamiento del Espíritu Santo) Hch. 2.16-18
  A. En medio de los tiempos: La Iglesia como el anticipo del Reino
  B. La Iglesia como el agente del Reino
  C. El conflicto entre el Reino de la luz y el reino de las tinieblas

VI. El cumplimiento de los tiempos (El retorno de Cristo) Mt. 13.40-43
  A. La Segunda Venida de Cristo
  B. El juicio
  C. La consumación de su Reino

VII. Después del tiempo (La eternidad futura) 1 Co. 15.24-28
  A. El Reino traspasado a Dios el Padre
  B. Dios como el todo en todo

Desde antes hasta después del tiempo
Bosquejo de las Escrituras sobre los puntos más importantes

I. Antes del tiempo (La eternidad pasada)

1 Co. 2.7 - Mas hablamos sabiduría de Dios en misterio, la sabiduría oculta, *la cual Dios predestinó antes de los siglos* para nuestra gloria (compárese con Tito 1.2).

II. El inicio del tiempo (La creación y caída)

Gn. 1.1 - *En el principio*, Dios creó los cielos y la tierra.

III. El despliegue de los tiempos (El plan de Dios revelado a través de Israel)

Gál. 3.8 - Y la Escritura, previendo que Dios había de justificar por la fe a los gentiles, *dio de antemano la buena nueva a Abraham*, diciendo: En ti serán benditas todas las naciones (compárese con Rom 9.4-5).

IV. La plenitud del tiempo (La encarnación del Mesías)

Gál. 4.4-5 - *Pero cuando vino el cumplimiento del tiempo*, Dios envió a su Hijo, nacido de mujer y nacido bajo la ley, para que redimiese a los que estaban bajo la ley, a fin de que recibiésemos la adopción de hijos.

V. Los últimos tiempos (El derramamiento del Espíritu Santo)

Hch. 2.16-18 - Mas esto es lo dicho por el profeta Joel: *Y en los postreros días*, dice Dios, derramaré de mi Espíritu sobre toda carne, y vuestros hijos y vuestras hijas profetizarán; vuestros jóvenes verán visiones, y vuestros ancianos soñarán sueños; y de cierto sobre mis siervos y sobre mis siervas en aquellos días derramaré de mi Espíritu, y profetizarán.

VI. El cumplimiento de los tiempos (La Segunda Venida de Cristo)

Mt. 13.40-43 - De manera que como se arranca la cizaña, y se quema en el fuego, *así será en el fin de este siglo*. Enviará el Hijo del Hombre a sus ángeles, y recogerán de su reino a todos los que sirven de tropiezo, y a los que hacen iniquidad, y los echarán en el horno de fuego; allí será el lloro y el crujir de dientes. Entonces los justos resplandecerán como el sol en el reino de su Padre. El que tiene oídos para oír, oiga.

VII. Después del tiempo (La eternidad futura)

1 Co. 15.24-28 - Luego el fin, cuando entregue el reino al Dios y Padre, cuando haya suprimido todo dominio, toda autoridad y potencia. Porque preciso es que él reine hasta que haya puesto a todos sus enemigos debajo de sus pies. Y el postrer enemigo que será destruido es la muerte. Porque todas las cosas las sujetó debajo de sus pies. Y cuando dice que todas las cosas han sido sujetadas a él, claramente se exceptúa aquel que sujetó a él todas las cosas. Pero luego que todas las cosas le estén sujetas, entonces también el Hijo mismo se sujetará al que le sujetó a él todas las cosas, para que Dios sea todo en todos.

APÉNDICE 9
"Hay un río"

Identificando las corrientes del auténtico re-avivamiento de la comunidad cristiana en la ciudad[1]

Rev. Dr. Don L. Davis • Salmo 46.4 - Del río sus corrientes alegran la ciudad de Dios, el santuario de las moradas del Altísimo.

Contribuyentes de la historia auténtica de la fe bíblica			
Identidad bíblica reafirmada	*Espiritualidad urbana reavivada*	*Legado histórico restaurado*	*Ministerio del Reino re-enfocado*
La Iglesia es una	La Iglesia es santa	La Iglesia es católica (universal)	La Iglesia es apostólica
Un llamado a la fidelidad bíblica reconociendo las Escrituras como la raíz y el cimiento de la visión cristiana	Un llamado a vivir como peregrinos y extranjeros como pueblo de Dios definiendo el discipulado cristiano auténtico como la membresía fiel entre el pueblo de Dios	Un llamado a nuestras raíces históricas y a la comunidad confesando la histórica identidad común y la continuidad de la auténtica fe cristiana	Un llamado a afirmar y expresar la comunión global de los santos expresando cooperación local y colaboración global con otros creyentes
Un llamado a una identidad mesiánica del Reino re-descubriendo la historia del Mesías prometido y su Reino en Jesús de Nazaret	Un llamado a la libertad, poder y plenitud del Espíritu Santo caminando en santidad, poder, dones, y libertad del Espíritu Santo en el cuerpo de Cristo	Un llamado a una afinidad de credo teniendo El Credo Niceno como la regla de fe de la ortodoxia histórica	Un llamado a la hospitalidad radical y las buenas obras demostrando la ética del Reino con obras de servicio, amor y justicia
Un llamado a la fe de los apóstoles afirmando la tradición apostólica como la base autoritaria de la esperanza cristiana	Un llamado a una vitalidad litúrgica, sacramental y doctrinal experimentando la presencia de Dios en el contexto de la adoración, ordenanzas y enseñanza	Un llamado a la autoridad eclesiástica sometiéndonos a los dotados siervos de Dios en la Iglesia como co-pastores con Cristo en la fe verdadera	Un llamado al testimonio profético y completo proclamando a Cristo y su Reino en palabra y hechos a nuestros vecinos y toda gente

[1] Este esquema es una adaptación y está basada en la introspección de la declaración **El Llamado a Chicago** en mayo de 1977, donde varios líderes académicos evangélicos y pastores se reunieron para discutir la relación entre el evangelicalismo moderno y la fe del cristianismo histórico.

APÉNDICE 10

Esquema para una teología del Reino y la Iglesia

Instituto Ministerial Urbano

El reinado del único, verdadero, soberano, y trino Dios, el SEÑOR Dios, YHWH (Jehová), Dios Padre, Hijo y Espíritu Santo

El Padre	El Hijo	El Espíritu
Amor - 1 Juan 4.8 Creador del cielo y la tierra y todas las cosas visibles e invisibles	Fe - Heb. 12.2 Profeta, Sacerdote, y Rey	Esperanza - Rom. 15.13 Señor de la Iglesia
Creación Todo lo que existe a través de la acción creadora de Dios.	**Reino** El reino de Dios expresado en el gobierno del Mesías, su Hijo Jesús.	**Iglesia** La comunidad santa y apostólica que sirve como testigo (Hech. 28.31) y anticipo (Col. 1.12; Sant. 1.18; 1 Ped. 2.9; Apoc. 1.6) del reino de Dios.
Rom. 8.18-21 → El eterno Dios, soberano en poder, infinito en sabiduría, perfecto en santidad y amor incondicional, es la fuente y fin de todas las cosas.	**Libertad** (Esclavitud) Jesús les respondió: De cierto, de cierto os digo, que todo aquel que hace pecado, esclavo es del pecado. Y el esclavo no queda en la casa para siempre; el hijo sí queda para siempre. Así que, si el Hijo os libertare, seréis verdaderamente libres. - Juan 8.34-36	*La Iglesia es una comunidad apostólica donde la Palabra es predicada correctamente, por consiguiente es una comunidad de:* **Llamado** - Estad, pues, firmes en la libertad con que Cristo nos hizo libres, y no estéis otra vez sujetos al yugo de esclavitud. - Gál. 5.1 (comparar con Rom. 8.28-30; 1 Cor. 1.26-31; Ef. 1.18; 2 Tes. 2.13-14; Jud. 1.1) **Fe** - «Porque si no creéis que yo soy, en vuestros pecados moriréis»... Dijo entonces Jesús a los judíos que habían creído en él: Si vosotros permaneciereis en mi palabra, seréis verdaderamente mis discípulos; y conoceréis la verdad, y la verdad os hará libres. - Juan 8.24b, 31-32 (comparar con Sal. 119.45; Rom. 1.17; 5.1-2; Ef. 2.8-9; 2 Tim. 1.13-14; Hech. 2.14-15; Sant. 1.25) **Testimonio** - El Espíritu del Señor está sobre mí, por cuanto me ha ungido para dar buenas nuevas a los pobres; me ha enviado a sanar a los quebrantados de corazón; a pregonar libertad a los cautivos, y vista a los ciegos; a poner en libertad a los oprimidos; a predicar el año agradable del Señor. - Luc. 4.18-19 (Ver Lev. 25.10; Prov. 31.8; Mat. 4.17; 28.18-20; Mar. 13.10; Hech. 1.8; 8.4, 12; 13.1-3; 25.20; 28.30-31)
Apoc. 21.1-5 → ¡Oh profundidad de las riquezas de la sabiduría y de la ciencia de Dios! ¡Cuán insondables son sus juicios, e inescrutables sus caminos! Porque ¿quién entendió la mente del Señor? ¿O quién fue su consejero? ¿O quién le dio a él primero, para que le fuese recompensado? Porque de él, y por él, y para él, son todas las cosas. A él sea la gloria por los siglos. Amén. - Rom. 11.33-36 (comparar con 1 Cor. 15.23-28).	**Entereza (física y emocional)** (Enfermedad) Mas él herido fue por nuestras rebeliones, molido por nuestros pecados; el castigo de nuestra paz fue sobre él, y por su llaga fuimos nosotros curados. - Isa. 53.5	*La Iglesia es la comunidad donde las ordenanzas son administradas correctamente, por lo tanto es una comunidad de:* **Adoración** - Mas a Jehová vuestro Dios serviréis, y él bendecirá tu pan y tus aguas; y yo quitaré toda enfermedad de en medio de ti. - Ex. 23.25 (comparar con Sal. 147.1-3; Hech. 12.28, Col. 3.16; Apoc. 15.3-4; 19.5) **Pacto** - Y nos atestigua lo mismo el Espíritu Santo; porque después de haber dicho: Este es el pacto que haré con ellos después de aquellos días, dice el Señor: Pondré mis leyes en sus corazones, y en sus mentes las escribiré, añade: Y nunca más me acordaré de sus pecados y transgresiones. - Hech. 10.15-17 (comparar con Isa. 54.10-17; Ezeq. 34.25-31; 37.26-27; Mal. 2.4-5; Luc. 22.20; 2 Cor. 3.6; Col. 3.15; Heb. 8.7-13; 12.22-24, 13.20-21) **Presencia** - En quien vosotros también sois juntamente edificados para morada de Dios en el Espíritu. - Ef. 2.22 (comparar con Ex. 40.34-38; Ezeq. 48.35; Mat. 18.18-20)
Isa. 11.6-9 → Morará el lobo con el cordero, y el leopardo con el cabrito se acostará; el becerro y el león y la bestia doméstica andarán juntos, y un niño los pastoreará. La vaca y la osa pacerán, sus crías se echarán juntas; y el león como el buey comerá paja. Y el niño de pecho jugará sobre la cueva del áspid, y el recién destetado extenderá su mano sobre la caverna de la víbora. No harán mal ni dañarán en todo mi santo monte; porque la tierra será llena del conocimiento de Jehová, como las aguas cubren el mar.	**Justicia** (Egoísmo) He aquí mi siervo, a quien he escogido, mi Amado, en quien se agrada mi alma; pondré mi Espíritu sobre él, y a los gentiles anunciará juicio. No contenderá, ni voceará, ni nadie oirá en las calles su voz. La caña cascada no quebrará, y el pábilo que humea no apagará, hasta que saque a victoria el juicio. - Mat. 12.18-20	*La Iglesia es una comunidad santa donde la disciplina es aplicada, por lo tanto es una comunidad de:* **Reconciliación** - Porque él es nuestra paz, que de ambos pueblos hizo uno, derribando la pared intermedia de separación, aboliendo en su carne las enemistades, la ley de los mandamientos expresados en ordenanzas, para crear en sí mismo de los dos un solo y nuevo hombre, haciendo la paz, y mediante la cruz reconciliar con Dios a ambos en un solo cuerpo, matando en ella las enemistades. Y vino y anunció las buenas nuevas de paz a vosotros que estabais lejos, y a los que estaban cerca; porque por medio de él los unos y los otros tenemos entrada por un mismo Espíritu al Padre. - Ef. 2.14-18 (comparar con Ex. 23.4-9; Lev. 19.34; Deut. 10.18-19; Ezeq. 22.29; Miq. 6.8; 2 Cor. 5.16-21) **Padecimientos** - Puesto que Cristo ha padecido por nosotros en la carne, vosotros también armaos del mismo pensamiento; pues quien ha padecido en la carne, terminó con el pecado, para no vivir el tiempo que resta en la carne, conforme a las concupiscencias de los hombres, sino conforme a la voluntad de Dios. - 1 Ped. 4.1-2 (comparar con Luc. 6.22; 10.3; Rom. 8.17; 2 Tim. 2.3; 3.12; 1 Ped. 2.20-24; Heb. 5.8; 13.11-14) **Servicio** - Entonces Jesús, llamándolos, dijo: Sabéis que los gobernantes de las naciones se enseñorean de ellas, y los que son grandes ejercen sobre ellas potestad. Mas entre vosotros no será así, sino que el que quiera hacerse grande entre vosotros será vuestro servidor, y el que quiera ser el primero entre vosotros será vuestro siervo. - Mat. 20.25-27 (comparar con 1 Juan 4.16-18; Gál. 2.10)

APÉNDICE 11
Viviendo en el Reino del YA y EL TODAVÍA NO
Rev. Dr. Don L. Davis

El Espíritu: La promesa de la herencia (***arrabón***)
La Iglesia: El anticipo (***aparqué***) del Reino
"En Cristo": La vida rica (***en Cristós***) que compartimos como ciudadanos del Reino

La Segunda Venida

Manifestaciones en el AT del Reino de Dios

El siglo venidero

La Encarnación: La inauguración del Reino en Jesús de Nazaret

Viviendo en ***El Ya*** *y el* ***Todavía No*** *del Reino* (El Escaton)

La eternidad con Dios y Cristo en los días interminables del Reino

La era presente

Enemigo interno: La carne (*sarx*) y la naturaleza del pecado
Enemigo externo: El mundo (*kósmos*), los sistemas de avaricia, lujuria, y el orgullo
Enemigo infernal: El diablo (*kakós*), el espíritu incitador de la mentira y el miedo

Interpretación Judía del tiempo

La era presente — La era venidera

La venida del Mesías
La restauración de Israel
El fin de la opresión gentil
El retorno de la tierra a la gloria edénica
Conocimiento universal del Señor

APÉNDICE 12
Jesús de Nazaret: La presencia del futuro
Rev. Dr. Don L. Davis

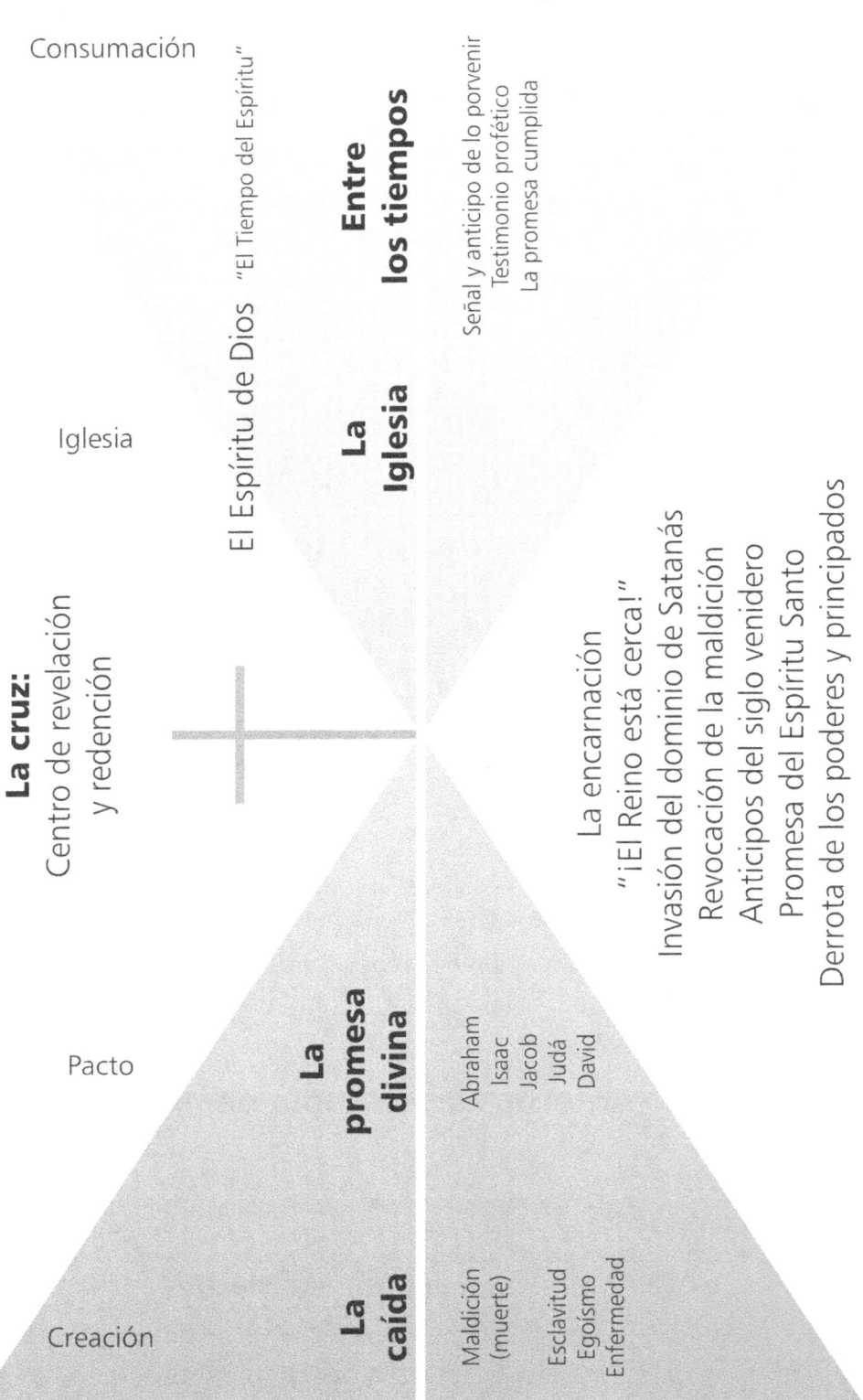

APÉNDICE 13

Tradiciones
(Gr. Paradosis)

Dr. Don L. Davis y Rev. Terry G. Cornett

Definición de la concordancia Strong

Paradosis. Transmisión de un precepto; específicamente, la ley tradicional judía. Se refiere a una ordenanza o tradición.

Explicación del diccionario Vine

Denota "una tradición", y he allí, por atributo específico de palabras, (a) "las enseñanzas de los rabinos", . . . (b) "enseñanza apostólica", . . . de las instrucciones concernientes a la asamblea de creyentes, de la doctrina cristiana en general . . . de las instrucciones concernientes a la conducta diaria.

1. **El concepto de la tradición en la Escritura es esencialmente positivo.**

   Jer. 6.16 (LBLA) - Así dice el SEÑOR: Paraos en los caminos y mirad, y preguntad por los senderos antiguos cuál es el buen camino, y andad por él; y hallaréis descanso para vuestras almas. Pero dijeron: "No andaremos en él" (compare con Éxo. 3.15; Jer. 2.17; 1 Rey. 8.57-58; Sal. 78.1-6).

   2 Cr. 35.25 - Y Jeremías endechó en memoria de Josías. Todos los cantores y cantoras recitan esas lamentaciones sobre Josías hasta hoy; y las tomaron por norma para endechar en Israel, las cuales están escritas en el libro de Lamentaciones (compare con Gén. 32.32; Jer. 11.38-40).

   Jer. 35.14-19 (LBLA) - Las palabras de Jonadab, Hijo de Recab, que mandó a sus hijos de no beber vino, son guardadas. Por eso no beben vino hasta hoy, porque han obedecido el mandato de su padre. Pero yo os he hablado repetidas veces, con todo no me habéis escuchado. También os he enviado a todos mis siervos los profetas, enviándolos repetidas veces, a deciros: "Volveos ahora cada uno de vuestro mal camino, enmendad vuestras obras y no vayáis tras otros dioses para adorárlos, y habitaréis en la tierra que os he dado, a vosotros y a vuestros padres; pero no inclinasteis vuestro oído, ni me escuchasteis. Ciertamente los hijos de Jonadab, Hijo de Recab, han guardado el mandato que su padre les ordenó, pero este pueblo no me ha escuchado". Por tanto así dice el SEÑOR, Dios de los

Tradiciones (continuación)

ejércitos, el Dios de Israel: "He aquí, traigo sobre Judá y sobre todos los habitantes de Jerusalén toda la calamidad que he pronunciado contra ellos, porque les hablé, pero no escucharon, y los llamé, pero no respondieron". Entonces Jeremías dijo a la casa de los recabitas: Así dice el SEÑOR de los ejércitos, el Dios de Israel: "Por cuanto habéis obedecido el mandato de vuestro padre Jonadab, guardando todos sus mandatos y haciendo conforme a todo lo que él os ordenó, por tanto, así dice el SEÑOR de los ejércitos, el Dios de Israel: 'A Jonadab, Hijo de Recab, no le faltará hombre que esté delante de mí todos los días'".

2. **La tradición santa es maravillosa; pero no toda tradición es santa.**

Cualquier tradición debe ser juzgada individualmente por su fidelidad a la Palabra de Dios y su eficacia en ayudarnos a mantener la obediencia al ejemplo de Cristo y sus enseñanzas.[1] En los Evangelios, Jesús frecuentemente reprendía a los fariseos por establecer tradiciones que anulaban, en lugar de afirmar, los mandamientos de Dios.

- Mc. 7.8 - Porque dejando el mandamiento de Dios, os aferráis a la tradición de los hombres (compare con Mt. 15.2-6; Mc. 7.13).

- Col. 2.8 - Mirad que nadie os engañe por medio de filosofías y huecas sutilezas, según las tradiciones de los hombres, conforme a los rudimentos del mundo, y no según Cristo.

3. **Sin la plenitud del Espíritu Santo y la constante edificación, que nos es provista por la Palabra de Dios, la tradición inevitablemente nos llevará al formalismo muerto.**

Todos los que somos espirituales, de igual manera, debemos ser llenos del Espíritu Santo: Del poder y guía del único que provee a toda congregación e individuo un sentido de libertad y vitalidad en todo lo que practicamos y creemos. Sin embargo, cuando las prácticas y enseñanzas de una tradición dejan de ser inyectadas por el poder del Espíritu Santo y la Palabra de Dios, la tradición pierde su efectividad; y podría llegar a ser contraproducente a nuestro discipulado en Jesucristo.

- Ef. 5.18 - No os embriaguéis con vino, en lo cual hay disolución; antes bien sed llenos del Espíritu.

---

[1] *"Todo Protestante insiste que estas tradiciones tienen que ser siempre probadas por las Escrituras y que nunca pueden poseer una autoridad apostólica independiente sobre o a la par de la Escritura"* (J. Van Engen, Tradition, **Evangelical Dictionary of Theology**, Walter Elwell, Gen. ed.). Nosotros añadimos que la Escritura es la misma *"tradición autoritativa"* por la que todas las demás tradiciones son evaluadas. Ver la 4ª pág. de este apéndice: *"Apéndice A, Los fundadores de la tradición: Tres niveles de autoridad cristiana"*.

Tradiciones (continuación)

> Gál. 5.22-25 - Mas el fruto del Espíritu es amor, gozo, paz, paciencia, benignidad, bondad, fe, mansedumbre, templanza; contra tales cosas no hay ley. Pero los que son de Cristo han crucificado la carne con sus pasiones y deseos. Si vivimos por el Espíritu, andemos también por el Espíritu.

> 2 Co. 3.5-6 (NVI) - No es que nos consideremos competentes en nosotros mismos. Nuestra capacidad viene de Dios. Él nos ha capacitado para ser servidores de un nuevo pacto, no el de la letra sino el del Espíritu; porque la letra mata, pero el Espíritu da vida.

4. **La fidelidad a la tradición apostólica (enseñando y modelando) es la esencia de la madurez cristiana.**

    > 2 Ti. 2.2 - Lo que has oído de mí ante muchos testigos, esto encarga a hombres fieles que sean idóneos para enseñar también a otros.

    > 1 Co. 11.1-2 (LBLA) - Sed imitadores de mí, como también yo lo soy de Cristo. Os alabo porque en todo os acordáis de mí y guardáis las tradiciones con firmeza, tal como yo os las entregué (compare con 1 Co. 4.16-17, 2 Ti. 1.13-14, 2 Te. 3.7-9, Fil. 4.9).

    > 1 Co. 15.3-8 (LBLA) - Porque yo os entregué en primer lugar lo mismo que recibí: que Cristo murió por nuestros pecados, conforme a las Escrituras; que fue sepultado y que resucitó al tercer día, conforme a las Escrituras; que se apareció a Cefas y después a los doce; luego se apareció a más de quinientos hermanos a la vez, la mayoría de los cuales viven aún, pero algunos ya duermen; después se apareció a Jacobo, luego a todos los apóstoles, y al último de todos, como a uno nacido fuera de tiempo, se me apareció también a mí.

5. **El apóstol Pablo a menudo incluye una apelación a la tradición como apoyo de las prácticas doctrinales.**

    > 1 Co. 11.16 - Con todo eso, si alguno quiere ser contencioso, nosotros no tenemos tal costumbre, ni las iglesias de Dios (compare con 1 Co. 1.2, 7.17, 15.3).

Tradiciones (continuación)

> 1 Co. 14.33-34 (LBLA) - Porque Dios no es Dios de confusión, sino de paz, como en todas las iglesias de los santos. Las mujeres guarden silencio en las iglesias, porque no les es permitido hablar, antes bien, que se sujeten como dice también la ley.

6. **Cuando una congregación usa la tradición recibida para mantenerse fiel a la "Palabra de Dios", es felicitada por los apóstoles.**

   > 1 Co. 11.2 (LBLA) - Os alabo porque en todo os acordáis de mí y guardáis las tradiciones con firmeza, tal como yo os las entregué.

   > 2 Ts. 2.15 - Así que, hermanos, estad firmes, y retened la doctrina que habéis aprendido, sea por palabra, o por carta nuestra.

   > 2 Ts. 3.6 (BLS) - Hermanos míos, con la autoridad que nuestro Señor Jesucristo nos da, les ordenamos que se alejen de cualquier miembro de la iglesia que no quiera trabajar ni viva de acuerdo con la enseñanza que les dimos.

Apéndice A

Los fundadores de la tradición: Tres niveles de autoridad cristiana

Éxo. 3.15 - Además dijo Dios a Moisés: Así dirás a los hijos de Israel: Jehová, el Dios de vuestros padres, el Dios de Abraham, Dios de Isaac y Dios de Jacob, me ha enviado a vosotros. Este es mi nombre para siempre; con él se me recordará por todos los siglos.

1. **La Tradición Autoritativa: Los apóstoles y los profetas (las Santas Escrituras)**

   > Ef. 2.19-21 - *Así que ya no sois extranjeros ni advenedizos, sino conciudadanos de los santos, y miembros de la familia de Dios, edificados sobre el fundamento de los apóstoles y profetas, siendo la principal piedra del ángulo Jesucristo mismo, en quien todo el edificio, bien coordinado, va creciendo para ser un templo santo en el Señor.*
   >
   > ~ El Apóstol Pablo

Jehová: Se relaciona con el verbo "hayah", que significa "ser". Su pronunciación suena similar a la forma verbal de Ex. 3.14, donde se traduce como "Yo soy". Jehová es la transcripción de las consonantes hebreas de YHWH. En inglés, se está usando la forma poética YAHWEH. Algunas traducciones hispanas han adoptado "Yavéh", otras usan SEÑOR. Los judíos remplazan YHWH con Adonai ya que la consideran muy santa para ser emitida.

Tradiciones (continuación)

El testimonio ocular de la revelación y hechos salvadores de Jehová, primero en Israel, y finalmente en Jesucristo el Mesías, une a toda persona, en todo tiempo, y en todo lugar. Es la tradición autoritativa por la que toda tradición posterior es juzgada.

2. La Gran Tradición: Los concilios colectivos y sus credos[2]

Lo que ha sido creído en todo lugar, siempre y por todos.

~ Vicente de Lérins

[2] *Ver más adelante el Apéndice B: "Definiendo la Gran Tradición"*

"La Gran Tradición" es la doctrina central (el dogma) de la Iglesia. Representa la enseñanza de la Iglesia, tal como la ha entendido la Tradición Autoritativa (las Santas Escrituras), y resume aquellas verdades esenciales que los cristianos de todos los siglos han confesado y creído. La Iglesia (Católica, Ortodoxa, y Protestante)[3] se une a estas proclamaciones doctrinales. La adoración y teología de la Iglesia reflejan este dogma central, el cual encuentra su conclusión y cumplimiento en la persona y obra del Señor Jesucristo. Desde los primeros siglos, los cristianos hemos expresado esta devoción a Dios en el calendario de la Iglesia; un patrón anual de adoración que resume y da un nuevo reconocimiento a los eventos en la vida de Cristo.

3. En tradiciones eclesiásticas específicas: Los fundadores de denominaciones y órdenes religiosas

La Iglesia Presbiteriana (U.S.A.) tiene aproximadamente 2.5 millones de miembros, 11.200 congregaciones y 21.000 ministros ordenados. Los presbiterianos trazan su historia desde el siglo XVI y la Reforma Protestante. Nuestra herencia, y mucho de lo que creemos, se inició con el Abogado francés Juan Calvino (1509-1564), quien cristalizó en sus escritos mucho del pensamiento reformado que se había iniciado antes de él.

~ La Iglesia Presbiteriana, U.S.A.

[3] *Aun los Protestantes más radicales de la reforma (los anabaptistas) quienes fueron los más renuentes en abrazar los credos como instrumentos dogmáticos de fe, no estuvieron en desacuerdo con el contenido esencial que se hallaban en los mismos. "Ellos asumieron el Credo Apostólico–lo llamaban 'La Fe,' Der Glaube, tal como lo hizo la mayoría de gente". Lee John Howard Yoder,* **Preface to Theology: Christology and Theological Method.** *Grand Rapids: Brazos Press, 2002. Pág. 222-223.*

Los cristianos han expresado su fe en Jesucristo a través de movimientos y tradiciones que elijen y expresan la Tradición Autoritativa y la Gran Tradición de manera única. Por ejemplo, los movimientos católicos hicieron surgir personajes como Benedicto,

Tradiciones (continuación)

Francisco, o Dominico; y los protestantes hicieron surgir personajes como Martín Lutero, Juan Calvino, Ulrich Zwingli, y Juan Wesley. Algunas mujeres fundaron movimientos vitales de la fe cristiana (por ejemplo, Aimee Semple McPherson de la Iglesia Cuadrangular); también algunas minorías (por ejemplo, Richard Allen de la Iglesia Metodista Episcopal; o Carlos H. Mason de la Iglesia de Dios en Cristo, quien ayudó al crecimiento de las Asambleas de Dios); todos ellos intentaron expresar la Tradición Autoritativa y la Gran Tradición de manera consistente, de acuerdo a su tiempo y expresión.

La aparición de movimientos vitales y dinámicos de fe, en diferentes épocas, entre diferentes personas, revela la nueva obra del Espíritu Santo a través de la historia. Por esta razón, dentro del catolicismo se han levantado nuevas comunidades como los benedictinos, franciscanos, y dominicanos; y fuera del catolicismo, han nacido denominaciones nuevas (luteranos, presbiterianos, metodistas, Iglesia de Dios en Cristo, etc.). Cada una de estas tradiciones específicas tiene "fundadores", líderes claves, de quienes su energía y visión ayudan a establecer expresiones y prácticas de la fe cristiana. Por supuesto, para ser legítimos, estos movimientos tienen que agregarse fielmente a la Tradición Autoritativa y a la Gran Tradición, y expresar su significado. Los miembros de estas tradiciones específicas, abrazan sus propias prácticas y patrones de espiritualidad; pero estas características, no necesariamente dirigen a la Iglesia en su totalidad. Ellas representan las expresiones singulares del entendimiento y la fidelidad de esa comunidad a las Grandes y Autoritativas Tradiciones.

Ciertas tradiciones buscan expresar y vivir fielmente la Gran y Autoritativa Tradición a través de su adoración, enseñanza, y servicio. Buscan comunicar el evangelio claramente, en nuevas culturas y sub-culturas, hablando y modelando la esperanza de Cristo en medio de situaciones nacidas de sus propias preguntas, a la luz de sus propias circunstancias. Estos movimientos, por lo tanto, buscan contextualizar la Tradición Autoritativa, de manera que conduzcan en forma fiel y efectiva a nuevos grupos de personas a la fe en Jesucristo; de esta manera, incorporan a los creyentes a la comunidad de la fe, la cual obedece sus enseñanzas y da testimonio de Dios a otros.

Tradiciones (continuación)

Apéndice B

Definiendo la "Gran Tradición"

La Gran Tradición (algunas veces llamada "Tradición Clásica Cristiana") es definida por Robert E. Webber de la siguiente manera:

> [Es] el bosquejo amplio de las creencias y prácticas cristianas desarrolladas a través de las Escrituras, entre el tiempo de Cristo y mediados del siglo quinto.
>
> ~ Webber. **The Majestic Tapestry**.
> Nashville: Thomas Nelson Publishers, 1986. Pág. 10.

Esta tradición es afirmada ampliamente por teólogos protestantes clásicos y modernos.

> *Por esta razón, los concilios de Nicea,[4] Constantinopla,[5] el primero de Efeso,[6] Calcedonia,[7] y similares (los cuales fueron convocados para refutar errores), nosotros voluntariamente los adoptamos, y reverenciamos como sagrados, en cuanto a su relación a doctrinas de fe, porque lo único que contienen es interpretación pura y genuina de la Escritura, la cual, los Padres de la fe, con prudencia espiritual, adoptaron para destrozar a los enemigos de la religión [pura] que se habían levantado en esos tiempos.*
>
> ~ Juan Calvino. **Institutes**. IV, ix. 8.

> *. . . la mayoría de lo valioso que ha prevalecido en la exégesis bíblica contemporánea, fue descubierto antes de terminarse el siglo quinto.*
>
> ~ Thomas C. Oden. **The Word of Life**.
> San Francisco: Harper, SanFrancisco, 1989. Pág. xi

> *Los primeros cuatro Concilios son los más importantes, pues establecieron la fe ortodoxa sobre la trinidad y la encarnación de Cristo.*
>
> ~ Philip Schaff. **The Creeds of Christendom**. Vol. 1.
> Grand Rapids: Baker Book House, 1996. Pág. 44.

Nuestra referencia a los concilios colectivos y los credos, por lo tanto, se enfoca en esos cuatro Concilios, los cuales retienen un amplio acuerdo de la Iglesia Católica, Ortodoxa, y Protestante. Mientras que los Católicos y Ortodoxos comparten un acuerdo común de los primeros siete concilios, los Protestantes usamos las afirmaciones solamente de los primeros cuatro; por esta razón, los concilios adoptados por toda la Iglesia fueron completados con el Concilio de Calcedonia en el año 451 D.C.

---

[4] *Nicea, antigua ciudad de Asia Menor, frente al lago Ascanius, la actual Iznik. Fue sede del primer concilio colectivo (año 325).*

[5] *Constantinopla, capital del imperio bizantino (actual Estambul) donde Teodosio I reunió el segundo concilio en mayo, 381, para finalizar y confirmar El Credo Niceno.*

[6] *Efeso, en el oeste de Asia Menor, donde se convocó el tercer concilio ecuménico en el año 431.*

[7] *Calcedonia, antigua ciudad de Asia Menor (Bitinia) donde en el año 451 se celebró el cuarto concilio*

Tradiciones (continuación)

Vale notar que cada uno de estos concilios ecuménicos, se llevaron a cabo en un contexto cultural pre-europeo y ni uno se llevó a cabo en Europa. Fueron concilios de la Iglesia en su totalidad, y reflejan una época en la que el cristianismo era practicado mayormente y geográficamente por los del Este. Catalogados en esta era moderna, los participantes eran africanos, asiáticos y europeos. Estos concilios reflejaron una iglesia que "... tenía raíces culturales muy distintas de las europeas y precedieron al desarrollo de la identidad europea moderna, siendo [de tales raíces] algunos de sus genios más ilustres africanos". (Oden, *The Living God*, San Francisco: Harper San Francisco, 1987, pág. 9).

Quizás el logro más importante de los concilios, fue la creación de lo que es comúnmente conocido como El Credo Niceno. Sirve como una declaración sinóptica de la fe cristiana acordada por católicos, ortodoxos y cristianos protestantes.

Los primeros cuatro concilios ecuménicos, están recapitulados en el siguiente diagrama:

Nombre/Fecha/Localidad	Propósito	
Primer Concilio Ecuménico 325 D.C. Nicea, Asia Menor	Defendiendo en contra de:	*El Arrianismo*
	Pregunta contestada:	*¿Jesús era Dios?*
	Acción:	*La forma inicial del Credo Niceno fue desarrollada, y consecuentemente, sirvió cómo resumen de la fe cristiana.*
Segundo Concilio Ecuménico 381 D.C. Constantinopla, Asia Menor	Defendiendo en contra de:	*El Macedonianismo*
	Pregunta contestada:	*¿Es el Espíritu Santo una parte personal e igual a la Deidad?*
	Acción:	*El Credo Niceno fue finalizado, al ampliarse el artículo que trata con el Espíritu Santo.*
Tercer Concilio Ecuménico 431 D.C. Éfeso, Asia Menor	Defendiendo en contra de:	*El Nestorianismo*
	Pregunta contestada:	*¿Es Jesucristo tanto Dios como hombre en una misma persona?*
	Acción:	*Definió a Cristo como la Palabra de Dios encarnada, y afirmó a su madre María como **theotokos** (portadora de Dios).*
Cuarto Concilio Ecuménico 451 D.C. Calcedonia, Asia Menor	Defendiendo en contra de:	*El Monofisismo*
	Pregunta contestada:	*¿Cómo puede Jesús ser a la vez, Dios y hombre?*
	Acción:	*Explicó la relación entre las dos naturalezas de Jesús (humano y Divino).*

APÉNDICE 14
Desde la ignorancia hasta el testimonio creíble
Rev. Dr. Don L. Davis

Testimonio - Habilidad para testificar y enseñar 2. Ti. 2.2 Mt. 28.18-20 1 Jn. 1.1-4 *Lo que has oído de mí ante muchos testigos, esto encarga a hombres fieles* Pr. 20.6 *que sean idóneos para enseñar también a otros. - 2 Ti. 2.2* 2 Co. 5.18-21	8
Estilo de vida - Apropiación consistente y práctica habitual, basadas en valores propios Heb. 5.11-6.2 Ef. 4.11-16 *Y Jesús crecía en sabiduría y en estatura, y en gracia para con Dios y los* 2 Pe. 3.18 *hombres. - Lc. 2.52* 1 Ti. 4.7-10	7
Demostración - Expresar convicción en conducta, palabras y acciones correspondientes Stg. 2.14-26 2 Co. 4.13 *Mas en tu palabra echaré la red. - Lc. 5.5* 2 Pe. 1.5-9 1 Ts. 1.3-10	6
Convicción - Comprometerse a pensar, hablar y actuar a la luz de la información Heb. 2.3-4 Heb. 11.1, 6 *¿Crees esto? - Jn. 11.26* Heb. 3.15-19 Heb. 4.2-6	5
Discernimiento - Comprender el significado e implicación de la información Jn. 16.13 Ef. 1.15-18 Col. 1.9-10 *Pero ¿entiendes lo que lees? - Hch. 8.30* Is. 6.10; 29.10	4
Conocimiento - Tener habilidad creciente para recordar y recitar información 2 Ti. 3.16-17 1 Co. 2.9-16 *Porque ¿qué dice la Escritura? - Ro. 4.3* 1 Jn. 2.20-27 Jn. 14.26	3
Interés - Responder a ideas o información con curiosidad sensibilidad y franqueza Sal. 42.1-2 Hch. 9.4-5 Jn. 12.21 *Ya te oiremos acerca de esto otra vez. - Hch. 17.32* 1 Sam. 3.4-10	2
Conciencia - Ser expuesto de forma general a ideas e información Mar. 7.6-8 *En aquel tiempo Herodes el tetrarca oyó la fama de Jesús. - Mt. 14.1* Hch. 19.1-7 Jn. 5.39-40 Mt. 7.21-23	1
Ignorancia - Comportarse con ingenuidad Efe. 4.17-19 Sal. 2.1-3 *¿Quién es el SEÑOR para que yo escuche su voz y deje ir a Israel? - Ex.* Rom. 1.21; 2.19 *5.2 (LBLA)* 1 Jn. 2.11	0

APÉNDICE 15
La senda de la sabiduría
Rev. Dr. Don L. Davis

La senda de la sabiduría {Proverbios 2.1-9; 8.1-9; 9.1-6; 1.7; 8.13}

Sembrando y cosechando {Gá. 6.7-8}

Sembrarás
Cosecharás lo que siembras
Cosecharás más de lo que sembraste
Cosecharás en proporción a lo que siembras
Cosecharás las cosas que siembras
Cosecharás en una época distinta a la que siembras
Tú determinas lo que siembras
Tu siembra puede ser diferente a la del último año
Cosechas más si cultivas y fertilizas
Tu siembra puede afectar lo que otros también cosechan

Lo que piensas
Cómo te vistes
Cómo hablas
Con quién te juntas
Lo que escuchas y miras
Lo que lees
Dónde vas
Cómo tomas decisiones
Tus metas
Lo que te resulta importante

La meta

Ser como Jesús
1 Co. 11.2
Ro. 8.29
Fil. 3.8-12

Amar a Dios con todo nuestro corazón
Dt. 6.4-6
Mt. 22.34-40

Amar al prójimo como a nosotros mismos
Lv. 19.18
Mt. 7.12

La senda de la vida {Proverbios 1.7-8; 4.13; 8.10; 9.9; 10.17; 13.18; 15.32-33; 23.23}

La senda estrecha {Mt. 7.13-14}

Is. 26.1-9

Doctrina (la forma)
2 Timoteo 3.16-17; Juan 8.31-32; 1 Juan 4.6

Reprender (la forma de)
Proverbios 9.9; 11.14; 12.15; 15.22; 19.20; 20.18; 24.6; 13.10; 15.10

Instrucción en justicia (en la senda)
Sal. 3.3; 48.14; Is. 42.16; Sal.125.4-5; 25.5; 27.11

Corrección (la senda de retorno)
Proverbios 13.1; 19.20; He. 5.8; Mt. 26.39; Sal. 31.3; 119.35; 143.10; Pr. 6.20-23; Jer. 42.1.3

La senda que conduce a la muerte
Pr. 14.12; 16.25; 1.24-33; 2.10-22; 15.9; 15.19, 24, 29; 13.15; Job 15.20; Sal. 107.17; Ro. 2.9

APÉNDICE 16
Diagrama de estudios bíblicos
Rev. Dr. Don L. Davis

Tipo de crítica	La tarea en el estudio bíblico	Qué estudia	La Biblia se ve como	Nivel de la prueba	Fortalezas	Debilidades	Nivel de crítica
Crítica de forma	Se remonta a las tradiciones orales e historias más tempranas asociadas con los textos	Tradiciones orales del pueblo de Dios, juntamente con la Iglesia primitiva	Producto de la tradición humana	Bajo	Sentido de desarrollo del origen de la Biblia	Muy especulativo	Más alto
Crítica de fuente	Descubre las fuentes usadas en la creación de los libros	Compara textos en varios libros para ver similitudes y contradicciones	Producto de la ingenuidad humana	Bajo	Habilidad para identificar fuentes clave	No hay forma de probar sus demandas	Más alto
Crítica lingüística	Estudia los idiomas antiguos, sus palabras y gramática	Estudia el hebreo antiguo, el griego Koiné y el arameo	Producto de la cultura humana	Medio	Profundiza en el significado del idioma antiguo	Está muy lejos del idioma	Más alto
Crítica textual	Compara los varios manuscritos para encontrar la mejor lectura	Se enfoca en los diferentes manuscritos y sus familias de textos	Producto de investigación textual	Alto	Multitud de manuscritos confiables disponibles	Un número demasiado extenso	Más bajo
Crítica literaria	Determina el autor, estilo, recipiente y género	Diferentes tipos de literatura y trasfondo de libros	Producto del genio literario	Alto	Descubre qué tipos de literatura significan	Se tiende a leer demasiado	Más bajo

Diagrama de estudios bíblicos (continuación)

Tipo de crítica	La tarea en el estudio bíblico	Qué estudia	La Biblia se ve como	Nivel de la prueba	Fortalezas	Debilidades	Nivel de crítica
Crítica canónica	Analiza la aceptación de la Iglesia, la revisión y el uso del texto	Historia de la Biblia en el antiguo Israel y la Iglesia primitiva (concilios, convenciones)	Producto de la comunidad religiosa	Alto	Toma en cuenta la opinión de la comunidad seriamente	Tiende a hacer de la Biblia meramente un grupo de libros	Más alto
Crítica de redacción	Se enfoca en la teología de la persona que la escribió	Estudio intenso de los libros individuales para entender el significado del tema del autor y punto de vista	Producto de la personalidad creativa	Medio	Profundo análisis de una colección completa de los escritos de un autor	No correlaciona la Biblia con otros libros	Más alto
Crítica histórica	Investiga la ubicación histórica, cultural y de trasfondo	Investiga las culturas antiguas, sus costumbres e historia	Producto de fuerzas históricas	Medio	Firmeza en los asuntos históricos del texto	Está muy separado de la historia	Más alto
Estudios de traducción	Provee una traducción clara y leíble basada en los mejores manuscritos	Entiende el lenguage de la cultura recipiente con los significados del texto para la mejor traducción	Producto de interpretación dinámica	Medio	Persigue una versión de la Biblia en la lengua y pensamiento del mundo del lector	Refleja nuestras propias opiniones sobre el significado del texto	Más bajo

APÉNDICE 17
Teorías de la inspiración
Rev. Terry G. Cornett

Teoría de la inspiración	Explicación	Posible(s) objeción(es)
Mecánica o dictada	El autor humano es un instrumento pasivo en las manos de Dios. El autor simplemente escribe cada palabra que Dios le habla. Este dictado es el que protege el texto de errores humanos.	Los libros de la Escritura muestran diversos estilos de Escritura, vocabularios, y expresiones, las cuales varían con cada autor humano. Esta teoría no parece explicar por qué Dios usa autores humanos en vez de darnos su Palabra directamente.
Intuición o natural	Personas excepcionalmente dotadas con perspicacia espiritual fueron escogidas por Dios para escribir la Biblia.	La Biblia indica que la Escritura vino de Dios, por medio de autores humanos (2 Pe. 1.20-21).
Iluminación	El Espíritu Santo elevó las capacidades normales de los autores humanos, a fin de que ellos tuvieran un discernimiento especial sobre la verdad espiritual.	Las Escrituras indican que los autores humanos expresaron las mismas palabras de Dios ("así dice el Señor", Is. 7.7; Ezeq. 14.6; Ro. 14.11).
Grados de inspiración	Ciertas partes de la Biblia son más inspiradas que otras. Algunas veces esta posición es usada para argumentar que las porciones que tratan con doctrinas importantes o verdades éticas son inspiradas, mientras que las porciones que tratan con asuntos históricos, económicos, culturales, etc., son menos inspiradas o sin inspiración.	Los autores bíblicos nunca indicaron que hay pasajes más inspirados, ni tampoco usaron ningún material bíblico como más inspirado. Jesús habla de la revelación Escritural en su totalidad, hasta el día de hoy, como la Palabra inmutable de Dios (Mt. 5.17-18; Jn. 3.34-35).
Plenaria y verbal	Tanto elementos divinos y humanos están presentes en la producción de la Escritura. El texto entero de la Escritura, incluyendo las palabras, son un producto de la mente de Dios expresado en condiciones y términos humanos por medio de autores humanos a quienes conoció de antemano (Jer. 1.5) y escogió para esa tarea.	Parece improbable que los elementos humanos, finitos y culturalmente limitados, pudieran ser descritos como las invariables palabras de Dios.

APÉNDICE 18
Un ejemplo práctico de la crítica textual
Adaptado de R. C. Briggs, Interpreting the New Testament Today.

Marcos 1.1 Principio del evangelio de Jesucristo, Hijo de Dios.

De acuerdo al aparato crítico, los siguientes manuscritos (o grupos de manuscritos) dicen:

Ἰησοῦ Χριστοῦ υἱού θεοῦ

A (*Código Alejandrino*). Siglo quinto. Texto bizantino (en los Evangelios).

B (*Código Vaticano*). Siglo cuarto. Texto alejandrino (en los Evangelios y Hechos).

D (*Código Bezae*). Siglo quinto o sexto. Texto occidental.

W (*Código Freerianus*). *Siglo quinto. Texto occidental (en Marcos 1.1-5.30),* se conserva en Washington.

Ὠ (*Koiné*). Grupo de manuscritos de letra minúscula uncial (estilo de letra) que datan desde el siglo séptimo. Texto occidental.

λ (*Familia 1, Grupo del Lago*). Siglo doceavo en adelante. Relacionado al texto de Cesarea de los siglos cuarto y quinto.

φ (*Familia 13, Grupo Ferrar*). Siglo doceavo en adelante. Relacionado al texto de Cesarea.

it (*Italas o Latino Antiguo*). Siglo onceavo en adelante. Texto temprano occidental (con fecha anterior a la Vulgata).

vg (*Vulgata*). Traducción al Latín autorizada, completada por Jerónimo en el 405 D.C. (Evangelios completados en el 385 D.C.). Texto occidental.

sy[p] (*Peshitta*). Traducción siriaca autorizada del siglo quinto. Relacionada al texto bizantino (en los Evangelios).

sa (*Sahídica*). *Traducción cóptica (egipcia) del siglo cuarto. Texto alejandrino, con influencia occidental.*

bo (*Bohárica*). Traducción cóptica, posterior a la sahídica. Texto occidental. El aparato crítico también incluye dos manuscritos significativos que preservan lecturas más cortas.

S también designados ~ (*Código Sinaítico*). *Siglo cuarto. Como B (Códice Vaticano), es una representación primaria del texto alejandrino.*

Θ (*Código Koridethi*). Siglo noveno. Texto relacionado al texto alejandrino de los siglos tercero y cuarto.

APÉNDICE 19

El compás de los elementos narrativos

Diagramando un curso hacia el significado de una historica

Rev. Dr. Don L. Davis

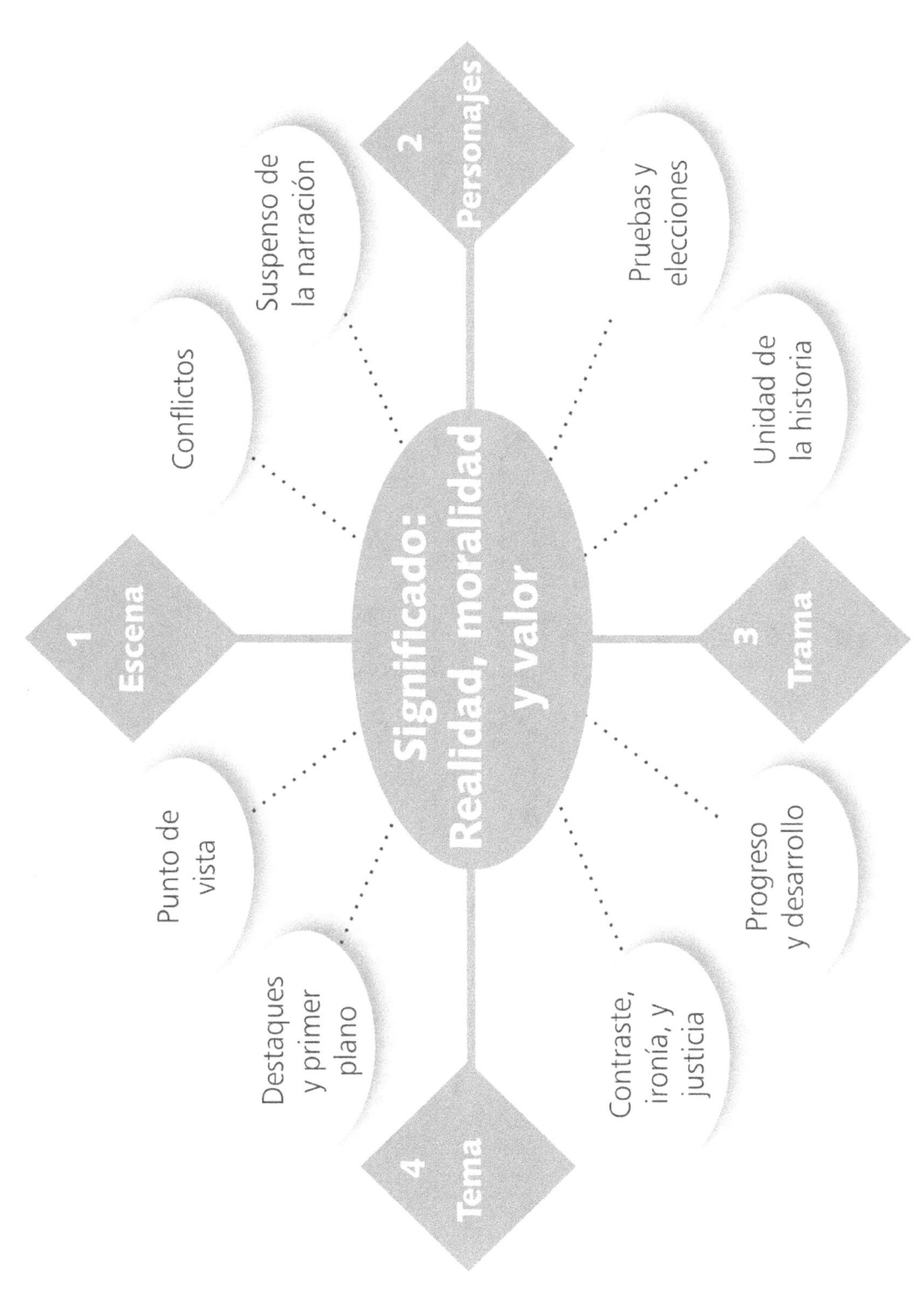

APÉNDICE 20
Una comparación de las filosofías de traducción
Versiones comunes de la Biblia en inglés
Rev. Dr. Don L. Davis

Más literalmente palabra por palabra ◄········   ········► *Menos literalmente palabra por palabra*

Equivalencia formal　　　　　**Equivalencia dinámica**　　　　　**Paráfrasis**

New American Standard Bible (NASB)

　　New King James Versión (NKJV)

　　　　New Revised Standard Versión (NRSV)

　　　　　　English Standard Versión (ESV)

　　　　　　　　International Version (NIV)

　　　　　　　　　　New Jerusalem Bible (NJB)

　　　　　　　　　　Revised English Bible (REB)

　　　　　　　　　　　　Today's English Versión (TEV)

　　　　　　　　　　　　　　Contemporary English Versión (CEV)

　　　　　　　　　　　　　　New Living Translation (NLT)

　　　　　　　　　　　　　　　　JB Phillips Versión (Phillips)

　　　　　　　　　　　　　　　　　　The Living Bible (LB)

　　　　　　　　　　　　　　　　　　The Message

　　　　　　　　　　　　　　　　　　　　Cotton Patch Gospels

APÉNDICE 21

Desarrollando oídos que escuchan

Respondiendo al Espíritu y a la Palabra

Rev. Dr. Don L. Davis

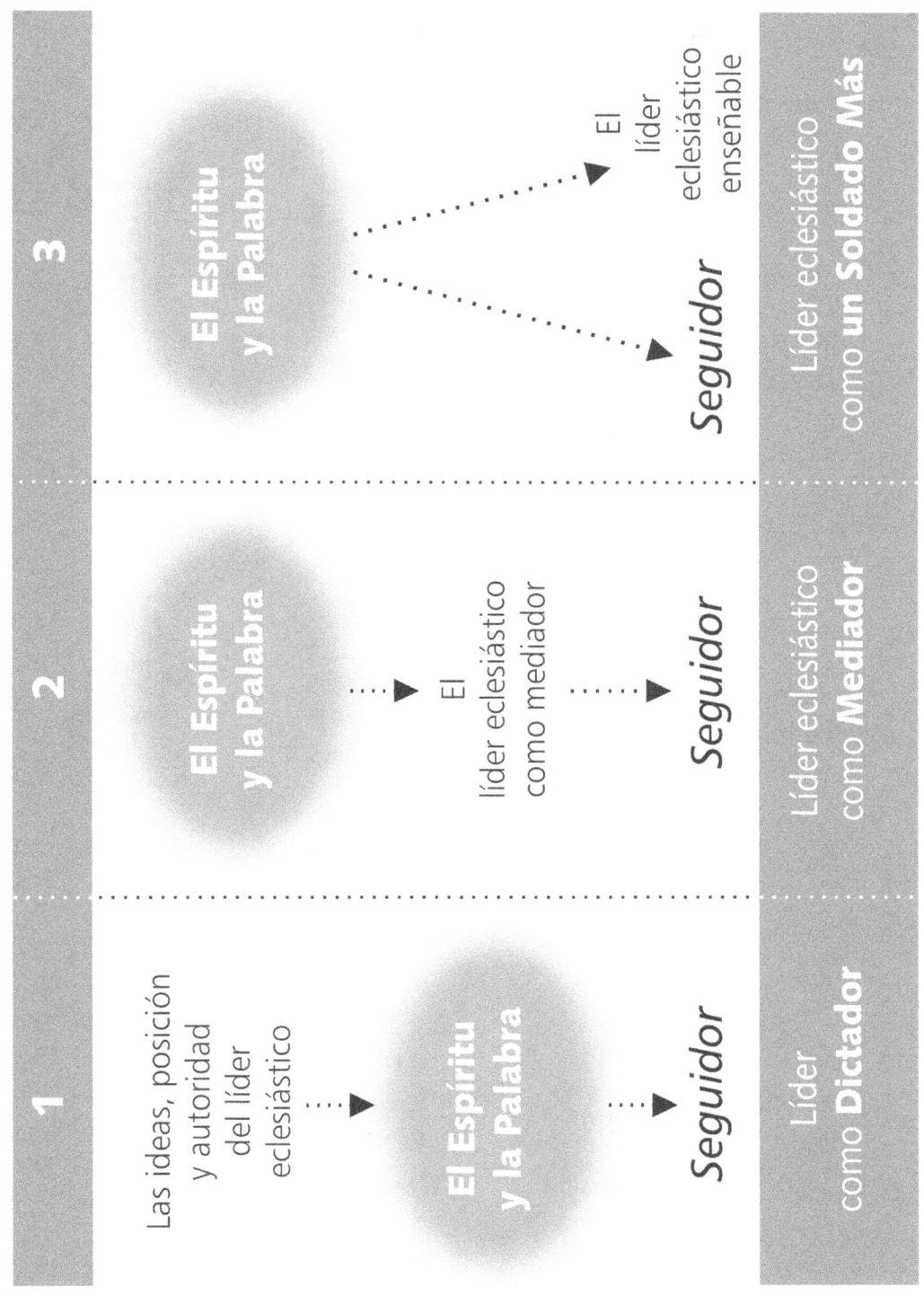

APÉNDICE 22
Metodología de traducción (versiones en inglés)
Rev. Terry G. Cornett

	Grado/ nivel	Equivalencia formal	Equivalencia dinámica	Paráfrasis
Difícil de leer	12vo 11vo 10mo 9no	King James Versión (KJV) New American Standard Bible (NASB)		
Promedio, nivel adulto	8vo 7mo 6to	New International Versión (NIV) New Revised Standard Versión (NRSV) New King James Versión (NKJV)	New Living Translation (NLT)	The Living Bible (TLB) The Message
Biblias de niños	5to 4to 3ro	New International Reader's Versión (NIrV)	Contemporary English Versión (CEV) International Children's Bible (ICB)	

APÉNDICE 23
Figuras de lenguaje
Bob Smith. Basics of Bible Interpretation. Waco: Word Publishers, 1978. pp. 113-120.

Uno de los aspectos más iluminadores del idioma es el estudio de expresiones figurativas. Milton Terry nos presenta este asunto con una visión perspicaz:

Las operaciones naturales de la mente humana animan a los hombres a rastrear analogías y hacer comparaciones. Las emociones agradables son emocionantes y la imaginación se satisface por el uso de metáforas y símiles. Si tuviéramos un idioma suficientemente copioso en palabras para expresar todas las posibles concepciones, la mente humana todavía nos exigiría comparar y contrastar nuestros conceptos, y tal procedimiento haría necesario muy pronto una variedad de figuras del habla. Gran parte de nuestro conocimiento se adquiere a través de los sentidos, ya que todas nuestras ideas abstractas y nuestro idioma espiritual tienen una base material. "No es mucho decir", observa Max Muller, "que todo el diccionario de religión ancestral está formado por metáforas. Para nosotros todas estas metáforas están olvidadas. Hablamos del *espíritu* sin pensar en *aliento,* del *cielo* sin pensar en el *cielo,* del *perdón* sin pensar en *dejar ir,* de *la revelación* sin pensar en un *velo.* Pero en el lenguaje antiguo, cada palabra que no se refiera a un objeto sensorial, está todavía en la etapa crisálida, mitad material y mitad espiritual, elevándose o cayendo en su personaje de acuerdo a las capacidades de sus parlantes y escuchas".[1]

¡Qué posibilidades tan potentes, entonces, quedan en los conceptos dados por el idioma figurativo! Así que, moviéndonos a lo específico, exploremos las varias figuras del lenguaje. Yo enlistaré algunas de ellas, junto con las ilustraciones de su uso en las páginas siguientes.

[1] Milton S. Terry. *Biblical Hermeneutics.* Grand Rapids: Zondervan Publishing House, n.d. p. 244.

Figuras de lenguaje

SÍMIL (*similis* = como)	Una comparación formal usando "como . . . así" para expresar un parecido. *"Así también* los maridos deben amar a sus mujeres como a sus mismos cuerpos . . ." (Ef. 5.28).
METÁFORA (*Meta+phero* = llevar algo más allá)	Una comparación implicada, una palabra aplicada a algo que no lo es, para sugerir un parecido. *"Benjamín es lobo arrebatador . . ."* (Gn. 49.27).

Figuras de lenguaje (continuación)

IRONÍA (*Eiron* = un parlante disimulado)	El que habla o escribe dice lo opuesto a lo que está tratando de comunicar. "*. . . ciertamente vosotros sois el pueblo y con vosotros morirá la sabiduría*" (Job 12.1).
METONIMIA (*Meta+onoma* = un cambio de nombre)	Una palabra usada en lugar de otra para dar una cierta relación entre las cosas relacionadas. "*sacrificad la pascua . . .*" (Ex. 12.21) donde se menciona el cordero pascual.
HIPÉRBOLE (*Huper+bole*) = ir más allá	Exageración intencional con el propósito de hacer énfasis o magnificar más allá de la realidad. "*si tu ojo derecho te es ocasión de caer, sácalo, y échalo de ti . . .*" (Mt. 5.29).
PERSONIFICACIÓN (hacer como una persona)	Se habla de objetos inanimados como si fueran personas vivas. "*El mar lo vio y huyó . . .*" (Sal. 114.3).
APÓSTROFE (*apo+strepho* = girar de)	Apartarse de los escuchas inmediatos para hablar con una persona o cosa imaginaria. "*Oh espada de Jehová, ¿hasta cuándo reposarás?*" (Jer. 47.6).
SINÉCDOQUE (*sun+ekdechomai* = recibir de y asociar con)	Cuando el todo se pone por una parte, o una parte por el todo, un individuo por una clase o viceversa. "*Y éramos todos 276 almas . . .*" en Hechos 27.37, donde *alma* se usa para toda la persona.

Símil

Primero, comparemos el símil y la metáfora. Efesios 5.22-27 es un símil, haciendo una comparación formal entre Cristo y la iglesia por un lado, y maridos y esposas por el otro. Las palabras "como . . . así" o "aun así" dejan esto muy en claro. Y esta figura eleva nuestro interés y dignifica la relación del matrimonio, sobre todo si nosotros lo vemos en forma de bosquejo, así:

Figuras de lenguaje (continuación)

COMO con CRISTO Y LA IGLESIA	ASÍ con ESPOSOS Y ESPOSAS
CRISTO AMÓ A LA IGLESIA y se dio a sí mismo por ella (Ef. 5.25)	*ESPOSOS; AMEN a sus ESPOSAS como CRISTO AMÓ a la IGLESIA* (Ef. 5.25)
"PARA santificarla" (Ef. 5.26) e.d., para que seamos puestos para el uso con que se nos creó: a) como una expresión de su propia VIDA y CARÁCTER b) para cumplir nuestro llamado, disfrutar los ministerios que Dios nos ha dado c) y mucho más (tú añades el resto)	PARA que el marido pueda santificar a su esposa. e.d., para que ella pueda COMPARTIR SU VIDA, ser su ayuda, etc. a) expresando su propia personalidad y vida en Cristo b) empleando sus dones en un ministerio espiritual. c) ser la que *manda* en su *casa*, en todo lo que significa para su esposo e hijos
"A FIN de presentársela a sí mismo una iglesia gloriosa" (Ef. 5.27) e.d., que él disfrute de los beneficios que surgen de su amor sin egoísmo, al disfrutar su esposa. Y nos guía al cumplimiento de nuestra hombría y la de ella por su amor.	QUE los esposos busquen la llenura de la esposa, y que la disfruten, e.d., que él pueda disfrutar la belleza y gloria de ella como mujer, al él tomar la responsabilidad de ser cabeza, guiándola con liderazgo de amor hacia la completa realización
"SINO que fuese santa y sin mancha" (Ef. 5.27). e.d., que su obra en nosotros pueda ser completa, para que nosotros la completemos.	QUE el esposo sea fiel, estando allí, e.d., que su compromiso sea firme y permanente, a pesar de los problemas.
"Habiéndola purificado en el lavamiento del agua por la palabra" (Ef. 5.26) Basado en la *COMUNICACIÓN* que inicia su corazón amante - para mantenernos cerca, disfrutando mutuamente nuestra relación de amor.	Los esposos deben mantener los canales de comunicación abiertos, recodando que el AMOR *busca la forma de COMUNICARSE, y es la iniciativa de él* si va a amar como CRISTO AMÓ.

Figuras de lenguaje (continuación)

Metáfora

Por contraste, una metáfora no es tan sincera. Comunica una impresión más por la implicación. En las expresiones, "Ustedes son la sal de la tierra . . . " (Mt. 5.13) y "Ustedes son la luz del mundo" (Mt. 5.14), nuestro Señor Jesús está multiplicando las metáforas para comunicar la verdad gráfica sobre el papel determinante que los cristianos deben tener en el mundo. En esos días tempranos, la sal era el mejor medio de detener la corrupción en la carne o el pescado, para que la figura no se pierda en aquellos que escucharon a Jesús. La luz, en cualquier era, nos permite funcionar con cualquier grado de confianza. Dispersa la oscuridad. ¡Cuando no podemos ver, estamos en problemas! Las palabras "sal" y "luz" se usan como una comparación implícita. Estas metáforas hablan con fuerza penetrante, aunque están implícitas en la naturaleza.

Ironía

El uso de la ironía como una figura del lenguaje, aunque tiene un lado interesante, a menudo tiene su lado cómico. Nuestro Señor estaba usando ambos efectos cuando dijo, " . . . ¿cómo puedes decir a tu hermano: 'Hermano déjame sacar la paja que está en tu ojo,' no mirando tú la viga que está en el ojo tuyo?" (Lucas 6.42).

En 1 Corintios 4.8 el apóstol Pablo usa la ironía con la gran fuerza, "Ya estáis saciados, ya estáis ricos, sin nosotros reináis. Ojalá reinaseis, para que nosotros reinásemos también juntamente con vosotros". Al continuar la lectura, vemos que Pablo procede a contrastar el estado de los apóstoles como el último—no el primero, como necios. Entonces usa la ironía de nuevo, "Nosotros somos insensatos por amor de Cristo, mas vosotros prudentes en Cristo; nosotros débiles, mas vosotros fuertes; vosotros honorables, mas nosotros despreciados" (1 Co. 4.10). ¿Puede imaginarse cómo los cristianos de Corinto sintieron la vergüenza de sus sistemas de valores extraviados, cómo estas palabras de sarcasmo deben de haber punzado su hinchado orgullo? ¿Deberíamos revisar nuestros sistemas de valores, hoy, y descubrir la única fuente de orgullo—el Señor Jesús y su vida en nosotros?

Metonimia

Luego está la metonimia (cambio de nombre). Hablando a los fariseos referente a Herodes, Cristo dice "Id y decid a aquella zorra . . . " (Lucas 13.32) y con una palabra el

Figuras de lenguaje (continuación)

caracterizó al rey caracterizado políticamente como astuto. Y, "El camino del necio es derecho en su opinión . . . " (Pr. 12.15) donde opinión representa la forma en que él ve las cosas, o su perspectiva mental. Y, " . . . *la lengua* de los sabios trae sanidad" (Pr. 12.18) en la cual *lengua* es lo que el sabio dice, sus palabras de sabiduría.

En el Nuevo Testamento, "Y salía a él toda Jerusalén, y toda Judea y toda la provincia de alrededor del Jordán . . . " (Mt. 3.5) es obvio que quiere decir personas, no lugares, al mencionar estas varias regiones. Entonces, vemos a "No podéis beber la copa del Señor, y la copa de los demonios; no podéis participar de la mesa del Señor y de la mesa de demonios" (1 Co. 10.21). Aquí se usan copa y mesa para hablar de lo que contienen y lo que ofrecen. De nuevo, en Romanos 3.30 la circuncisión se usa para representar a los judíos, mientras que la incircuncisión se refiere a los gentiles.

Estoy seguro que en estos ejemplos puede ver cómo se usa comúnmente la metonimia en la Biblia. Usamos la misma figura hoy cuando llamamos a una persona "tigre" o "gatito".

Hipérbole

El pintar un cuadro más grande que la vida por exageración intencional, yendo más allá de la realidad es algo común en nuestro propio lenguaje, así que la hipérbole (un *tirar más allá*) debería ser muy familiar para nosotros.

En la angustia de su tormento Job se deja enredar en esto tipo de lenguaje. Más gráficamente que cualquier otra forma de discurso, expresa lo abominable de su sentimiento de aflicción.

> Y ahora mi alma está derramada en mí;
>
> Días de aflicción se apoderan de mí. La noche taladra
>   mis huesos, y los dolores que me roen no reposan.
>
> La violencia deforma mi vestidura; me ciñe como el
>   cuello de mi túnica.
>
> El me derribó en el lodo, y soy semejante al polvo y a la
>   ceniza.
>
> Clamo a ti, y no me oyes; me presento, y no me
>   atiendes.

Figuras de lenguaje (continuación)

> Te has vuelto cruel para mí; con el poder de tu mano me persigues.
>
> Me alzaste sobre el viento, me hiciste cabalgar en él, y disolviste mi sustancia.
>
> Porque yo sé que me conduces a la muerte, y a la casa determinada a todo viviente.
>
> ~ Job 30.16-23

Ciertamente recibimos el sentido perspicaz de su desesperación absoluta a través de este lenguaje muy expresivo, pero extravagante.

El apóstol Juan en el Nuevo Testamento usa el idioma hiperbólico en esta declaración: "Y hay también otras muchas cosas que hizo Jesús, las cuales si se escribieran una por una, pienso que ni aún en el mundo cabrían los libros que se habrían de escribir" (Juan 21.25). Si nosotros consideráramos la existencia eterna de Cristo, quizás esta declaración pudo haber sido tomada literalmente, pero si lo limitamos a los hechos del Señor Jesús en su humanidad (lo que yo creo que Juan tiene en mente) entonces es claramente un uso de una hipérbole.

Personificación

Referirse a los objetos inanimados como si poseyeran vida y personalidad es especialmente evidente en el idioma de la imaginación y el sentimiento. En Números 16.32, ". . . la tierra abrió su boca y los tragó . . ." habla de Coré y sus hombres. Aquí la tierra se personifica, como si tuviera una boca para devorar a estos hombres.

El Señor Jesús usa la personificación en, "¡Jerusalén, Jerusalén, que matas a los profetas, y apedreas a los que te son enviados! ¡Cuántas veces quise juntar a tus hijos, como la gallina junta sus polluelos debajo de las alas, y no quisiste!" (Mt. 23.37). La ciudad de Jerusalén es personificada aquí. La preocupación de nuestro Señor era por su pueblo, ya que se dirige a la ciudad como si se tratara de ellos.

De nuevo, nuestro Señor personifica el mañana en estas palabras: "Así que, no os afanéis por el día de mañana, porque el día de mañana traerá su afán. Basta a cada día su propio

Figuras de lenguaje (continuación)

mal". (Mt. 6.34). Aquí el mañana se viste con características de personalidad humana, cuando se junta con los afanes.

Apóstrofe

Ésta es una figura extraña pero gráfica y parece como si el que habla lo hiciera consigo mismo en un tipo de soliloquio externalizado. Por ejemplo, David dice a su hijo muerto, "¡Hijo mío Absalón, hijo mío, hijo mío Absalón! ¡Quién me diera que muriera yo en lugar de ti, Absalón, hijo mío, hijo mío!" (2 Sm. 18.33). ¡Qué expresión más conmovedora del pesar de David; ningún otro modo de expresión podría ser tan expresivo en este caso!

Luego está el uso de esta figura en la que los reyes de la tierra se refieren a la ciudad caída, "¡Ay, ay, de la gran ciudad de Babilonia, la ciudad fuerte; porque en una hora vino tu juicio!" (Ap. 18.10).

Esta figura del lenguaje parece adaptarse mejor a la expresión de profunda emoción. Como tal, llama nuestra atención y captura nuestro interés.

Sinécdoque

Aquí esta una de la que la mayoría de nosotros nunca escuchó, pero que frecuentemente usamos en el discurso cotidiano. Decimos, "Ésta es su hora" cuando realmente no queremos decir una hora de sesenta minutos. Queremos decir éste es su tiempo de gloria, o sufrimiento, o cualquier cosa que asociamos con su experiencia actual. Hemos sustituido una parte por el todo. En la Escritura ocurre en pasajes como: en Jueces 12.7 nos dicen que Jefté fue enterrado "en las ciudades de Galaad" (hebreo) aunque realmente sólo se quiera referir a una de esas ciudades; en Lucas 2.1 "todo el mundo" se usa para significar el mundo del imperio romano; en Deuteronomio 32.41 "si yo afilo el relámpago de mi espada" la palabra relámpago se usa para el borde brillante de la brillante hoja.

Quizás ahora hemos visto lo suficiente del predominio y valor expresivo de las figuras del lenguaje para ayudarnos a apreciar el color y realismo que prestan al lenguaje de la Biblia. También, interpretativamente, nuestra revisión debería sacar algo del misterio de nuestros encuentros con estas formas en el estudio de la Biblia.

APÉNDICE 24

Hoja de trabajo de las herramientas del estudio bíblico

Lea los siguientes pasajes y luego responda las preguntas usando la Concordancia de Strong, el Diccionario expositivo de palabras del Antiguo Testamento de Vine, y el Nuevo Diccionario de la Biblia.

Romanos 4

¿Qué, pues, diremos que halló Abraham, nuestro padre según la carne? [2] Porque si Abraham fue justificado por las obras, tiene de qué gloriarse, pero no para con Dios. [3] Porque ¿qué dice la Escritura? Creyó Abraham a Dios, y le fue contado por justicia. [4] Pero al que obra, no se le cuenta el salario como gracia, sino como deuda; [5] mas al que no obra, sino cree en aquel que justifica al impío, su fe le es contada por justicia. [6] Como también David habla de la bienaventuranza del hombre a quien Dios atribuye justicia sin obras, [7] diciendo: Bienaventurados aquellos cuyas iniquidades son perdonadas, Y cuyos pecados son cubiertos. [8] Bienaventurado el varón a quien el Señor no inculpa de pecado. [9] ¿Es, pues, esta bienaventuranza solamente para los de la circuncisión, o también para los de la incircuncisión? Porque decimos que a Abraham le fue contada la fe por justicia. [10] ¿Cómo, pues, le fue contada? ¿Estando en la circuncisión, o en la incircuncisión? No en la circuncisión, sino en la incircuncisión. [11] Y recibió la circuncisión como señal, como sello de la justicia de la fe que tuvo estando aún incircunciso; para que fuese padre de todos los creyentes no circuncidados, a fin de que también a ellos la fe les sea contada por justicia; [12] y padre de la circuncisión, para los que no solamente son de la circuncisión, sino que también siguen las pisadas de la fe que tuvo nuestro padre Abraham antes de ser circuncidado. [13] Porque no por la ley fue dada a Abraham o a su descendencia la promesa de que sería heredero del mundo, sino por la justicia de la fe.

1. Use su concordancia para identificar la palabra que es traducida "justificado" en el verso 2 y luego escriba la palabra y su número de Strong en el espacio abajo:

    Palabra griega _____ Número de Strong _____

Hoja de trabajo de las herramientas del estudio bíblico (continuación)

2. Busque esta palabra en su *Diccionario Expositivo de Vine* y lea lo que dice para esta palabra. ¿Qué entendimiento añade esta información a la palabra y al pasaje?

   _____

   _____

   _____

3. Use su concordancia para identificar la palabra que se traduce "pisadas" en verso 12 y luego escriba la palabra y su número de Strong en el espacio abajo.

   Palabra griega _____ Número de Strong_____

4. Busque la palabra en el *Diccionario Expositivo de Vine* y lea lo que dice.

   ¿Por qué cree que el apóstol Pablo escogió ésta palabra en vez de usar otras palabras griegas para caminar? ¿Qué añade a su entendimiento del pasaje el conocer la definición de la palabra "pisadas"?

   _____

   _____

   _____

   _____

5. Usando el *Nuevo Diccionario de la Biblia*, busque y lea el artículo acerca de "Abraham". ¿De qué forma profundiza esto su entendimiento del pasaje?

   _____

   _____

   _____

   _____

APÉNDICE 25
El punto de vista de Cristo acerca de la Biblia
Paul P. Enns. The Moody Handbook of Theology (electronic ed.). Chicago: Moody Press, 1997.

Para determinar la naturaleza de la inspiración bíblica, nada podría ser más significativo que determinar el punto de vista de Cristo con respecto a las Escrituras. Ciertamente nadie debe tener un punto de vista inferior sobre la Escritura que el que Él tuvo; su punto de vista de las Escrituras debe ser el determinante y la norma para el punto de vista de otras personas. Ése es el argumento fundamental de R. Laird Harris. Al defender la inspiración de las Escrituras, él no usa 2 Timoteo 3.16 o 2 Pedro 1.21 como argumento primario (aunque reconoce su validez); él defiende desde el punto de vista de Cristo de las Escrituras.

(1) La inspiración del todo. En su uso del Antiguo Testamento Cristo dio crédito a la inspiración total del Antiguo Testamento. En Mateo 5.17–18 Cristo afirmó que ni la letra más pequeña o tilde pasaría de la ley hasta que se cumpliera. En el v. 17 se refirió a la ley o los profetas, una frase común que habla del Antiguo Testamento entero. En esta declaración bastante fuerte, Jesús afirmó la inviolabilidad del todo el Antiguo Testamento y así afirmó la inspiración del mismo.

En Lucas 24.44 Jesús recordó a los discípulos que todas las cosas escritas sobre él en la ley de Moisés, los profetas, y los Salmos, deben cumplirse. Los discípulos fallaron en entender las enseñanzas acerca de la muerte y resurrección de Cristo en el Antiguo Testamento, pero debido a la inspiración del Antiguo Testamento, esos eventos profetizados tenían que suceder. Al referirse al Antiguo Testamento usando estas tres cosas, Cristo estaba afirmando la inspiración y autoridad de todo el Antiguo Testamento.

Cuando Jesús debatió con los incrédulos judíos concerniente a su derecho de ser llamado Hijo de Dios, él los refirió al Salmo 82.6 y les recordó "la Escritura no puede ser quebrantada" (Juan 10.35). "Significa que la Escritura no puede ser vaciada de su fuerza al decir que es errónea". Es válido notar que Jesús se refirió a un pasaje casi insignificante del Antiguo Testamento e indicó que la Escritura no podía ser puesta a un lado o anulada.

(2) La inspiración de las partes. Cristo citó profusa y frecuentemente del Antiguo Testamento. Sus argumentos probaron la integridad del pasaje del Antiguo Testamento que estaba citando. Por medio de este método de argumentación, Cristo estaba afirmando la inspiración de los textos individuales o libros del Antiguo

El punto de vista de Cristo acerca de la Biblia (continuación)

Testamento. Unos ejemplos bastarán. En el encuentro de Jesús con Satanás en el momento de su tentación, él refutó los argumentos de Satanás por una referencia a Deuteronomio. En Mateo 4.4, 7, 10 Jesús citó de Deuteronomio 8.3; 6.13, 16, indicando que Satanás estaba equivocado y dando énfasis a que estas palabras escritas en Deuteronomio tenían que ser cumplidas. En Mateo 21.42 Jesús citó de Salmo 118.22 que enseña que el Mesías sería rechazado. En Mateo 12.18–21 Jesús citó de Isaías 42.1–4, mostrando su disposición pacífica, mansa y que su inclusión de los gentiles había sido predicha en las Escrituras proféticas. Estos sólo son ejemplos seleccionados, para revelar que Cristo citó de las varias partes del Antiguo Testamento, mientras afirmaba su inspiración y autoridad.

(3) La inspiración de las palabras. Al defender la doctrina de la resurrección frente a los Saduceos, Jesús citó de Éxodo 3.6 (significativo porque los saduceos solamente se apegaban al Pentateuco), "Yo soy el Dios de Abraham". En esta contestación todo el argumento de Jesús fue puesto sobre las palabras "yo soy". Jesús estaba poniendo el verbo que el texto hebreo únicamente implica. Así apoyó la versión de la septuaginta (griego) que incluye el verbo. Esa versión era considerada tan buena por muchos de los contemporáneos del Señor que prácticamente se la igualaba con las Escrituras originales.

Al afirmar la resurrección, Jesús recordó a los saduceos que Éxodo 3.6 dice "yo soy". Él continuó: "Dios no es Dios de muertos sino de vivos". Si las palabras del Antiguo Testamento no estuvieran inspiradas, su argumento habría sido inútil; pero si las mismas palabras del Antiguo Testamento estuvieran realmente inspiradas, entonces su argumento llevaría un enorme peso. De hecho, el argumento de Jesús se enfoca en el tiempo presente de la declaración. Porque estaba escrito en Éxodo 3.6, "yo soy….", la doctrina de la resurrección podría afirmarse; Dios es el Dios de los patriarcas vivientes.

Un ejemplo similar se encuentra en Mateo 22.44 donde Jesús, debatiendo con los fariseos, explicó que su concepto del Mesías estaba equivocado. Los fariseos pensaban en el Mesías como un redentor político, pero Jesús les muestra la cita del Salmo 110.1, donde David, el rey más grande de Israel, vio al Mesías como mayor que él, llamándolo Señor. Todo el argumento de Cristo descansa en la frase "mi Señor", citando al Salmo 110.1, Jesús fundó su argumento en la inspiración de las palabras precisas "mi Señor". Si el Salmo 110.1 no dijera exactamente "mi Señor" entonces el argumento de Cristo sería en vano. Un ejemplo adicional es el uso de Cristo del Salmo 82.6 en Juan 10.34 donde todo su argumento descansa en la palabra "dioses".

El punto de vista de Cristo acerca de la Biblia (continuación)

(4) La inspiración de las cartas. En varias de sus declaraciones Cristo revela que él creyó que las cartas de la Escritura estaban inspiradas. En Mateo 5.18 Jesús declaró, "ni una jota ni una tilde pasará de la ley, hasta que todo se haya cumplido". El término "ni una jota ni una tilde" se refiere la letra hebrea yodh que parece un apóstrofe ('). La "tilde" se refiere a la distinción diminuta entre dos letras hebreas. Un equivalente sería la distinción entre la Q y la O. Sólo la pequeña "cola" distingue la Q de la O. Jesús enfatizó que todos los detalles de los escritos del Nuevo Testamento se cumplirían hasta en lo más mínimo.

(5) La inspiración del Nuevo Testamento. En el discurso del aposento alto Cristo hizo una declaración significativa que parece apuntar al registro exacto y final de los escritos del Nuevo Testamento. En Juan 14.26 Jesús indicó que el Espíritu Santo recordaría a los apóstoles cuando escribieran las palabras de la Escritura, garantizando de esta forma su exactitud (comp. Juan 16.12–15). Esto puede explicar cómo un hombre viejo como Juan, al escribir la vida de Cristo, pudo describir los detalles de los eventos que ocurrieron años antes con precisión. El Espíritu Santo dio a Juan y a los otros escritores un recuento exacto de los eventos. Por lo tanto, Jesús no sólo afirmó la inspiración del Antiguo Testamento sino también la del Nuevo Testamento.

Una conclusión obvia es que Jesucristo sostuvo una muy alta apreciación de las Escrituras, afirmando su inspiración en todo el Antiguo Testamento -los varios libros del Antiguo Testamento, las palabras precisas, las cartas reales y él apuntó a la inspiración del Nuevo Testamento. Ciertamente, aquellos que sostienen sólo a la inspiración conceptual u otras variantes, deben considerar la actitud de Jesús hacia las Escrituras. ¿Acaso la norma no debería ser el punto de vista de Jesús acerca de la Biblia? ¿Es legítimo sostener un punto de vista sobre la Escritura inferior al que Él tuvo?

APÉNDICE 26
Historia, teología e iglesia
William J. Bausch. ***Storytelling: Imagination and Faith****. Mystic, CT: 23rd Publications, 1984. pp. 195-199.*

A estas alturas en nuestro libro, llegando al final, podría ser bueno por el momento apartar la historia directa y la ilustración (para ser resumido, sin embargo, en los dos capítulos finales) y brevemente enlistar diez proposiciones de una naturaleza teológica. Este ejercicio, espero, no será pesado u obtuso. Servirá como medio para extraer, por causa de la claridad y reflexión, las implicaciones teológicas de lo que se ha declarado aquí y allí en los capítulos anteriores. Así que éste es un capítulo muy breve, un interludio realmente y está hecho a manera de resumen teológico, una vista global de cómo las historias se relacionan con la teología y las estructuras de la iglesia.

Primera proposición: Las historias nos introducen a las presencias sacramentales.

Las historias se diseñan para obligarnos a considerar las posibilidades. Hasta ese punto están basadas en la esperanza. Incluso los cuentos de hadas más foráneos, por ejemplo, aumentan las posibilidades y animan nuestras esperanzas. Las historias bíblicas hacen lo mismo, sólo que más públicamente. Su punto es estimularnos para que veamos más allá de nuestros límites y experiencias de limitación y sugerir, a través de lo maravilloso, la maravilla misma. Las historias sugieren que la realidad que se toma por sentado puede, de hecho, estar cargada de sorpresas. Hay "rumores de ángeles" y gracia que abunda en nuestro mundo. Si una rana pudiera ser un príncipe, un marinero perdido un ángel, un peregrino el Cristo, entonces toda la creación puede ser una presencia sacramental que apunta a "algo más". Las historias declaran que éste podría ser el caso.

Segunda proposición: Las historias son siempre más importantes que los hechos.

Los hechos, respecto a la historia, están inertes. Es el genio de la historia el colocar los hechos y proclamar las buenas nuevas sobre ellos. Por ejemplo, el "hecho" cardinal de la resurrección es fundamentalmente menos importante en su descripción y comprobación que como una proposición central de esperanza. Lo que cuenta son las implicaciones que la historia de la resurrección tiene para nosotros en nuestra vida y en sostener nuestra perspectiva de la vida y la muerte. De no ser así tendríamos un reportaje, no un evangelio.

Historia, teología e iglesia (continuación)

Tercera proposición: las historias siguen siendo normativas.

Hemos visto en el primer capítulo de este libro que toda teología es un reflejo de la historia original. Para probar una teología, debemos regresar siempre al material prístino (y su desenvolvimiento subsecuente). En cuanto a esta magnitud, las historias bíblicas permanecerán siempre normativas. Sin embargo, existe una advertencia. Algunos pueden regresar a la historia original y pueden hacer un ídolo de ella; es decir, tomarla como un documento rígido y acabado, quitándole su historia contemporánea y subsecuente, y le obligarán a que permanezca comprimida y restringida. Ésta es la falta de los literalistas o fundamentalistas.

Cuarta proposición: Las tradiciones evolucionan por medio de las historias.

Las tradiciones evolucionan a través de las historias: ésa es la naturaleza de las historias importantes y cruciales. Las personas "tomadas" por la historia, su héroe o heroína y su mensaje, no sólo quieren compartir una experiencia sino que comparten una experiencia fiel a la historia original. La tradición se levanta y tiene dos funciones: conservar y proteger. Conservar es "pasar", que es lo que la palabra tradición significa literalmente. Proteger puede necesitar más explicación.

Debido a que las historias son realmente metáforas extendidas, tienen finales abiertos. Son muy adaptables y pueden reformarse fácilmente y ser contadas de nuevo. Se acomodan fácilmente. Los detalles, nombres, y sitios fácilmente se acomodan a las audiencias y lugares diferentes. Descubrimos esto incluso en el corto relato de la Escritura de los cuatro evangelios. Incluso se fija un límite implícito más allá del cual no irá la flexibilidad y todavía se puede ser fiel a la historia del principio. Tomemos un ejemplo secular: Santa Claus puede ser cambiado fácilmente a lo largo de los siglos. Él puede ser alto o puede ser pequeño, de cara lisa o barbado, vestido de púrpura o verde, redondo o muy delgado. Pero Santa nunca puede ser un abusador de niños. Después de todo, él viene de San Nicolás, quien proviene del niño Cristo, quien proviene del Padre de todos los regalos. La tradición no permitiría una conexión entre Santa y un perjuicio, cuando su punto central es la benevolencia y la bondad. Por algún lugar del camino, la tradición protegería la imagen de la contradicción intrínseca. Las historias bíblicas sobre Jesús evocan el mismo proceso de protección. Aquí es donde la tradición de la iglesia encaja. Y ya que las historias de Jesús son variadas, las tradiciones variadas no sólo se levantarán sino que serán bastante legítimas.

Historia, teología e iglesia (continuación)

Quinta proposición: las historias preceden y producen la iglesia.

Esto lo notamos muy temprano. La historia existe primero, entonces las personas son atrapadas por ella, la saborean, reflexionan en ella, la cuentan otra vez, la conservan, y la pasan (tradición). Cuando muchas personas son atrapadas, creen, y celebran la misma historia, entonces tiene una iglesia.

Sexta proposición: las historias implican censura.

Esta proposición es un resultado lógico de las dos anteriores. Si tiene una tradición dedicada a conservar y pasar la historia central, y si tiene una iglesia que vive y celebra la historia central, entonces aquellos del grupo que en cualquier momento quieran radicalmente contradecir la historia esencial van a ser censurados. Esto es bastante común en todos los caminos de la vida. Aquí es donde (en cualquier religión, gobierno, o universidad) existe la censura, la reprimenda, o la excomunión. Se puede permitir cierta amplitud, pero no si llega a contradecir lo que la historia representa. Un grupo de libertades civiles no podría, por ejemplo, tolerar a un fanático. Claro, como la historia ha mostrado, las personas tienden a ser mucho más restrictivas de lo que perciben que es la "verdadera" tradición. La ortodoxia de una persona puede ser la herejía de otro, dependiendo de quién maneja el poder. Pero eso está lejos del punto aquí. El punto es que cuando la historia da lugar a la tradición, y la tradición a una iglesia, entonces tarde o temprano aparece la censura (muy pronto, de hecho, como aprendemos de las epístolas de Pablo). En nuestra tradición católica éste es el origen de las penalidades y excomulgaciones.

Séptima proposición: las historias producen teología.

El reflejo y las conclusiones de las historias de Jesús empezaron temprano en la iglesia. Vemos esto en los escritos más tempranos de la iglesia, las epístolas de Pablo. Cuando reflexiona en la historia, hace asociaciones, y saca conclusiones, tiene una teología. Podemos ver esto fácilmente, por ejemplo, en la trayectoria de fe concerniente a la naturaleza de Jesús. De una manera muy especial la historia nos dice que Él es el hombre de Dios. Si Él es el hombre de Dios, entonces tal vez sea su vocero. Si es su portavoz, entonces quizá sea su misma palabra. Si es su palabra, entonces quizá tenga una relación especial con el Padre. Si tiene una relación especial con el Padre, quizá es su Hijo - y de una manera única. Si el es el Hijo de Dios, entonces quizá es su igual. Si es igual, quizá es Dios

Historia, teología e iglesia (continuación)

en la carne. La teología es unir las piezas y descubrir ricas conclusiones que se podrían asir primero.

O podríamos ponerlo de esta manera. La teología surge porque siempre hay más en la historia de lo que los escritores comprenden o incluso piensan. Tenemos un ejemplo clásico en el Evangelio de Juan (11.49-52): "Entonces Caifás, uno de ellos, sumo sacerdote aquel año, les dijo: Vosotros no sabéis nada; ni pensáis que nos conviene que un hombre muera por el pueblo, y no que toda la nación perezca". Juan continúa con su reflexión y expansión concerniente a estas palabras (teología): "Esto no lo dijo por sí mismo, sino que como era el sumo sacerdote aquel año, profetizó que Jesús había de morir por la nación; y no solamente por la nación, sino también para congregar en uno a los hijos de Dios que estaban dispersos". El tiempo y la percepción retrospectivas revelan a menudo motivos más ricos y profundos en las historias. La teología toma esto y lo saca a luz. La teología está arraigada en y fluye de la historia.

Octava proposición: las historias producen muchas teologías.

Las historias mismas de Jesús son variadas y obviamente reflejan tradiciones diferentes. Incluso una lectura casual de los cuatro Evangelios demuestra esto. Ya que esto es así, esperamos que tales tradiciones variadas en las historias den lugar a las teologías variadas. Ningún sistema es absoluto ni lo debe ser. Las historias normativas mismas, después de todo, no sólo tienen finales abiertos sino que están condicionadas por las presuposiciones y los marcos de referencia de los tiempos. Hubo y continuará habiendo muchos sistemas de teología en la iglesia. Aunque ha habido una tendencia en los tiempos modernos de reducir todos los sistemas a uno, en la historia de la iglesia hubo una amplia tolerancia hacia la diversidad.

Novena proposición: las historias producen rituales y sacramentos.

Debemos recordar que la experiencia de Jesús vino antes de las reflexiones acerca de Él. Esta es una manera de decir que la vida vino antes del pensamiento, y que la historia vino antes de la teología. La experiencia de Jesús estuvo verdaderamente, como hemos visto, involucrada en historias, pero también se debe notar que estaba simultáneamente involucrada en rituales y celebraciones. Las señales, acciones, gestos, y símbolos también se volvieron parte de la historia global. El ritual mismo es una línea de la historia en la acción. Así que en seguida se levantaron rituales reactuando la muerte, sepultura, y

Historia, teología e iglesia (continuación)

resurrección de Jesús. Pablo denomina esto bautismo. Luego hubo un ritual de comida, partiendo el pan y compartiendo la copa, las señales que Jesús mismo da. Para abreviar, hubo también historias vividas y compartidas que celebran los misterios de Dios o que hemos llegado a llamar simplemente los sacramentos. La historia (palabra), la celebración (festividad), y el ritual (sacramento) todos van de la mano.

Claro, puede pasar (y ha pasado) que un ritual pierda su conexión con la historia por causa de la rutina, el fastidio, y la repetición. Cuando esto pasa, las personas continúan a menudo el ritual por repetición, pero ya no recuerdan la historia a la que estaba ligado o que expresaba. Para revivir o reformar el ritual debemos regresar y recordar la historia. Las renovaciones de la iglesia son básicamente un ejercicio de esto mismo.

Décima proposición: las historias son historia.

Ya que las historias tienen finales abiertos, no pueden ser o no deben ser literalizadas. Las historias tienen vida propia y cada edad extrae y agrega a la historia un tipo de relación simbiótica. El resultado es un enriquecimiento profundo. La historia es el puente por el que vemos la historia en todas sus formas y en todos sus aspectos verdaderos. Idealmente, la historia salva a la historia de los peligros gemelos de idolatría e irrelevancia.

APÉNDICE 27
Uso de las herramientas de referencia para interpretar la Biblia
Rev. Dr. Don L. Davis

	Ayudas de referencias cruzadas y concordancias temáticas	Manuales teológicos, diccionarios y estudios	Diccionarios de la Biblia, atlas, y referencias de costumbres
Propósito	Asociar los textos diferentes en un asunto dado, tema, o problema	Proporcionar una comprensión de los significados de una palabra o expresarlo a la luz de su importancia teológica	Proporcionar trasfondo en la historia, cultura, costumbres sociales, y/o vida de los períodos bíblicos
Etapa donde es de mayor beneficio	Al encontrar principios bíblicos	Al entender la situación original y encontrar principios bíblicos	Al entender la situación original
Modos	1. Encuentra la referencia que desea hallar. 2. Busca los otros textos asociados con el pasaje en la referencia. 3. Asocia el versículo con un tema particular. 4. Ver el tema contra las citas dadas.	1. Atribuye el versículo o pasaje que estás estudiando a un tema particular. 2. Encuentra la palabra o concepto que te gustaría investigar. 3. Lee acerca del trasfondo de la palabra en la referencia o diccionario 4. Asocia tu texto con el tema, tomando lo que es de ayuda y descartando lo que no es pertinente para el propósito de tu estudio	1. Selecciona un objeto, tema, problema o costumbre en el que necesites ayuda para comprenderlo. 2. Comprueba el objeto en el texto de referencia provisto. 3. Toma nota del trasfondo del tema, e incluye la información nueva en tu recuento general del pasaje.
Beneficios	Encuentra textos en el mismo tema por toda la Biblia Bosquejos provistos para ayudarte a digerir toda la Escritura acerca de un tema diferente	Erudición acerca de los usos teológicos variados y significados de una palabra, frase o frases de la Biblia	Una riqueza de información dada en los varios registros de sociología, antropología, historia, costumbres, sociedad, geografía y datos acerca de la situación original
Precaución clave	Profundice en el texto ANTES de comenzar a ver materiales similares	No se confunda con la VARIEDAD de los usos y significados de la idea teológica	Enfóquese en el significado del texto no meramente en su CONTEXTO
Confiabilidad	Buena	Muy buena	Excelente

Uso de las herramientas de referencia para interpretar la Biblia (continuación)

	Manuales bíblicos, Biblias de estudio, y comentarios	Biblias temáticas, libros de texto, y estudios temáticos	Ayudas de léxicos, traducciones interlineales, y estudios de palabras
Propósito	Dar una opinión erudita del trasfondo, contexto y significado del texto	Dar un bosquejo sofisticado de los pasajes o de un tema dado	Proveer conocimiento del significado, uso, y gramática de las palabras bíblicas y el lenguaje
Etapa donde es de mayor beneficio	Al entender la situación original y buscando los principios bíblicos	Al usar los principios bíblicos	Al entender la situación original y encontrar los principios bíblicos
Modos	1. Después de haber completado tu estudio preliminar, selecciona uno o dos comentarios con los que comprobarás tus descubrimientos. 2. Compara tus descubrimientos con 2-3 otros autores para ver si el tuyo armoniza con el significado que ellos proveen.	1. Después de hacer tus estudios y realizar un juicio preliminar de lo que crees que el pasaje enseña, asigna a tu pasaje un tema bíblico o teológico. 2. Usando ese tema, busca herramientas de referencia temática para ver otros textos en el mismo tema y los incorporas a tu significado en tu estudio. 3. No tengas miedo de modificar tus descubrimientos si los datos nuevos iluminan tu estudio.	1. Selecciona las palabras o frases en el pasaje que sirvan como palabras clave para definir y para entender el significado global del pasaje. 2. Usando una concordancia, léxico, u otra herramienta lingüística, mire los varios significados de la palabra en el contexto del libro, el autor, los contemporáneos del autor, la Biblia, y finalmente el período. 3. Permita que la riqueza de los significados bíblicos matice las demandas de su estudio en lo que el pasaje significó a su audiencia original y lo que significa hoy.
Beneficios	Opiniones eruditas excelentes en el fondo y significado de los varios textos de la Escritura	Presentaciones ricas, completas en los varios temas y conceptos teológicos que se tocan en un pasaje	Abundante conocimiento especializado dado en cada fase del plan, uso, y significado de los idiomas bíblicos en su propia escena histórica y religiosa
Precaución clave	Haz tu propio estudio y reflexión antes de CONFIAR en la opinión de su intérprete favorito	No haga que la lista temática de textos SUSTITUYA el profundizar en los textos y pasajes individuales de la verdad	No pretenda que el conocimiento de los significados originales de las palabras clave DESCALIFIQUE un conocimiento bueno del texto en su propio idioma
Confiabilidad	Buena	Buena	Excelente

APÉNDICE 28
Una bibliografía para la hermenéutica bíblica

Archer, Gleason L. *Encyclopedia of Bible Difficulties*. Grand Rapids: Zondervan, 1982.

Black, David Alan. *Linguistics for Students of New Testament Greek: A Survey of Basic Concepts and Applications*. Grand Rapids: Baker, 1988.

------. *Using New Testament Greek in Ministry: A Practical Guide for Students and Pastors*. Grand Rapids: Baker Books, 1993.

Blomberg, Craig L. *Interpreting the Parables*. Leicester: Apollos, 1990.

Bowman, Robert M., Jr. *Understanding Jehovah's Witnesses: Why They Read the Bible the Way They Do*. Grand Rapids: Baker, 1991.

Bray, Gerald. *Biblical Interpretation Past and Present*. Downers Grove/Leicester: IVP, 2000.

Bullinger, E. W. *Figures of Speech Used in the Bible*. Grand Rapids: Baker Book House, 1968.

Caird, G. B. *Language and Biblical Imagery*. Gerald Duckworth & Co. Ltd, 1981.

Carson, D. A. *Exegetical Fallacies*. 2nd ed. Grand Rapids/Carlisle: Baker Books/Paternoster Press, 1996.

Carson, D. A. and John D. Woodbridge, eds. *Hermeneutics, Authority and Canon*. Leicester: IVP, 1986.

------. *Scripture and Truth*. Leicester: IVP, 1983.

Castelli, Elizabeth A. et al, eds. *The Postmodern Bible*. Yale University Press, 1997.

Coggins, R. J. and J. L. Houlden, eds. *A Dictionary of Biblical Interpretation*. London: SCM Press Ltd., 1990.

Cotterall, Peter, and Max Turner. *Linguistics and Biblical Interpretation*. Downers Grove: InterVarsity Press, 1989.

Una bibliografía para la hermenéutica bíblica (continuación)

Erickson, Millard J. *Evangelical Interpretation: Perspectives on Hermeneutical Issues*. Grand Rapids: Baker Books, 1993.

Evans, Craig A. *Noncanonical Writings and New Testament Interpretation*. Peabody, MA: Hendrickson Publishers, 1992.

Fee, Gordon D. *New Testament Exegesis: A Handbook for Students and Pastors*. Philadelphia: Westminster Press, 1983.

Fee, Gordon D. and Douglas Stewart. *How to Read the Bible for All its Worth: A Guide to Understanding the Bible*. 2nd ed. Grand Rapids: Zondervan, 1993.

Goldingay, John. *Approaches to Old Testament Interpretation*. Updated ed. Leicester: Apollos, 1990.

Greidanus, Sidney. *The Modern Preacher and the Ancient Text: Interpreting and Preaching Biblical Literature*. Grand Rapids: Eerdmans, 1988.

Hendrickson, Walter. *A Layman's Guide to Interpreting the Bible*. Grand Rapids: Zondervan, 1978.

Johnson, Elliott E. *Expository Hermeneutics: An Introduction*. Grand Rapids: Zondervan, 1990.

Kaiser, Walter C., Jr. *Toward an Exegetical Theology: Biblical Exegesis for Preaching and Teaching*. Grand Rapids: Baker, 1981.

Kaiser, Walter C., Jr. Peter H. Davids, F. F. Bruce, and Manfred T. Brauch. *Hard Sayings of the Bible*. Downers Grove: InterVarsity Press, 1996.

Kaiser, Walter C., Jr. and Moises Silva. *An Introduction to Biblical Hermeneutics: The Search for Meaning*. Grand Rapids: Zondervan, 1994.

Klein, William W., Craig L. Blomberg, and Robert L. Hubbard. *Introduction to Biblical Interpretation*. Dallas: Word Publishing, 1993.

Kurht, Wilfred. *Interpreting the Bible: A Handbook of Biblical Interpretation*. Welwyn: Evangelical Press, 1983.

Long, V. Philips. *The Art of Biblical Interpretation. Foundations of Contemporary Interpretation*. Vol. 5. Leicester: InterVarsity Press, 1994.

Longman, Tremper, III. *How to Read the Psalms*. Downers Grove: InterVaristy Press, 1988.

Una bibliografía para la hermenéutica bíblica (continuación)

------. *Literary Approaches to Biblical Interpretation. Foundations of Contemporary Interpretation.* Vol. 3. Leicester: InterVarsity Press, 1987.

------. *Reading the Bible with Heart and Mind.* Navpress Publishing Group, 1996.

Longenecker, Richard N. *Biblical Exegesis in the Apostolic Period.* Carlisle: Paternoster Press, 1995.

Lundin, Roger. *Disciplining Hermeneutics: Interpretation in Christian Perspective.* Grand Rapids: Eerdmans, 1997.

McKnight, Scot, ed. *Introduction to New Testament Interpretation.* Grand Rapids: Baker Books, 1989.

Marshall, I. H., ed. *New Testament Interpretation: Essays on Principles and Methods.* Rev. 1979. Carlisle: Paternoster Press, 1992.

Neill, Stephen. *The Interpretation of the New Testament 1861-1961.* Oxford: Oxford University Press, 1964.

Osborne, Grant R. *The Hermeneutical Spiral: A Comprehensive Introduction to Biblical Interpretation.* Downers Grove: InterVarsity Press, 1991.

Poythress, Vern SheriDn. *Symphonic Theology: The Validity of Multiple Perspectives in Theology.* Grand Rapids: Zondervan, 1987.

Pratt, Richard L., Jr. *He Gave Us Stories: The Bible Student's Guide to Interpreting Old Testament Narratives.* Phillipsburg, NJ: Presbyterian and Reformed, 1993.

Scalise, Charles J. *From Scripture to Theology: A Canonical Journey into Hermeneutics.* Downers Grove: IVP, 1996.

Silva, Moises. *Biblical Words and Their Meaning: An Introduction to Lexical Semantics.* Revised and expanded ed. Grand Rapids: Zondervan, 1994.

------. *God, Language and Scripture. Foundations of Contemporary Interpretation.* Vol. 4. Grand Rapids: Zondervan, 1990.

------. *Has the Church Misread the Bible? The History of Interpretation in the Light of Current Issues. Foundations of Contemporary Interpretation.* Vol 1. Grand Rapids: Zondervan, 1987.

Una bibliografía para la hermenéutica bíblica (continuación)

Sire, James W. *Scripture Twisting: 20 Ways the Cults Misread the Bible*. Leicester: InterVarsity Press, 1980.

Stein, Robert H. *A Basic Guide to Interpreting the Bible: Playing by the Rules*. Grand Rapids: Baker, 1994.

Stenger, Werner. *Introduction to New Testament Exegesis*. Grand Rapids: Eerdmans, 1987.

Stuart, Douglas. *Old Testament Exegesis: A Primer for Students and Pastors*. 2nd ed. Revised and expanded. Philadelphia: The Westminster Press, 1984.

Tate, Randolph W. *Biblical Interpretation: An Integrated Approach*. Peabody, MA: Hendrickson Publishers, 1997.

Thistleton, Anthony C. *New Horizons in Hermeneutics: The Theory and Practice of Transforming Biblical Reading*. Grand Rapids: Zondervan, 1992.

------. *Promise of Hermeneutics*. Carlisle: Paternoster Press, 1999

------. *The Two Horizons: New Testament Hermeneutics and Philosophical Description with Special Reference to Heideggar, Bultmann, Gadamer, and Wittgenstein*. Carlisle: Paternoster Press, 1980.

APÉNDICE 29
Cómo interpretar una narrativa (historia)
Don L. Davis

Todas las historias tienen una forma particular y poseen muchos elementos que hacen posible experimentar la verdad de la historia, sea histórica o imaginaria, de una forma que sea poderosa, desafiante, y entretenida.

Los elementos del estudio de la narrativa

I. Note con cuidado especial el CONTEXTO de la historia.

   A. Lugar: ¿dónde geográficamente se lleva a cabo la historia?

   B. Entornos físicos: ¿cuáles son los detalles físicos?

   C. Entorno temporal (tiempo): ¿cuáles son los elementos de tiempo de la historia?

   D. Entorno histórico cultural: ¿qué detalles de la cultura o de la historia están presentes?

II. Identifique los PERSONAJES de la historia.

   A. ¿Quiénes son los personajes primarios de la historia? ¿El "héroe" y el "villano"?

   B. Note el orden preciso y los detalles de las acciones, conversaciones, y eventos de los personajes.

Cómo interpretar una narrativa (historia)(continuación)

    C. ¿Cómo se nos muestran los personajes?

        1. Descripciones directas

        2. Caracterización indirecta

            a. Apariencia

            b. Palabras y conversación

            c. Pensamientos y actitudes

            d. Influencia y efectos

            e. Acciones y carácter

    D. ¿Cómo son probados los personajes, y qué decisiones toman?

    E. ¿Cómo crecen o declinan los personajes (surgen o caen) en la historia?

III. Busque el PUNTO DE VISTA y la VOZ del autor.

    A. Note los comentarios del autor acerca de los personajes y eventos.

        1. Actitud (positiva, negativa, o neutral)

        2. Juicio (negativo o afirmativo)

        3. Conclusión (¿resumen, ausente, cierre?)

Cómo interpretar una narrativa (historia) (continuación)

    B. Considere en qué voz se está escribiendo la historia:

        1. El narrador omnisciente (el Espíritu Santo)

        2. El testimonio primera persona

        3. El narrador tercera persona

IV. Detecte el DESARROLLO DEL PLAN dentro de la historia.

    A. Note el orden exacto y los detalles del evento y las acciones.

    B. Note cómo comienza, se desarrolla y finaliza la historia.

    C. Pregunte y responda las preguntas acerca del plan actual.

        1. ¿Por qué sucedieron los eventos de esa forma?

        2. ¿Por qué respondieron así los personajes?

        3. ¿Pudieron haber hecho cosas de una manera diferente?

    D. Use los elementos de la historia de John Legget.

        1. Alfombra — la introducción de la historia

Cómo interpretar una narrativa (historia) (continuación)

2. Complicaciones — Conflictos, problemas, temas, tratos

3. Clímax — Pico y punto de cambio de la acción

4. Desenlace — Cómo se resuelve la historia

5. Fin — ¡Fin temporal!

V. Note el TEMA de la historia

A. ¿Qué verdades y principios clave se pueden sacar de la historia?

B. ¿Cuál es el "comentario para la vida" dado en esta historia?

1. ¿Cuál es el punto de vista de la "realidad" en la historia? (¿cómo es el mundo, y cuál es nuestro papel en él?)

2. ¿Cuál es el punto de vista de la historia acerca de la "moralidad"? (e.d., ¿qué constituye lo bueno y lo malo en la historia?)

3. ¿Cuál es el punto de vista de la historia acerca de "valor y significado"? (e.d., ¿qué es lo que más interesa en la historia?)

C. ¿Cómo se cruzan las verdades de la historia con lo retos, oportunidades, tratos, y temas de nuestras vidas?

APÉNDICE 30

Lista de elementos narrativos

Adaptado de How to Read the Bible as Literature [Cómo Leer la Biblia como Literatura], por Leland Ryken.

I. ¿Cuál es el *escenario* de la historia?

   A. Los alrededores físicos

   B. Medio ambiente histórico

   C. Situación cultural

   D. Relaciones y situaciones interpersonales

II. ¿Quiénes son los *personajes* de la historia?

   A. ¿Quiénes son los actores principales/de apoyo en la historia?

   B. ¿Quién es el "protagonista"? ¿Quién es el "antagonista"?

   C. ¿Cómo describe el autor el desarrollo del actor principal?

   D. ¿Cuál es el resultado final de la vida y decisiones del actor principal?

III. ¿Qué *conflicto* de la trama existe dentro de la historia?

   A. ¿Cuáles son los conflictos centrales con Dios?

   B. ¿Cuáles son los conflictos centrales con otros?

   C. ¿Cuáles son los conflictos centrales entre los personajes?

   D. ¿Cuáles son los conflictos centrales entre el actor principal y la situación?

IV. ¿Cuáles son los aspectos de *suspenso narrativo* revelados en la historia?

   A. ¿Qué es lo que nos influye a simpatizar con los actores?

   B. ¿Qué es lo que produce disgusto y aversión entre nosotros y los actores?

   C. ¿Qué es lo que obliga a aprobar lo que los actores hacen?

   D. ¿Qué eventos o sucesos nos causan desaprobación en los actores?

Lista de elementos narrativos (continuación)

V. ¿Cuál discernimiento nos dan los actores acerca de un *"comentario acerca de la vida"*?

A. Realidad: ¿qué punto de vista de la realidad muestran la historia y los actores?

B. Moralidad: ¿qué es lo que constituye el bien y el mal en el contexto de esta historia?

C. Valores: ¿cuál es la preocupación última y los valores en la historia?

VI. ¿Cómo se *unifican* en la historia sus varia partes?

A. ¿Cómo contribuye la organización de la historia a su unidad?

B. ¿Cuál es la secuencia de eventos en esta historia? (principio, eentro y final)

C. ¿En qué manera el final de la historia resuelve la pregunta presentada al principio?

VII. ¿Cómo son *probados* los personajes, y cuáles decisiones toman?

A. ¿Cuál es el dilema/problema/conflicto que el protagonista procura resolver?

B. ¿Cuál cualidad de carácter es probada en el protagonista?

C. ¿Cuáles alternativas de decisiones están disponibles en la historia para los protagonistas?

D. ¿Cuáles decisiones toman los personajes, y cuál es el resultado de las mismas?

VIII. ¿Cómo *progresan y crecen* los personajes (o declinan y caen) en la historia?

A. ¿Dónde comienzan los personajes en la historia?

B. ¿Cómo les afectan las experiencias de los personajes a su desarrollo?

C. ¿Dónde arriban o terminan los personajes como resultado de sus experiencias, y las decisiones que tomaron dentro de la historia?

Lista de elementos narrativos (continuación)

IX. ¿Qué "trampas", *ironía dramática y justicia poética* son usadas en la historia?

    A. Trampas: ¿cuáles personajes son contrarios o enemigos en la historia?

    B. Ironía Dramática: ¿cuándo se le informa al lector de situaciones y realidades de las que los personajes no están conscientes?

X. ¿Cuáles asuntos son *repetidos, resaltados y muy notorios* en la historia?

    A. Repetición: ¿cuáles frases, asuntos, temas, puntos, o acciones se repiten?

    B. Resaltados: ¿qué cosas de los personajes y de los eventos se enfatizan más que otras?

    C. Muy notorios: ¿qué cosas sobresalen como "el centro de la acción" en el desarrollo de la historia?

XI. ¿Cuál es el *punto de vista* del autor de la historia?

    A. ¿Qué comentarios hace el autor acerca de los personajes y de los eventos de la historia?

    B. ¿Qué sentimientos cree que la historia trata de generar?

    C. ¿Cómo está arreglado el material y los detalles para comunicar con claridad el punto de vista del autor?

APÉNDICE 31
Claves para la interpretación bíblica
Algunas claves para interpretar las Escrituras acertadamente
Terry G. Cornett y Don L. Davis. Revised ed.

Principios clave

Para tener un entendimiento acertado de un libro o pasaje de la Biblia, el intérprete debe:

Presuposiciones

1. Creer que las Escrituras son inspiradas, infalibles y la regla autoritaria para la vida y la doctrina.

2. Darse cuenta que no es posible entender y aplicar completamente las Escrituras sin:

    - haber "nacido de lo alto" por fe en Cristo
    - ser lleno del Espíritu de Dios
    - ser diligente en perseguir su significado por medio de un estudio regular
    - estar dispuesto a obedecer el mensaje, una vez que ha sido revelado

3. Permitir que el proceso de interpretación comprometa a "la persona entera". El estudio de la Escritura debe cautivar sus emociones y su voluntad así como su mente. "Nosotros apuntamos a ser objetivos, pero no lectores desinteresados".

4. Entender que toda la Escritura es en alguna forma un testimonio de Cristo. Cristo es el sujeto de la Biblia; toda su doctrina, enseñanza y ética apuntan hacia él.

5. Tomar en cuenta el lado humano y divino de la Escritura.

Claves para la interpretación bíblica (continuación)

6. Buscar "extraer" o sacar el significado que está en el texto (exégesis), no leer hacia el texto sus creencias o ideas (eiségesis).

7. Buscar explicar:

    - los pasajes "no claros" por medio de los pasajes más claros
    - las porciones simbólicas por medio de las enseñanzas establecidas de la Escritura
    - el Antiguo Testamento por medio del Nuevo Testamento

8. Tomar en cuenta todo el contexto del libro y del pasaje donde se encuentra cualquier texto en particular.

9. Identificar el autor humano y la audiencia a la que escribió. Comience por intentar descubrir lo que el autor estaba tratando de decir a la audiencia original. "Un pasaje no puede significar lo que nunca significó". — **Entendiendo la situación original**

10. Usar información acerca de los manuscritos, idiomas, gramática, formas literarias, historia, y cultura para ayudarse a descubrir el significado intencional del autor.

11. Tomar seriamente el género y los tipos de lenguaje usados por el autor, luego interpretar las Escrituras literalmente, lo que significa que tomamos el sentido claro del lenguaje como se usa normalmente en ese género.

12. Buscar las ideas, valores, y verdades que una historia, orden, o profecía está intentando comunicar. Buscar declarar esos principios de tal modo que sea verdad y útil para todas las personas, en todo momento, y en todas las situaciones. — **Encontrar principios generales**

13. Usar la Escritura para interpretar la Escritura. Para entender cualquier parte individual de la Escritura, compare esa porción al mensaje de la Biblia entera. Una vez que se ha

Claves para la interpretación bíblica (continuación)

alcanzado esta comprensión, uno también debe reinterpretar lo que entiende de toda la Escritura (la teología y doctrina) a la luz de la nueva información obtenida del pasaje (El círculo hermenéutico).

14. Entender que la razón, tradición, y experiencia son factores significativos en el proceso de interpretar la Escritura. Los principios deben ser claros, lógicos y defendibles; deben ser compatibles con la manera en que los cristianos han interpretado las Escrituras a lo largo de la historia; y deben ayudar a entender el sentido de la experiencia humana.

Aplicando principios generales hoy

15. Trasladar cuidadosamente de lo que la Escritura "significó" a su audiencia original a lo que "significa" para el lector actual.

16. Aplicar las verdades generales a las situaciones específicas de las personas hoy.
    - Recuerde que el Espíritu Santo es la guía primaria en la aplicación de verdad. Pídale guía en el significado para hoy y luego medite en oración acerca del significado del pasaje.
    - Busque la guía del Espíritu, viendo cómo Él ha guiado a otros cristianos (dentro y fuera de su propia tradición denominacional) para interpretar el significado y aplicación del pasaje para hoy.

17. Poner los principios y las aplicaciones en un lenguaje que tenga sentido para los lectores modernos.

18. Mantener a la vista las "las metas final". El intento de todo el estudio de la Biblia es madurar al lector en la vida y amor de Jesucristo, para la gloria de Dios. No el conocimiento meramente, sino la transformación de la vida, esa es la meta de la interpretación de la Biblia.

Claves para la interpretación bíblica (continuación)

Perspectiva clave

Nota: En este diagrama las categorías de Kuhatschek se refieren a los tres pasos de la interpretación bíblica bosquejados por Jack Kuhatschek en *Applying the Bible* Downer's Grove: IVP, 1990.

Pasos clave para la interpretación

El énfasis de este paso es entender el *mundo de la Biblia, el autor, y el mensaje de Dios para un grupo particular de gente en un tiempo y lugar particular.*

Paso uno: Entendiendo la situación original

A. Pida que Dios abra sus ojos a la verdad por medio del ministerio del Espíritu Santo cuando lea Su palabra.

Dígale a Dios que quiere ser cambiado así como también informado por medio de la lectura de las Escrituras. Pídale que revele acciones específicas y actitudes en su propia vida que necesitan ser cambiadas o disciplinadas. Pídale a Dios que use la palabra para revelar a Jesús y para hacerle más semejante a su Hijo. Dele gracias a Dios por los dones de su Espíritu, su Hijo, y las Escrituras. Muchos creyentes empezaron su estudio de la Palabra de Dios orando las palabras de Salmo 119.18.

Padre celestial, abre mis ojos para ver cosas maravillosas en tu palabra. Amén.

Claves para la interpretación bíblica (continuación)

B. Identifique al autor del libro, la fecha apropiada en que fue escrito, por qué fue escrito, y a quién fue escrito.

Herramienta clave: Diccionario de la biblia, manual de la Biblia o comentario de la Biblia

C. Lea el contexto alrededor del pasaje.

Herramienta clave: Una traducción estándar (no una paráfrasis) de la Biblia

- Busque encontrar dónde están los cortes "naturales" cerca del pasaje y asegúrese que está viendo todo el pasaje durante el proceso de interpretación.

- Lea el material acerca del pasaje. Es una buena regla a seguir leer *por lo menos* un capítulo antes y un capítulo después, siguiendo el pasaje que está estudiando.

- Entre más corto sea el pasaje seleccionado para la interpretación, mayor llega a ser el peligro de ignorar el contexto. El viejo proverbio es correcto: "Un texto fuera del *con*texto es un *pre*texto".

D. Observe el pasaje cuidadosamente.

- Identifique quién está hablando y a quién se le habla.
- Observe las ideas y detalles principales.
    - Haga un bosquejo sencillo del pasaje.
    - Identifique las ideas principales.
    - Busque palabras repetidas o imágenes.
    - Busque relaciones de "causa y efecto".
    - Busque comparaciones, contrastes y conexiones.

Claves para la interpretación bíblica (continuación)

E. Lea el pasaje en otra traducción de la Escritura.

Herramienta clave: Una traducción o paráfrasis de la Escritura que usa una filosofía de traducción diferente a la versión de la Escritura que normalmente usa

- Apunte cualquier pregunta que esta nueva traducción levanta en su mente y quédese alerta para las respuestas que reciba al estudiar más.

F. Lea cualquier recuento paralelo o pasajes de otras partes de la Escritura.

Herramienta clave: Una concordancia o una Biblia que incluya referencias cruzadas

- Note qué detalles se añaden al pasaje que está estudiando de los otros recuentos de la Escritura.

- ¿Por qué escogió el autor omitir algunos detalles y enfatizar otros? ¿Qué significado tiene esto para entender la intención del autor?

G. Estudie las palabras y las estructuras gramaticales.

Herramienta clave: Léxicos griegos, hebreos y diccionarios expositivos que ayudan a profundizar nuestro entendimiento del significado de las palabras y su uso. Comentarios exegéticos que ayudan a explicar construcciones gramáticas y cómo estos afectan el significado del texto.

- Tome nota de las palabras que el escritor usa de forma única y de las formas gramaticales especiales como imperativos, verbos que muestran acción continua, etc.

H. Identifique el género (tipo de literatura) y considere cualquier regla especial que se aplica.

Herramienta clave: Diccionario bíblico y comentarios de la Biblia

- Cada tipo de literatura ha sido tomada en serio por lo que es. No debemos interpretar la poesía de la misma forma en que interpretamos la profecía, o la narrativa de la misma forma que interpretamos las órdenes.

Claves para la interpretación bíblica (continuación)

I. Busque estructuras literarias que puedan influenciar la forma en que se entiende el texto.

Herramienta clave: Comentarios exegéticos

- Las estructuras literarias incluyen las figuras del lenguaje, metáforas, tipologías, símbolos, estructuras poéticas, estructuras de quiasmos, etc.

J. Identifique los eventos históricos y los problemas culturales que pueden afectar la gente o influenciar las ideas descritas en el pasaje.

Herramienta clave: Diccionarios de la Biblia y comentarios bíblicos

- Pregúntese constantemente, "¿qué estaba sucediendo en la historia y la sociedad que afectaría la manera en que la audiencia escuchó el mensaje en este texto?"

K. Resuma lo que cree que el autor estaba tratando de decir y su importancia para la audiencia original.

- Su meta en este paso es escribir las verdades clave del pasaje de tal manera que el autor y la audiencia original estuvieran de acuerdo si ellos los escucharan.

Paso dos: Encontrando principios generales

El énfasis de este paso es identificar *el mensaje central, mandamientos, y principios en una porción de la Escritura* que enseñan los propósitos de Dios para toda la gente.

A. Haga una lista en forma de oraciones de lo que cree que son los principios generales que se aplican a toda la gente, en todo tiempo, en toda cultura.

B. Revise estos principios en comparación con otras partes de la Escritura para claridad y exactitud.

Herramienta clave: Concordancia, Biblia temática

Pregúntese:

- ¿Están los principios que encontré apoyados por otros pasajes en la Biblia?

Claves para la interpretación bíblica (continuación)

- ¿Cuál de estos principios puede ser difícil o imposible de explicar cuando se compara con otros pasajes de la Escritura?
- ¿Deben ser sacados algunos de estos principios a la luz de otros pasajes de la Escritura?
- ¿Que información nueva acerca de Dios y de su voluntad añade el pasaje a mi conocimiento general de la Escritura y doctrina?

C. Ajuste o modifique sus enunciados de los principios de Dios a la luz de los descubrimientos que ha hecho anteriormente.

- Escriba de nuevo sus principios clave para reflejar la enseñanza obtenida de otras porciones de la Escritura.

D. Lea comentarios para descubrir algunos de los principios clave y doctrinas que otros en la Iglesia han sacado de este pasaje.

- Compare y contraste la información de los comentarios con sus propias lecturas. Esté dispuesto a abandonar, cambiar, o defender sus puntos de vista cuando sea necesario al encontrar información nueva.

E. Una vez más, ajuste o modifique sus enunciados de los principios de Dios a la luz de los descubrimientos que hizo anteriormente.

El énfasis de este paso está en moverse *de lo que la Escritura "significó" hacia lo que "significa"*. ¿Cómo se ve la obediencia a Dios y a sus mandatos hoy en nuestra cultura, con nuestros amigos y familias, y con los problemas y oportunidades que encaramos en nuestras vidas?

Paso tres: Aplicando los principios generales hoy

A. Pida a Dios que le hable y le revele el significado de este pasaje en su vida.

Claves para la interpretación bíblica (continuación)

- Medite en el pasaje y en las cosas que ha aprendido de su estudio hasta ahora mientras le pide al Espíritu que le enseñe las aplicaciones específicas de las verdades descubiertas por usted mismo y los de su alrededor.

B. ¿De qué forma me trae "buenas noticias" este pasaje a mí y a otros?

- ¿Cómo revela más a Jesús y a su Reino por venir?
- ¿Cómo se relaciona con el plan general de salvación de Dios?

C. ¿Cómo debería la verdad de este pasaje:

Afectar mi relación con Dios?

- Trate de determinar cómo los principios y ejemplos de estas Escrituras le pueden ayudar a obedecer y amar a Dios más perfectamente.

Afectar mi relación con otros?

- Esto incluye la familia de mi iglesia, mi familia física, mis compañeros de trabajo, mis amigos, mis vecinos, mis enemigos, extranjeros, y los pobres oprimidos.

Desafiar mis creencias, actitudes, y acciones que mi cultura mira como normal?

- ¿Cómo debe ser diferente mi pensar y actuar de aquellos del mundo y alrededor de mí?

D. Responder mis preguntas "¿qué creo?" y "¿qué debo hacer?" ahora que he estudiado este pasaje.

- ¿Necesito arrepentirme de antiguas formas de pensar o actuar?
- ¿Cómo puedo actuar en base a esta verdad para poder llegar a ser una persona sabia?

E. ¿Cómo puedo compartir con otros lo que he aprendido en una forma que atraiga la atención a Cristo y los edifique?

APÉNDICE 32

Documentando su tarea
Una regla para ayudarle a dar crédito a quien merece crédito
Instituto Ministerial Urbano

El *plagio intelectual*, significa usar las ideas de otra persona como si fueran suyas sin darles el crédito debido. En cualquier tarea académica, *plagiar* o usar las ideas de otro sin darle crédito, es igual que robarle su patrimonio. Estas ideas pueden venir del autor de un libro, de un artículo que usted lea, o de un compañero de clase. El *plagio* se evita archivando e incluyendo cuidadosamente sus "notas prestadas" (notas del texto, notas al pie de la hoja del texto, notas al final de un documento, etc.), y citando las "Obras" donde aparecen las "notas prestadas", para ayudar a la persona que lee su tarea, a conocer cuando una idea es de su propia innovación o cuando la idea es prestada de otra persona.

Se requiere que agregue una cita, cada vez que use la información o texto de la obra de otra persona.

Todas las referencias de citas, tradicionalmente se han hecho de dos formas:

- Notas en el texto del proyecto o tarea estudiantil, agregadas después de cada cita que venga de una fuente exterior.

- La página de las "Obras citadas", está en la última hoja de la tarea. Ésta da información de la fuente citada en el proyecto o tarea.

Hay tres formas básicas de notas: *Nota parentética*, *Nota al pie de la página*, y *Nota al final del proyecto*. En el INSTITUTO MINISTERIAL URBANO, recomendamos que los estudiantes usen notas parentéticas porque son las más fáciles de usar. Estas notas proveen: 1) el apellido del[os] autor[es]; 2) la fecha cuando el libro fue publicado; y 3) la[s] página[s] donde se encuentra la información. El siguiente es un ejemplo:

> Al tratar de entender el significado de Génesis 14.1-24, es importante reconocer que en las historias bíblicas "el lugar donde se introduce el diálogo por primera vez es un momento importante donde se revela el carácter del discursante . . ." (Kaiser y Silva 1994, 73). Esto ciertamente es evidencia del carácter de Melquisedec, quien confiesa palabras de bendición. Esta identificación de Melquisedec como una influencia positiva, es reforzada por el hecho que él es el Rey de Salén, ya que Salén significa "seguro, en paz" (Wiseman 1996, 1045).

Cómo evitar el plagio intelectual

Cómo usar referencias de las citas

Cómo anotar las citas en sus tareas

Aprender como usar referencias de las citas, es altamente importante ya que este conocimiento lo tendrá que usar con cualquier otro curso, secular o teológico. De ser así, su tarea siempre será considerada con más credibilidad y confianza.

Documentando su tarea (continuación)

Cómo crear una página de "Obras citadas" al final de su tarea

Si el estudiante no adopta nuestra recomendación, tal como lo explicamos anteriormente, entonces todas las citas pueden ser incluidas *al final de cada página*, o en *la última página del proyecto* con una página de "Obras citadas". Ambas opciones deben ser así:

- Dar una lista de cada fuente que haya sido citada en esa página o en el proyecto
- En orden alfabético de apellido del autor
- Y añadir la fecha de publicación e información del editor

La siguiente es una explicación más completa de las reglas sobre citas:

1. Título

El título "Obras Citadas", debe ser usado y estar centrado en la primera línea de la página de citas (el único espacio es el margen de la hoja, no inserte ningún espacio antes del título).

2. Contenido

Cada referencia debe incluir:

- El nombre completo (primero el apellido, una coma, luego el nombre y punto)
- La fecha de publicación (año y un punto)
- El título (tomado de la tapa del libro), y cualquier información especial como impresión editada (Ed.), segunda edición (2ª Ed.), reimpresión (Reimp.), etc.
- La ciudad donde se localiza la casa editora; dos puntos, y el nombre de la editora.

3. Forma básica

- Cada pieza de información debe estar separada por un punto.
- La segunda línea de la referencia (y las siguientes líneas), debe estar tabulada una vez (una sangría).
- El título del libro debe estar subrayado (o en *cursiva*).
- Los títulos de artículos deben escribirse entre comillas (" ").

Por ejemplo:

Fee, Gordon D. 1991. *Gospel and Spirit: Issues in New Testament Hermeneutics.* Peabody, MA: Hendrickson Publishers.

Documentando su tarea (continuación)

4. Formas especiales

Un libro con autores múltiples:

> Kaiser, Walter C., y Moisés Silva. 1994. *Una Introducción a la Hermenéutica Bíblica: En Búsqueda del Significado.* Grand Rapids: Zondervan Publishing House.

Un libro editado

> Greenway, Roger S., ed. 1992. *Discipulando la Ciudad: Una Propuesta Comprensiva para Misiones Urbanas.* 2ª Ed. Grand Rapids: Baker Book House.

Un libro que es parte de una serie:

> Morris, León. 1971. *El Evangelio Según Juan.* Grand Rapids: Wm. B. Eerdmans Publishing Co. Comentario Internacional del Nuevo Testamento. Gen. Ed. F. F. Bruce.

Un artículo en un libro de referencia:

> Wiseman, D. J. "Salén". 1982. *Diccionario Nuevo de la Biblia.* Leicester, Inglaterra - Downers Grove, IL: InterVarsity Press. Eds. I. H. Marshall y otros.

(En las próximas páginas hay más ejemplos. Vea también el ejemplo llamado "Obras citadas").

Las normas para documentar obras académicas en las áreas de filosofía, religión, teología, y ética incluyen:

> Atchert, Walter S., y Joseph Gibaldi. 1985. *El Manual del Estilo de MLA.* New York: Modern Language Association.
>
> *El Manual de Estilo de Chicago.* 1993. 14ª Ed. Chicago: The University of Chicago Press.
>
> Turabian, Kate L. 1987. *Un Manual para Escritores de Tareas Universitarias, Tesis y Disertaciones.* 5ª edición. Bonnie Bertwistle Honigsblum, Ed. Chicago: The University of Chicago Press.

Para más investigación

Documentando su tarea (continuación)

Obras citadas

Fee, Gordon D. 1991. *El Evangelio y El Espíritu: Asuntos de Hermenéutica Neo Testamentaria.* Peabody, MA: Hendrickson Publishers.

Greenway, Roger S., Ed. 1992. *Discipulando la Ciudad: Una Propuesta Comprensiva para Misiones Urbanas.* 2ª Ed. Grand Rapids: Baker Book House.

Kaiser, Walter C., y Moisés Silva. 1994. *Una Introducción a la Hermenéutica Bíblica: En Búsqueda del Significado.* Grand Rapids: Zondervan Publishing House.

Morris, León. 1971. *El Evangelio Según Juan.* Grand Rapids: Wm. B. Eerdmans Publishing Co. *Comentario Internacional del Nuevo Testamento.* Gen. Ed. F. F. Bruce.

Wiseman, D. J. "Salén". 1982. En *Diccionario Nuevo de la Biblia.* Leicester, Inglaterra-Downers Grove, IL: InterVarsity Press. Eds. I. H. Marshall y otros.

Mentoría
Enseñando el Currículo Piedra Angular

Antes de iniciar el curso

- Primero, lea cuidadosamente la "Introducción al módulo" en la página 5 de la Guía del Mentor, y examínela de principio a fin, con el propósito de comprender el contenido abarcado en todo el curso. El *Libro de Notas y Tareas del Estudiante* es idéntico a ésta. Su guía, sin embargo, también contiene una sección con material adicional y recursos para cada lección, llamada *Notas del mentor*. Las referencias para encontrar estas instrucciones, se indican con el siguiente símbolo, que aparece en el margen: 📖. Las pruebas, examen final y claves de las respuestas pueden todas ser encontradas en *TUMI Satellite Gateway*. (Esto está disponible para todos los satélites aprobados.)

- Segundo, le animamos cordialmente a ver los DVD, antes de iniciar el curso.

- Tercero, usted debe leer cada lectura asignada en la sección de tareas, asociadas al currículo; ya sean libros de texto, artículos o apéndices.

- Cuarto, es muy beneficioso revisar los puntos teológicos asociados con el curso, usando un diccionario bíblico, un diccionario teológico, o un comentario bíblico, para refrescar su familiaridad con los temas principales que abarca el currículo.

- Quinto, por favor recuerde que los estudiantes *no son evaluados por sus tareas de lectura*. Éstas son provistas para ayudar al estudiante a obtener una comprensión más amplia de lo que el módulo enseña; pero es requerido que sus estudiantes sean buenos lectores para que así puedan comprender las enseñanzas. De acuerdo a la disponibilidad de los libros de texto (ej. libros fuera de impresión), mantenemos nuestra lista oficial de libros de texto requeridos por Piedra Angular. Por favor visite www.tumi.org/libros para obtener una lista actualizada de los libros de texto de este módulo.

- Por último, anote las preguntas que le despiertan su curiosidad e interés, así como el entrenamiento ministerial que le gustaría explorar con sus estudiantes, con relación al contenido de la materia de estudio.

Antes de cada lección

Antes de cada lección, usted debe ver otra vez el contenido de los DVD de cada clase, y luego desarrollar una sección de *Contacto* y *Conexión* para esa lección. Las secciones de Contacto y Conexión aparecen con una punta de flecha negra en su guía.

Repase la Guía del Mentor para familiarizarse completamente con el objetivo de cada lección, y haga una lista de ideas para sus actividades de Contacto (le proveemos dos o tres actividades de Contacto, si quiere usarlos).

Luego, desarrolle una sección de Contacto, que introduzca a los estudiantes al contenido de la lección y a la vez capte su interés. Reglamentariamente, los métodos de Contacto recaen sobre tres categorías.

1. *Los captores de atención* enfocan la atención del estudiante y los introduce al tópico de la lección. Los captores de atención pueden ser usados por sí solos, o pueden combinarse con otros métodos, descritos a continuación. Por ejemplo:

- Entonar un canto como introducción que esté relacionado al tema de la lección.
- Mostrar una tira cómica o contar un chiste de humor sano relacionados al tema.
- Pedir a los estudiantes que se agrupen, decidiendo entre dos opciones. Por ejemplo: A la izquierda, aquellos que creen que es más fácil evangelizar, empleando los Evangelios; a la derecha los que creen que es más fácil evangelizar, usando las Epístolas. Luego anímelos a compartir acerca de su deducción.

2. *El método de contar historias* ilustra la importancia del contenido de la lección por medio del instructor o los estudiantes, que contarán su experiencia acerca del tema. Por ejemplo:

- Si el tema es acerca de las actividades ministeriales del pastor, el mentor podría compartir sobre las preguntas y desafíos que ocurrieron al haber conducido un funeral.
- Acerca de la evangelización, el mentor podría pedir que los estudiantes describieran una experiencia que hayan tenido acerca de compartir el evangelio.

3. *Las actividades de situaciones problemáticas* desafían a los estudiantes con preguntas complejas y los encaminan al contenido de la lección; es así como confrontan sus propias preguntas que surgen de la problemática presentada. Por ejemplo:

- Presentar un estudio de caso acerca de una situación difícil, con relación al ministerio, pidiendo que el liderazgo tome una decisión; luego, pedir que los estudiantes discutan cuál sería la mejor decisión.

Preparar la sección de Contacto

- Problemas en forma de preguntas tales como: "Cuando predicamos en un funeral, ¿es más importante ministrar con veracidad o con compasión? ¿Por qué?".

Sin darle importancia al método que escoja, el secreto de la sección de "Contacto" se encuentra en hacer un cambio efectivo hacia el "Contenido" de la lección. Cuando se prepare para el Contacto, el mentor deberá escribir una declaración que sirva como puente hacia la sección del Contenido. Por ejemplo, si el contenido de la lección es acerca de la verdad de la deidad del Espíritu Santo, como una de las personas de la Trinidad, la actividad de Contacto podría estar dirigida a solicitar a los estudiantes el dibujo rápido de un símbolo, que represente en mejor forma al Espíritu Santo. Después de mostrar y discutir los dibujos, el mentor podría hacer la siguiente declaración para hacer el cambio:

Debido a que frecuentemente el Espíritu Santo es representado con símbolos de fuego y aceite en las Santas Escrituras, en lugar de una imagen humana como el Padre y el Hijo, a veces es difícil ayudar a otros a entender que el Espíritu Santo es una persona completa dentro de la Deidad, quien piensa, actúa y habla tan personalmente como Dios el Padre, o Jesús el Hijo. En esta lección, vamos a establecer el fundamento bíblico para entender que el Espíritu es más que un símbolo de "poder", y que es importantísimo pensar en la forma en que vamos a comunicar esa verdad a otros hermanos en nuestra congregación.

Una declaración como ésta, orientará a los estudiantes hacia una expectativa clara del contenido de la lección, y los preparará para discutir algunas cosas que vendrán más tarde en la sección de Conexión. Es importante que durante su tiempo de planeamiento, antes de la clase, usted defina lo que va a decir. De esta manera podrá *ajustar* la declaración de cambio, basándose en las respuestas de sus estudiantes durante la sección de Contacto.

A continuación hay tres preguntas para evaluar la sección de Contacto que ha creado:

- ¿Es creativa e interesante?
- ¿Toma en cuenta la necesidad e interés de este grupo en particular?
- ¿Enfoca a las personas hacia el contenido de la lección y provoca su interés en el tema?

Nuevamente, repase la Guía del Mentor para entender los objetivos de la lección, y reúna ideas para las actividades de Conexión.

Seguidamente, produzca una sección de Conexión para que los estudiantes formulen una nueva asociación entre la verdad y sus vidas, es decir, sus implicaciones; posteriormente, discuta los cambios específicos en su fe o doctrina, actitudes, o acciones consecuentes, es decir, su aplicación. Evite, al trazar su plan, que la sección de Conexión sea excesivamente específica. Esta sección no debe ser una convocatoria a un "producto final", con un objetivo predeterminado, sino una invitación a una aventura de descubrimiento.

El eje de una buena sección de Conexión es una interrogativa (o una serie de preguntas) que piden al estudiante que considere cómo el conocer la verdad cambiará sus ideas, actitudes y comportamiento. Por lo cual, hemos incluido algunas preguntas de Conexión, a fin de "arrancar los motores" de sus estudiantes, para estimular su pensamiento y ayudarles a generar sus propias interrogativas acerca de su experiencia personal. Ya que éste es un entrenamiento teológico y ministerial, estamos interesados mayormente en los cambios asociados con la forma en que los estudiantes entrenan y lideran a otros, en su contexto ministerial. Si enfoca sus preguntas para que los estudiantes reflexionen, será más fácil que ellos apliquen sus propias conclusiones.

La sección de Conexión puede ser utilizada de diferentes formas. Los estudiantes pueden discutir las implicaciones y aplicaciones, todos juntos dirigidos por el Mentor, o en grupos pequeños (discutiendo abiertamente o siguiendo una serie de preguntas escritas por el Mentor). También, los "casos de estudio" son fenomenales para iniciar la discusión. Sin importar el método en esta sección, tanto el Mentor como el grupo aprendiz deben ser vistos como una fuente de sabiduría. Puesto que sus estudiantes son líderes cristianos, comúnmente hay una amplia experiencia y un conocimiento abundante que pueden ser extraídos de ellos mismos. Los estudiantes deben ser animados a aprender unos de otros, como también del Mentor.

Estos son algunos principios que deben guiar la discusión de Conexión bajo su liderazgo:

- Primero, la meta principal de esta sección es extraer inteligentemente todas las preguntas que tienen sus estudiantes. En otras palabras, las preguntas que expresan sus estudiantes toman prioridad por sobre las preguntas que el Mentor haya preparado por anticipado–aunque las preguntas de un mentor experimentado

Trazar su plan para la sección de Conexión

serán de gran utilidad. NOTA - Recuerde que la pregunta de un estudiante usualmente es la pregunta no proferida de todo el grupo. Considere también que aquellos de personalidad introvertida y los que carecen de seguridad personal, les será más difícil vocalizar su preguntas.

- Segundo, procure enfocar la discusión en lo concreto y lo específico, y no puramente en lo teórico, hipotético, o abstracto. Esta porción es para ser enfocada en situaciones reales que las personas en su clase están abordando.

- Tercero, no tenga temor en compartir la sabiduría que usted ha adquirido a través de su propia experiencia ministerial. Usted es un recurso importante para sus estudiantes, porque ellos captan mucho de las lecciones del maestro. Pero no se olvide que la efectividad experimentada en otras ocasiones puede cambiar debido a la variedad cultural, contextual y personalidad de su grupo. Haga sugerencias, pero dialogue con sus estudiantes para evaluar la utilidad de su experiencia en ese contexto, y pregunte qué adaptaciones debe hacer para compartirla más efectivamente.

Estas son tres preguntas para ayudarle a evaluar anticipadamente su sección de Conexión:

- ¿He anticipado las áreas generales de implicación y aplicación para la enseñanza de esta lección?

- ¿Estoy preparado para proveer un ambiente a los estudiantes, de manera que expresen sus preguntas libremente; les he dado la prioridad que se merecen?

- ¿Ayudará esta sección a los estudiantes a marcharse de la clase sabiendo qué hacer con la verdad aprendida en clase?

Finalmente, ya que el proyecto ministerial es la aplicación estructurada para el curso entero, es provechoso reservar parte de la sección de Conexión para que los estudiantes puedan discutir qué clase de proyecto quieren escoger, su progreso, o dar un reporte de su proyecto después de entregarlo.

Pasos para guiar la lección

- Pase lista.

- Dirija el devocional.

- Repita o cante El Credo Niceno y ore.

- Administre la prueba.

- Revise los versículos memorizados.

- Recoja las tareas asignadas para ese día.

Actividades para
el inicio de la clase

- Use un *Contacto* provisto en la Guía del Mentor, o desarrolle el suyo.

Enseñar la sección
del Contacto

- Presente el *Contenido* de la lección usando la enseñanza del video.

Supervisar la sección
del Contenido

Cómo usar los segmentos del video
Cada lección está dividida en dos segmentos (hay cuatro lecciones, para un total de ocho segmentos), cada segmento dura aproximadamente 30 minutos. Después de la sección de Contacto (incluyendo la declaración de transición), ponga el DVD del primer segmento de la lección. Los asistentes pueden seguir esta presentación usando su Libro de Notas y Tareas del Estudiante, el cual contiene el bosquejo general del material presentado y las referencias bíblicas, y también otros materiales suplementarios que menciona el orador del video. Una vez que vean el primer segmento, confirme con los estudiantes que hayan entendido el contenido.

Cómo asegurarse de que el contenido sea entendido (seguimiento)
Use la Guía del Mentor para comprobar la comprensión del video, tomando ventaja de las preguntas en la sección "Preguntas y reflexión acerca del contenido del video". Aclare cualquier información malentendida que los estudiantes demuestren en sus respuestas.

Consulte con sus estudiantes si tienen preguntas acerca del contenido y discútalas corporalmente en la clase. NOTA - Estas preguntas deben enfocarse en entender el contenido y no en discutir cómo aplicar lo aprendido. Las preguntas de aplicación vendrán en la sección de Conexión.

Tome un pequeño receso y después repita el proceso, poniendo el segundo segmento del video.

Enseñar la sección de Conexión

- Resumen de conceptos importantes
- Aplicación del estudiante
- Casos de estudio
- Reafirmación de la tesis de la lección
- Recursos y bibliografía
- Conexiones ministeriales
- Consejería y oración

Recordar a los estudiantes acerca de las próximas tareas y asignaturas

- Versículos para memorizar
- Lectura del texto asignado
- Otras asignaturas tareas

Concluir la lección

- Concluya con una oración
- Esté disponible para responder a cualquier pregunta, o a la necesidad que alguno de sus estudiantes tenga después de la clase.

Por favor, lea la próxima página para ver una muestra general del "Bosquejo de la lección del módulo".

Las pruebas, el Examen Final y las respuestas están localizadas al final de este módulo.

Bosquejo de la lección del módulo

Título de la lección — Introducción

Objetivos de la lección

Devocional

El Credo Niceno y oración

Prueba

Revisión de los versículos memorizados

Entrega de tareas

Contacto (1-3) — Contacto

Resumen introductorio al segmento 1 — Contenido

Video y bosquejo segmento 1

Seguimiento 1 (Preguntas y reflexión acerca del contenido del video)

Resumen introductorio al segmento 2

Video y bosquejo segmento 2

Seguimiento 2 (Preguntas y reflexión acerca del contenido del video)

Resumen de conceptos importantes — Conexión

Aplicación del estudiante

Casos de estudio

Reafirmación de la tesis de la lección

Recursos y bibliografía

Conexiones ministeriales

Consejería y oración

Versículos para memorizar — Asignaturas

Lectura del texto asignado

Otras asignaturas o tareas

Esperamos ansiosamente la próxima lección

La Inspiración Bíblica
Los Orígenes y Autoridad de la Biblia

NOTAS DEL MENTOR 1

📖 **1**
Página 13
Introducción a la lección

Bienvenidos a la Guía del Mentor para la Lección 1, *"Inspiración Bíblica: Los Orígenes y Autoridad de la Biblia"*. El enfoque global del módulo de la Interpretación Bíblica es el de ayudar a sus estudiantes a que obtengan el profundo conocimiento requerido para llegar a ser intérpretes efectivos de la Palabra de Dios. El enfoque de este módulo se basa en la colaboración del intérprete bíblico con el Espíritu Santo, quien de hecho resulta ser la fuente de inspiración de las Escrituras así como de su iluminación. Nadie puede verdaderamente comprender las Escrituras sin la ayuda y guía del Espíritu Santo (1 Co. 2.9-16). Como obreros que no necesitan ser avergonzados sino buscar la aprobación de Dios, tenemos la responsabilidad de enseñar correctamente la Palabra de verdad, o como muchas traducciones sugieren, usar las Escrituras adecuadamente (2 Ti. 2.15). A través de nuestra diligencia, de nuestras calificadas metodologías, y de las herramientas y recursos que dotados hombres y mujeres de la Iglesia nos han suplido, podemos completar nuestra carga, e interpretar la Palabra de Dios con el propósito de que nos nutra y nutra a aquellos que nos escuchan (1 Ti. 4.15-16).

En esta lección nos enfocamos en *la inspiración de las Escrituras*, su razón y raíz en el liderazgo y conducción junto con el Espíritu Santo. A través de su obra soberana y su gracia, el Espíritu Santo condujo a los autores de la Biblia a escribir las palabras, los pensamientos, conceptos y materiales que él deseó, empleando todos sus estilos, vocabularios, y usos del lenguaje con el objetivo de proveer el mensaje exacto de Dios. El corazón de toda interpretación bíblica radica en su carácter divino y su poder; esto, según el propio testimonio de la Biblia, es el resultado directo del obrar del Espíritu Santo. Gerald Hawthorne bosqueja concisa y cuidadosamente los matices de la inspiración del Espíritu Santo, brindando un detalle claro para el entendimiento de la iglesia en esta demanda crucial:

> *En el AT, las frases que los antiguos profetas repetían una y otra vez como introducciones a sus profecías eran, "esto dice el Señor" (Jer. 9.23, referencia), "el Señor ha hablado" (Is. 1.2, ref.), "escuchen la palabra del Señor" (Is. 1.10, ref.) "la palabra del Señor vino sobre mí" (Ez. 33.1, ref.) o similares a éstas. Tales frases introductorias fueron incluidas para asegurar a la audiencia que el mensaje que venía a ellos, hablado o escrito, no se originó con el profeta sino con Dios. La palabra del profeta era la palabra de Dios y era recibida como tal.*

Vemos que el NT y los padres primitivos siguieron usando esas viejas frases, aunque para la mayoría, las mismas fueron reemplazadas por la simple frase, "el Espíritu Santo dijo", o frases similares a ésta. Los escritores de nuestra literatura perciben al Espíritu Santo como la influencia global de Dios en la vida de ciertas personas, inspirándolas, validando sus mensajes por medio de su poder y haciendo que las palabras dichas sean sagradas, autoritarias y finales. Nota las expresiones de Pedro a 120 discípulos después de la resurrección y exaltación de Jesús: "Varones hermanos, era necesario que se cumpliese la Escritura en que el Espíritu Santo habló antes por boca de David..." (Hch. 1.16). Esas palabras de Pedro dan una clara expresión de la creencia difundida ampliamente en la iglesia primitiva acerca del AT como un todo- el Espíritu Santo era su máxima fuente-; el Espíritu Santo hablaba a través de las personas, tales como David, por lo tanto, lo que se hallaba contenido en el AT era la Palabra de Dios, la Palabra del Espíritu de Dios (ver también Hch. 4.25; 28.25; Heb. 3.7; 9.8; 10.15; 1 Clem. 13.1; 16.2; 22.1; 45.2; comp. 8.1; Barn. 9.2; 10.2, 9; 14.2). Las expresiones de la segunda carta de Pedro 1.20–21 son aptas en este punto, aun cuando el texto es difícil de traducir: "entendiendo primero esto, que ninguna profecía de la Escritura es de interpretación privada, porque nunca la profecía fue traída por voluntad humana, sino que los santos hombres de Dios hablaron siendo inspirados por el Espíritu Santo". (ver también NVI). Sin embargo, uno finalmente logra traducir este versículo; su mensaje es claro: "el único punto que el autor de 2 Pedro está interesado en negar es que los profetas mismos fueron la fuente que originó sus mensajes. En respuesta a esta postura, él afirma que el Espíritu Santo era la fuente de sus profecías, habilitándoles a hablar como voceros de Dios" (Bauckham, 234; comp. Philo Rer. Div. Her. 259; Philo Vit. Mos. 1.281, 286).

El testimonio universal de la iglesia primitiva concerniente al AT es que el mismo es Palabra de Dios, ya que aquellas personas designadas a hablar o escribir su mensaje lo hicieron por la inspiración del Espíritu Santo y por ende hablaron o escribieron como voceros de Dios. Dios habló a su pueblo a través de David, Isaías, Jeremías, y otros, por el Espíritu Santo (Hch. 4.25). ¿Pero, qué del NT? Lucas era consciente que el Espíritu Santo estaba todavía hablando en el período apostólico, (Hch.13.2; 20.23), y el escritor de los Hebreos se refiere al Espíritu Santo no sólo al decir que la descripción escritural del tabernáculo y su servicio sacerdotal fue divinamente inspirado, sino que también se refirió a que el Espíritu Santo aún hablaba en su día- e indicando el camino al santuario, entre tanto que la primera parte del mismo estuviese en pie—(Heb. 9.8). Clemente parece más certero al decir que los apóstoles compartieron la misma inspiración que los profetas del AT. Él escribió que ellos "habiendo por lo tanto recibido sus indicaciones, y estando plenamente seguros por la resurrección de nuestro Señor Jesucristo... fueron avanzando con la certeza de que el Espíritu Santo daba la

predicación de las Buenas Nuevas" (1 Clem. 42.*3). Nuevamente, escribe de Pablo, "con verdadera inspiración (ep' aletheias pneumatikos) él te cargó concerniendo a él mismo y Cefas y Apolos" (1 Clem. 47.3). Desde estos pocos textos es posible inferir que el Espíritu aún hablaba durante el período apostólico, inspirando a personas preparadas para ser la voz de Dios en el mundo.*

~ Gerald F. Hawthorne. "The Holy Spirit".
Dictionary of the Later New Testament and its Developments (electronic ed.).
R. P. Martin, ed. Downers Grove: InterVarsity Press, 2000.

A través de todo el módulo y esta lección en particular, es nuestro deseo enfatizar la primacía y el poder del Espíritu Santo al instruirnos, al guiarnos en nuestro uso diligente de las Escrituras, siendo Él, en verdad, su autor y fuente. Los objetivos que aparecen debajo resaltan esa verdad, y es importante que enfatice esa verdad en el correr del módulo. Ponga de manifiesto los objetivos en forma clara y repítalos a menudo. Al enfatizarlos a través de toda la lección, en medio de las discusiones, en respuesta a las pruebas y exámenes, y en toda su interacción con los alumnos, reforzará lo que es tal vez el concepto central de la enseñanza en su totalidad: que la unción y liderazgo del Espíritu Santo es el factor más significativo en nuestra habilidad de escuchar la Palabra de Dios, y aplicarla fielmente en nuestras propias vidas y ministerios.

Verdaderamente, cuanto más pueda resaltar los objetivos en el correr del período de clase, mejores serán las oportunidades para que ellos comprendan la magnitud de los mismos.

2
Página 13
Objetivos de la lección

Los módulos de Piedra Angular están orientados en torno al aprendizaje y objetivos de la lección en cada dimensión del material. Estos no están simplemente para ser mencionados o ignorados; sino que más bien representan lo más esencial en lo que respecta a la enseñanza de la lección y los módulos. Su habilidad de integrarlos en el correr de su experiencia de aprendizaje marcará la diferencia entre cubrir el material e instruir a sus alumnos en las verdades claves en torno al método y los beneficios de una interpretación bíblica creíble y efectiva.

Es esencial, por lo tanto, que como Mentor se familiarice con los objetivos al inicio de cada lección de Piedra Angular. Ellos guían y dan forma a todo el contenido de la lección, desde el segmento del video hasta los momentos de discusión y exámenes. Todo el material está basado en esos objetivos y organizado alrededor de ellos. Entonces, por favor, nunca dude en enfatizar esos objetivos en cualquier momento de sus sesiones de entrenamiento, pero hágalo siempre al iniciar su período de clase. Guíe la atención de los alumnos hacia los objetivos, porque en un sentido real, estos son el corazón de su meta educativa para el período de clase en esa lección. Todo lo discutido y hecho debe retornar hacia los mismos. Encuentre formas de resaltarlos en cada turno, reforzándolos y reiterándolos a medida que avanza.

Este devocional se enfoca en la veracidad absoluta (verdad total) y el fidedigno y certero pacto de Dios como se manifiesta en Su Palabra. Debido a que nuestro Dios, el Dios y Padre de nuestro Señor Jesucristo, es verdadero, podemos contar con su Palabra. Es muy importante no separar las demandas bíblicas de la Escritura de la naturaleza propia de Dios en sí mismo. La Palabra de Dios es fiel y verdadera porque Dios, *Dios mismo*, es fiel y verdadero. Como testigo fiel y verdadero (Ap. 19.11), sus perfectos juicios son verdaderos (Ap. 19.2) así como las palabras de testimonio considerando sus obras e intenciones (Ap. 21.5; 22.6). Comprender las Escrituras es conocer que dentro del ser de Dios no existe una pizca de hipocresía, ni falsedad, ni inconsistencia, ni infidelidad. Su Palabra es cierta porque Él es el fiel y el verdadero Señor de todo.

Ese reconocimiento de la perfecta veracidad de Dios es la razón por la cual estamos expectantes al estudiar su Palabra, y por la que puede hacernos sabios para la salvación en Cristo. Sus promesas son dignas de nuestro estudio y confianza, porque Aquel que las hizo es fiel (Heb. 10.23). Podemos confiadamente confesar nuestros pecados de acuerdo con su Palabra, porque Él es fiel en perdonar nuestros pecados (1 Juan 1.9). Estamos seguros de la venida de nuestro Señor y la gloria venidera, porque la Palabra del fiel Dios ha garantizado que su Hijo volverá, y nosotros seremos completamente transformados en su venida (1 Ts. 5.23-24). Observar esa interrelación entre la persona de Dios y su eterna y fiel Palabra es la clave para cada dimensión de nuestra vida cristiana: el Dios fiel nos proveerá la victoria sobre el mal (2 Ts. 3.3), protegiéndonos en tiempos de tentación y

3
Página 14
Devocional

prueba (1 Co.10.13), y nunca nos abandonará, aun en esos insanos momentos que demostramos infidelidad, porque de todas formas, Él permanece fiel, ya que nunca puede negar su naturaleza fiel y perfecta (2 Ti. 2.13).

En el correr de la lección, enfatice que nuestra fe en las Escrituras es realmente nuestra confianza en el carácter de Aquel que inspiró esa Palabra, y la ha preservado pura para nuestra fe y obediencia. Ninguna de sus promesas faltarán (1 Re. 8.56), porque cada una de ellas está afirmada en la perfecta fidelidad de Dios, las cuales ha planeado desde tiempos antiguos (Is. 25.1). Desafíe a los alumnos a descubrir esa fidelidad a través de su propio estudio y meditación de la Palabra. Las Escrituras son la expresión de la divina integridad de Dios, la cual nunca ha sido ni puede ser negociada. Nos aferramos a Su Palabra porque Aquel que nos la ha dado está más allá de todo engaño, falsedad, o mentira de cualquier tipo. En siglos de acierto, afirmación y declaración, nuestro Dios jamás ha estado equivocado con respecto a sus promesas o Palabra. Como nuestro Señor dijo, las Escrituras son inquebrantables, es decir, ellas no pueden ser quebrantadas (Juan 10.35).

Desafíe a sus alumnos a aferrarse a la Palabra como Dios lo demanda. Ésta es la esencia del caminar por fe (2 Co. 5.7), sin el cual es imposible agradar a Dios (Heb. 11.6). La Palabra de Dios acarreará lo que Él planea, sus promesas nunca serán contradictorias, y su enseñanza es perfectamente verdadera. Porque Él todo lo conoce, sus afirmaciones son rocas sólidas. Porque Él es absolutamente fiel, sus promesas se cumplirán. Cuente con ello; nada acontecerá o sucederá en nosotros ni en el universo que logre sorprender a nuestro Señor, o que no se haya tenido en cuenta en su divino propósito y Reino.

Su Palabra realizará lo que Él planea hacer por medio de ella, y es sobre esta base que construimos nuestra fe.

📖 **4**
Página 17
Contacto

Los contactos en esta lección se ubican dentro del enfoque de la relación existente entre métodos, acercamientos intelectuales, mecanismos conceptuales, y la obra del Espíritu Santo. Muchas veces los libros acerca del tema, o *asumen la obra del Espíritu Santo* y enfatizan su metodología, o *minimizan las metodologías* y se enfocan en la obra del Espíritu en toda la interpretación bíblica efectiva. Necesitará ayudar a sus alumnos a comprender la relación existente entre las dos, y darle sentido a ambas posturas, entendiendo las ventajas que tienen una sobre la otra, sin despreciar ninguna de ellas.

Estas preguntas están diseñadas para asegurar que sus alumnos comprenden las metas más importantes y hechos presentados en el primer segmento del video. Tendrá que evaluar su tiempo muy bien, especialmente si sus alumnos están intrigados con los conceptos, y quieren discutir sus implicaciones en forma extensa. Permita en el tiempo adecuado, enfocarse en los puntos principales, y aun así contar con el suficiente tiempo para un recreo antes que el siguiente segmento de video comience.

📖 **5**
Página 30
Preguntas y reflexión acerca del contenido del video

El listado que aparece debajo trata las verdades fundamentales escritas en forma de oración que los alumnos deberán haber recibido en esta lección, es decir, los segmentos del video y la discusión en clase con respecto a este tema. Asegúrese que estos conceptos estén claramente definidos y cuidadosamente considerados, ya que sus trabajos de prueba y sus exámenes serán tomados desde esos ítems directamente.

📖 **6**
Página 48
Resumen de conceptos importantes

A fin de hacer que el material llegue a ser parte inherente de ellos, los alumnos necesitan ser entrenados en pensar acerca de la relevancia y aplicación de esas verdades a sus propias vidas. Es clave realizar conexiones con sus propias interrogantes y experiencias, para que estos conceptos transformen sus vidas.

📖 **7**
Página 50
Aplicación del estudiante

Su rol, por lo tanto, durante esta sección de la lección, será el de ayudar a sus alumnos a pensar a través de sus experiencias, sin dejar de contemplar las implicaciones de la lección. Podría querer diseñar algunas preguntas o utilizar aquellas provistas debajo como agua que "cebe la bomba" de sus intereses, por así decir. Nuestro objetivo aquí no es generar más interrogantes acerca de los hechos sino más bien explorar el significado de los mismos en la vida de los estudiantes. Lo significativo, por lo tanto, no son meramente sus respuestas a las preguntas que aparecen debajo, sino que se identifiquen a través de éstas con asuntos e intereses específicos, ideas y otras preguntas provenientes de sus experiencias, relacionándolas de esta forma con sus vidas y ministerios.

No dude en invertir una mayor cantidad de tiempo en preguntas que se surjan del segmento del video, o de algún tema de interés, especialmente pertinente en sus contextos ministeriales en ese preciso momento. La meta de esta sección es que pueda habilitarle a pensar críticamente y teológicamente en consideración a sus propias vidas y contextos ministeriales. Nuevamente, las preguntas de abajo sirven como guías e impulsoras, y no deben ser vistas como absolutamente indispensables. Seleccione y plantee estas preguntas o formule las propias. La clave ahora, es la relevancia en su contexto y las preguntas adecuadas al mismo.

📖 8
Página 52
Casos de estudio

Los casos de estudio están diseñados para ayudar a los alumnos a aplicar su comprensión con respecto a los conceptos y principios, a interrogantes y situaciones reales, las cuales o han sucedido o podrían suceder. Ayude a los alumnos a aprender a ser creativos al aplicar la verdad a una situación particular; la esencia de las habilidades a ser aprendidas aquí, es la aplicación de la sabiduría a una circunstancia particular. La sabiduría demanda que apliquemos el conocimiento de la verdad a una situación real en forma adecuada y satisfactoria para la resolución del problema o edificación de aquellos que están involucrados. En un sentido, los casos de estudio son "aeróbicos" para desarrollar la habilidad creativa de los alumnos al aplicar la verdad a las situaciones de la vida real.

📖 9
Página 55
Otras asignaturas o tareas

Los alumnos deben recibir las tareas para estar preparados para las discusiones y los materiales en la próxima sesión de clase, y para repasar los materiales en preparación para las pruebas o tareas asignadas, cubriendo el trabajo de la presente clase. Asegúrese, siempre, que los alumnos comprendan lo que deben hacer en sus tareas asignadas para la próxima sesión de clase, y explique especialmente sus responsabilidades con el fragmento escrito.

Correspondientemente, la síntesis escrita (resumen) no está propuesta con el propósito de que sea una tarea difícil para los alumnos; la meta es que los mismos lean el material lo mejor que puedan y escriban unas pocas frases sobre lo que entienden es su significado. Ésta es una importante habilidad intelectual que los alumnos deben aprender, por lo tanto, asegúrese de animarlos en el proceso. Por supuesto, para aquellos alumnos que encuentren esto muy difícil, anímelos a hacer la tarea, y enfatice sus necesidades de interactuar con los conceptos del material, y de lograr sintetizar sus hallazgos en la Escritura. Queremos desarrollar sus habilidades, pero no al precio de destruir su ánimo y edificación.

No tenga temor en desafiar a us alumnos a lograr de ellos lo mejor, y nunca acepte menos de lo que puedan dar. Pero a la vez, debe procurar encontrar el punto de equilibrio aquí entre el desafío y el estímulo.

La Hermenéutica Bíblica
El Modelo de los Tres Pasos

NOTAS DEL MENTOR 2

📖 **1**
Página 59
Introducción a la lección

Bienvenido a la Guía del Mentor para la Lección 2, *Hermenéutica Bíblica: El Modelo de los Tres Pasos*. El enfoque global de esta lección es el de proveer a los alumnos un método efectivo, realizable, y que dedica un tiempo honorable para la interpretación bíblica, lo cual les permita crecer en sus habilidades de exégesis. Le presentará a los alumnos los principios fundamentales subyacentes: una introducción crítica a la Biblia, sin motivarlo hacia el escepticismo ni impulsarlo a que coloque su confianza en los métodos científicos. Como se ha mencionado en la lección previa, ningún intérprete bíblico que esté separado de la obra iluminadora del Espíritu Santo, puede comprender la mente y los pensamientos de Dios en tema alguno, y mucho menos lo referente a su divino propósito para salvación en Cristo Jesús. (1 Co. 2.9-16). Sin embargo, se requiere una aproximación a la Escritura que no esté ni librada al azar ni que sea arbitraria. El *Modelo de los Tres Pasos* está diseñado para que los alumnos puedan asirse de tal acercamiento y llegar a ser efectivos en su uso.

En algunas maneras, este modelo no es nuevo, sino que es una extensión y una expansión de los principios más básicos en la interpretación de la Escritura, los cuales fueron reconocidos por eruditos evangélicos durante muchos años. El primer principio se trata de la importancia de la *interpretación literal*, la cual significa esencialmente que las palabras y frases de la Biblia deben ser entendidas, primero que todo, en su *sentido normal,* a menos que, por supuesto, ¡tal sentido no tenga sentido!. Con el auxilio de elementos filológicos y lingüísticos, es nuestro objetivo leer la Biblia como cualquier obra literaria, es decir, que debemos entender las palabras como ellas son entendidas en una comunicación normal. El *Modelo de los Tres Pasos* considera seriamente el poder del lenguaje como vehículo de Dios para comunicarse con nosotros a través de Su Hijo y su Espíritu Santo, y afirma que en la Escritura misma las profecías del AT fueron interpretadas como *literalmente verdaderas,* en pasajes como el Salmo 22, Isaías 7.14, y Miqueas 5.2.

Notará también que la estructura y naturaleza del lenguaje son consideradas con seriedad por el *Modelo de los Tres Pasos*, en otras palabras, que presta especial atención a las *relaciones gramaticales entre los términos de un texto,* y cómo las palabras presentes funcionan sintácticamente en relación con otras. El modelo afirma la comprensión "plenaria verbal" de la inspiración, la cual establece que ambos, las palabras (verbal) y la plenitud de la Escritura (plenario) son totalmente inspiradas por el Espíritu Santo, y que por este motivo debemos prestar atención a las palabras exactas del texto así como a la totalidad del mismo.

El *Modelo de los Tres Pasos* enfoca la importancia de establecer puentes entre las brechas establecidas entre el contexto del texto y nuestro contexto contemporáneo; esto está estructurado en torno a la necesidad de comprender el texto en su situación original, es decir, *su contexto histórico original*. Dios ha hablado a su pueblo a través de eventos, palabras, manifestaciones y en diversas maneras y tiempos referidos en la Palabra de Dios. Como creyentes en el poder del Espíritu Santo, al continuar usando esta Palabra en nuestras vidas, exploramos qué es lo que el texto *significó* en su *contexto histórico con el objetivo de lograr internalizar su significado* hoy día. *Nuestro intento en el Modelo de los Tres Pasos* es no cometer errores garrafales, ni históricos ni gramaticales, los cuales nos llevarían a malinterpretar el significado del texto en su contexto original, y por lo tanto aplicar incorrectamente su significado a nuestro propio contexto actual.

Finalmente, afirmamos que la Biblia es una obra literaria, y como tal, debe ser estudiada en el contexto de su*s géneros literarios y dentro de sus propios contextos libertarios.* Debido a que la Biblia es realmente una biblioteca de textos de material literario diverso, conocer acerca de la forma en la cual funcionan los tipos particulares de literatura, es extremadamente útil para el discernimiento en lo que respecta al significado del mensaje *a través del género literario y dentro del contexto literario*. El *Modelo de los Tres Pasos* toma en cuenta el contexto inmediato del pasaje en conexión con aquellos párrafos precedentes o siguientes al mismo. También analizaremos el pasaje en términos de su extensión, contexto más remoto, y su posición dentro de la sección del capítulo o libro, además de enfocarnos en darle sentido al significado del texto a la luz de su posición en la obra entera.

Una vez que estos asuntos contextuales cruciales estén enteramente afirmados, desafiaremos a los alumnos a ser hábiles en el manejo de los tipos de reglas y principios asociados con las diferentes clases de materiales en la Escritura. ¿Existen reglas específicas en la poesía que, una vez comprendidas, pueden ayudarnos a entender mejor las obras poéticas de las Escrituras?. ¿Existen asuntos subyacentes en las parábolas o historias, los cuales pueden ayudarnos en el abordaje de las parábolas bíblicas e interpretar mejor sus historias?. El realizar profundas internalizaciones en este sentido nos ayudará a escudriñar el significado del texto de manera sorprendente.

Por favor, enfóquese nuevamente en la declaración de que esas verdades están claramente establecidas. Como es usual, su responsabilidad como Mentor consiste en enfatizar esos conceptos a través de toda la lección, especialmente durante las discusiones e interacciones con los alumnos. Cuanto más resalte esos objetivos durante el período de clase, mejores serán las oportunidades para que ellos entiendan y escudriñen la magnitud de los mismos.

📖 **2**
Página 60
Devocional

Este devocional se enfoca en la preparación del corazón, necesaria para lograr una plena ventaja al allegarse a la Palabra de Dios en forma crítica. Las Escrituras son de hecho, una obra literaria, pero no se asemeja a ningún otro libro, pues puede transformar el alma del alumno que se acerca a ella de tal manera que el estudio de la misma significa *un encuentro con Dios a través de Jesucristo en el poder del Espíritu Santo*. La meta del estudio de la Biblia no es encontrar curiosidades o buscar material de debate y argumentación; la Palabra, para Esdras, era el poder que forma y transforma la vida, que permite relacionarse con Dios de tal manera que uno llega a ser su vasija e instrumento.

Paul Karleen ha hablado elocuentemente sobre esa dimensión de la Palabra de Dios, que transforma la vida, la cual de hecho debe impactar la preparación personal y la disposición de todo estudiante serio de la Biblia:

> *Uno de los errores más serios que los estudiantes de la Biblia pueden cometer es pensar que sus esfuerzos solamente determinan lo que ellos obtendrán de la Escritura. El divino Autor del Libro es su máximo Intérprete. El creyente puede contar con la verdad de 1 Co. 2.12, "Y nosotros no hemos recibido el espíritu del mundo, sino el Espíritu que proviene de Dios, para que sepamos lo que Dios nos ha concedido". Aquellos que conocen a Jesucristo como Salvador tienen el mismo Espíritu Santo dentro de ellos que ilumina la Escritura. Ser regenerado es el primer requisito para encontrarle el sentido a la Biblia.*

> *Además, como Dios nos habla a través de Su Palabra, debemos considerar cada ocasión de lectura o estudio de la Palabra como un encuentro con Dios mismo. Cuanto más anhele uno a Dios para que le hable la verdad divina, más dispuesto deberá estar a colocar su estado espiritual desnudo ante Él al abrir el Libro. Y cuanto más claramente lo comprenda y aplique a su vida, mayores necesidades espirituales le revelará. Ese es un corazón moldeable, el cual cosechará lo principal de la Escritura.*

> *No obstante, la Biblia contiene lo suficiente para desafiar a las más grandiosas mentes de estudio, durante el transcurso de toda la vida (y aún así no han podido develar su contenido), es la apropiación*

personal y la aplicación sublime de sus verdades las cuales encierran sus temas. Vance Havner comprendió eso cuando dijo:

> *La galería de bondades de la Palabra de Dios nunca fue propuesta para mero escrutinio, ni siquiera por razones de estudio en primer lugar, sino para sostén. No es simplemente una colección de sabios proverbios y nobles enseñanzas para que los hombres los podamos admirar y enmarcar como si fueran Shakespeare. Es la ración para el alma, los recursos de y para el espíritu, el tesoro para el hombre interior. Sus bondades exhibidas en cada página son nuestras, y no tenemos ningún asunto más que movernos respetuosamente entre ellas, ya que fuera de ellas nadie es próspero.*
>
> ~ Paul Karleen. **The Handbook to Bible Study**. (electronic ed.). New York: Oxford University Press, 1987.

Verdaderamente, la Biblia no existe para que sea escudriñada meramente, como si se pudiera leer su mensaje y entonces alejarse de ella tranquilamente. Sin embargo, sabiendo que la interpretación bíblica nos transforma, debemos verla como el hermano Havner sugiere: como "la ración para nuestras almas, los recursos de y para el espíritu, el tesoro para el hombre interior".

Desafíe a sus alumnos a adoptar la clase de seriedad, sobriedad y apasionada visión por la Palabra que Esdras poseía, y tal vez el Espíritu Santo será tan bondadoso en concedernos la misma clase de impacto que él tenía en el pueblo de Dios, para la gloria del Señor.

Explore la definición, propósito, elementos, y beneficios del *Modelo de los Tres Pasos* a través de las preguntas que aparecen abajo. Su enfoque debe ser el ayudar a sus alumnos a manejar con excelencia las más importantes demandas y comprensiones asociadas con el modelo que se presenta en el primer segmento de video. Enfóquese también en la discusión de sus análisis del material a la luz de los objetivos de la lección presentados al inicio de la misma. Por supuesto, preste atención al tiempo, y concéntrese en las preguntas de abajo, además de aquellas preguntas que sus alumnos consideren esenciales en el material. Asegúrese también, de observar cualquier tangente que pudiera conducirle a la repetición de los hechos cruciales y los principales puntos asociados con la comprensión del principio del *Modelo de los Tres Pasos* de la interpretación bíblica.

📖 **3**
*Página 80
Preguntas y reflexión acerca del contenido del video*

📖 **4**
Página 106
Consejería y oración

Desafíe a sus alumnos a aplicar la Palabra de Dios en la comunidad, en su compañía como aprendices, como líderes, y como amigos. El poder que tiene la oración corporativa para tocar el corazón del Señor y mover su mano para obrar, está bien documentado a través de toda la Escritura, y resulta, por lo tanto, un elemento crucial en la aplicación de la Palabra a nuestras vidas. Durante esta sección, nunca dé la impresión de realizar esto solamente a través de la formalidad y la familiaridad. Aliente, desde su lugar, a los alumnos a proceder con fervor y dar a conocer de todo corazón sus peticiones ante Dios, y a esperar a que obre, como Él lo hace cuando dos o tres se reúnen en Su nombre para orar (Mt. 18.20).

NOTAS DEL MENTOR
3

La Literatura Bíblica
Interpretando los Géneros Literarios de la Biblia

📖 **1**
Página 111
Introducción a la lección

Bienvenido a la Guía del Mentor para la Lección 3, *Literatura Bíblica: Interpretando los Géneros Literarios de la Biblia*. El enfoque global de esta lección es comprender lo significativo del uso de los géneros literarios en la interpretación bíblica. Incluso en una lectura superficial de la Biblia, observamos inmediatamente la diversidad de materiales producidos en los escritos dentro del contexto antiguo. Esas variedades o *géneros literarios* cubren amplitud de materias, estilos, y tipos literarios. En cuanto a los temas, encontramos materiales acerca de asuntos tan diversos como son las prácticas de negocios, la magia, la astronomía, la matemática, la religión, el derecho y la medicina. En la amplia gama de los antiguos materiales escritos también encontramos exposiciones acerca de la cosmología, mitos, historias nacionales, y visiones religiosas. Uno puede descubrir historias, canciones de amor, poemas, himnos, alegorías, cartas, e historias de gobiernos y reinos. También encontramos obras poéticas, literatura sapiencial, recuentos históricos, y materiales proféticos. Verdaderamente, los antiguos no creían que "el mismo talle les servía a todos" en términos de comunicación; el estudio de los tipos y variedades de materiales en la Escritura son una pieza significativa en la comprensión de su significado y relevancia en nuestros días.

¿Qué es precisamente un género literario en la literatura bíblica? Larry W. Hurtado explica en el *Diccionario de Jesús y los Evangelios*:

> *Un género literario es una categoría o tipo de literatura, tal como una biografía o novela. Los géneros literarios no son categorías universales y estáticas pues se han desarrollado y cambiado en el transcurso del tiempo, y algunos géneros literarios populares de una época o cultura pueden no ser encontrados en otra. Aún si un género literario, como la biografía, aparece en más de un período o cultura, las características específicas del género variarán significativamente en diferentes épocas.*

> *Al buscar determinar el género literario de lo escrito, entonces, debemos trabajar con los géneros y convenciones literarias pertinentes a la era de la escritura. Por ejemplo, la pregunta del género/s literario/s de los Evangelios debe ser considerada al examinar sus características en comparación con los tipos de literatura corriente en la época greco-romana (o al menos accesible para los autores). Los géneros literarios deben ser pensados en términos de unificar características o atributos. El análisis de la relación de una obra con los géneros literarios debe involucrar la comparación con todas las características de los géneros relevantes y con la obra en pregunta.*

Enfatizar características aisladas de una obra puede producir conclusiones vagas. Un escrito puede estar asociado con un género literario en particular solamente al grado que todas las características del mismo sean entendidas adecuadamente en términos de los atributos del género literario.

Las clases de características y factores que deben considerarse al tratar de determinar el género literario de un escrito incluyen las siguientes: atributos formales (ej. estructura, estilo, motivos, mecanismos), intención del autor, proceso de composición, época del autor, época del uso motivado, y contenidos. Cada lector conlleva expectativas al escrito que moldean el proceso de lectura y afecta la comprensión del mismo. La familiaridad con el género literario del escrito permite una comprensión del mismo al ser guiado a la luz de los atributos e intenciones que caracterizan el género literario. Si un autor escribe de acuerdo con las convenciones y atributos de un género literario en particular, puede ser comparativamente fácil el identificar el género literario del escrito.

Pero muchas veces las cosas no son tan fáciles. Por ejemplo, si un autor adapta un género literario para alcanzar un propósito no asociado usualmente con ese género, o si un autor simplemente no sigue muy metódicamente las convenciones totales del género dado, puede ser mucho más difícil de categorizar el escrito. En cualquier caso, el identificar el género literario del escrito requiere un juicio informado que debe basarse en la familiaridad del escrito con su contexto literario y social.

~ Larry W. Hurtado. "Genres". **Dictionary of Jesus and the Gospels** (electronic ed.). J. B. Green, ed. Downers Grove, IL: InterVarsity Press, 1997. p. 277.

Su objetivo en este módulo es capacitar a los alumnos a hacer lo que Hurtado sugiere, llegar a familiarizarse con el género, de modo tal que sus comprensiones del libro en pregunta puedan ser *guiadas por este conocimiento*. La meta consiste en que los alumnos se concienticen del tipo de literatura que están estudiando, que entiendan algunas de las reglas básicas asociadas con ese tipo de literatura, y se sientan capacitados para realizar sus interpretaciones a la luz de lo que ya conocen acerca de la misma. Si bien nos podría llevar toda la vida el comprender plenamente cómo los géneros literarios funcionan en conexión con la literatura antigua, un alumno puede beneficiarse inmediatamente en la comprensión de algunas de las reglas básicas existentes detrás de un género en particular.

Como en lecciones previas, preste especial atención a los objetivos, y enfóquese en ellos como puntos de enseñanza los cuales se deben ver a través de toda la lección.

📖 2
*Página112
Devocional*

Este devocional se enfoca en cómo Dios utiliza el tipo literario y la forma literaria de su comunicación al disertar acerca de la disposición del corazón de su pueblo. Aquí, la enseñanza afirma el poder de la Biblia como la Palabra de Dios, no meramente en su contenido sino también en su forma. Vemos que Dios tenía una clara intención al usar las metáforas, imágenes, parábolas, símbolos, e historias para hablar de la particular condición del corazón de su pueblo. El mensaje no estaba separado de la forma utilizada.

Esto es dramáticamente diferente a muchas predicaciones evangélicas protestantes de hoy día. Algunos han sido entrenados para hablar con el más claro sentido, evitando metáforas e imágenes, usando las historias solamente como ilustraciones anecdóticas, y evitando los simbolismos a todo costo. Al hacer así, muchas proclamaciones se han reducido a afirmaciones teológicas secas y bosquejos secos. Verdaderamente, se cumple el refrán "¡cuando tenemos hambre en el púlpito, tendremos cadáveres en los bancos!"

Dios no se opone, al hablar al corazón y alma de su pueblo, al uso de metáforas, sueños, alegorías, imágenes, himnos, canciones, poemas, y otra clase de comunicación. Para aquellos que tenían el corazón frío y duro, la parábola o historia llegó a ser un tipo de método muy punzante; para aquellos que desearon conocerlo verdaderamente, llegó a ser una invitación a la meditación, al cuestionamiento, a la reflexión y al deleite. Si la primera inclinación de alguien es rechazar el jazz como un conjunto confuso de notas ásperas, no acuse inmediatamente a los músicos de jazz. Usted podría tener a una persona que no comprende el género del jazz, y por lo tanto no puede interpretar el significado de una pieza de este estilo ya que no está *familiarizado con las reglas y funcionamiento de la música jazz*. En una forma similar, antes que una persona etiquete cualquier parte de la Biblia como "aburrida o carente de interés", no acepte inmediatamente su juicio como verdadero. Podría ser que el lector necesite desarrollar su aptitud de escuchar y entender un tipo literario en particular.

Lo que perseguimos a través de toda esta lección es una profunda apreciación de la remarcable diversidad de materiales contenidos en la Palabra de Dios, y una disposición a explorar el principio que se halla detrás de ellos, y aún desarrollar la habilidad de

reconocerlos e interpretarlos. Enfatice este principio en el correr de la lección, especialmente al relacionarse a los géneros contenidos en la Palabra de Dios.

Resalte la discusión acerca del género con sus propios comentarios sobre la unidad y diversidad de las Escrituras. Recuerde, el enfoque del estudio del género literario es esencialmente el reconocimiento de la variedad de materiales que decoran el canon bíblico, y la responsabilidad que el intérprete bíblico tiene es familiarizarse con el tipo de texto a ser interpretado *a fin de descubrir el significado* que se propone comunicar.

📖 3
*Página 134
Preguntas y reflexión acerca del contenido del video*

Ya casi ha llegado al final del módulo de estudio. Debe comenzar a enfatizarle a sus alumnos (si no lo ha hecho ya) que necesitan hacer el trabajo de preparación para su proyecto ministerial. Además, a esta altura debería haber enfatizado su necesidad de seleccionar un texto bíblico para su proyecto exegético. Estos proyectos se logran con mayor profundidad y excelencia cuando los alumnos se preparan lo antes posible. Asegúrese de recordarles estos hechos, ya que como en cualquier estudio, los alumnos generalmente están preocupados con muchas cosas, y al final del curso pueden estar muy atareados. Es muy raro que un alumno no sienta la presión de tener que entregar muchas tareas a la vez y en poco tiempo. Cada vez que pueda recuérdeles su necesidad de planificar de antemano lo cual será de mucha ayuda para ellos, ya sea que se den cuenta inmediatamente o no.

📖 4
*Página 164
Otras asignaturas o tareas*

Debido a estas circunstancias, hemos descubierto que ayuda mucho a los alumnos insistirles que presenten sus tareas en el momento que deben. De hecho, le proponemos que considere quitarles algunos puntos de sus notas finales en el proyecto, examen o ensayo. Si bien ese descuento puede ser más bien nominal, estará afirmando las reglas que les ayudarán a aprender a ser eficientes y a cumplir a tiempo en sus estudios.

Estudios Bíblicos
Usando las Herramientas Básicas en el Estudio de la Biblia

NOTAS DEL MENTOR 4

📖 1
*Página 167
Introducción
a la lección*

Bienvenido a la Guía el Mentor para la Lección 4, *Estudios Bíblicos: Usando Herramientas Básicas en el Estudio de la Biblia*. El enfoque global de esta lección se basa en la utilidad de las herramientas que la crítica bíblica moderna ha provisto al alumno diligente y hambriento de la Palabra. Si bien la crítica bíblica moderna muchas veces ha llegado a conclusiones que contradicen directamente o sostienen la interpretación literal de la Biblia como exagerada e injustificable, muchos de los recursos producidos por los eruditos bíblicos son tremendamente útiles para el estudio de la misma. Hoy en día, muchos de esos trabajos, siendo algunos de ellos producto de muchos años de búsqueda diligente dentro del lenguaje, historia, y cultura del contexto bíblico, se hallan disponibles por unas pocas monedas. Verdaderamente, éste es un distinguido día para el estudiante de la Escritura que quiere obtener acceso a algunos de los más calificados trabajos sobre cada faceta de los estudios bíblicos y teológicos.

¿Qué es precisamente la crítica bíblica, cuáles son las disciplinas involucradas, y cuál es su meta en conjunción con el estudio de la Biblia en sí misma?. G.J.Wenham provee una concisa respuesta:

> *Hoy en día, el Criticismo Bíblico involucra varias disciplinas cuya meta es la interpretación exacta de la Biblia. La mayoría de los tipos de criticismo tienen el propósito de clarificar el significado del texto: no son críticos en el sentido de desafiar al texto y su significado. Tradicionalmente, el criticismo bíblico ha estado sumamente interesado en temas históricos: ¿quién escribió el texto?, ¿cuándo fue escrito?, ¿cuántos errores pueden haberse silenciado en la transcripción?, ¿qué fuentes fueron utilizadas?,etc. Estos son aún los intereses de la mayoría de los eruditos bíblicos académicos, pero progresivamente otras formas de criticismo están llegando al foro. Esos criticismos más modernos tienden a enfocarse en el texto mismo o en el lector. Los criticismos orientados al texto incluyen la retórica, el canon, y el nuevo criticismo, mientras que los criticismos orientados al lector incluyen la audiencia, la liberación y los enfoques feministas.*
>
> ~ G. J. Wenham. "Biblical Criticism". **The New Bible Dictionary**. D. R. W. Wood, ed. 3rd ed. (electronic ed.). Downers Grove, IL: InterVarsity Press, 1996, p. 138.

Este concepto provee una clara definición sobre las disciplinas que han producido una vasta gama de herramientas confiables para el estudio bíblico. De nuevo, si bien las herramientas confesionales y teológicas del criticismo liberal tienden a negar la historicidad de las demandas bíblicas, los recursos más históricos y socio-culturales proveen un profundo conocimiento interesante y útil en el contexto de la Biblia.

En un sentido real, a fin de tomar plena ventaja del *Modelo de los Tres Pasos* de la interpretación bíblica, debemos realizar el compromiso de profundizar exhaustivamente en el paso uno: *comprender el contexto original*. Esta tarea, por ende, no significa que sea fácil ni simple; miles de años nos separan de los autores y la audiencia del texto, además de encontrarse escrito en lenguajes que nos resultan extraños y "muertos" en el sentido que no se hablan hoy en la misma forma en que fueron escritos. La naturaleza del lenguaje, cultura, e historia nos es enteramente extraña, esto sumado a nuestras intolerancias en los distintos estudios, considerando el contexto antiguo, su denominado primitivismo, su carencia de una visión científica del mundo, y nuestras tendencias sin reservas a leer nuestro contexto y asuntos dentro de los suyos. Esto implica un intenso auto-control por detener todo juicio acerca del contexto bíblico e investigarlo en sus términos. Eso es precisamente lo que las herramientas nos permiten hacer; proveen al investigador humilde y abierto, una oportunidad de observar el contexto desde el ventajoso punto de vista de aquellos que estuvieron allí, por lo tanto, esto significa hablar e imitar sus pensamientos en nuestro tiempo.

La calidad que necesitamos desarrollar en nosotros mismos y en nuestros alumnos a fin de tomar plena ventaja de los recursos y herramientas del criticismo moderno es *la empatía,* no con los eruditos que producen los trabajos, sino con el medio ambiente y el pueblo que investigaron y narraron. En otras palabras, debemos aproximar el texto de la Escritura a un deseo de comprender y crear un *retorno* con los pueblos del texto. El contexto del texto debe llegar a ser nuestro primer objeto de estudio, y entonces, una vez que hemos desarrollado una afinidad con y una simpatía por su situación, podremos extraer los principios y relacionarlos con el significado del texto a nuestras vidas en la actualidad.

A fin de ayudar a los alumnos a que comprendan la tarea, necesitará permanecer cerca de los objetivos, ya que ellos detallarán la manera en la cual las diversas herramientas ayudan a conectarnos con el contexto bíblico y sus habitantes. Cuanto más busquemos entrar con plena conciencia y respeto en el contexto bíblico, mejor capacitados estaremos para aplicar los principios al nuestro.

Este devocional se enfoca en la necesidad de ser un investigador de la Palabra de Dios de primera mano. Como estudiantes de las Escrituras, no podemos nunca permitir que alguien o alguna institución piense y crea por nosotros. Sin ninguna duda, cada cristiano pone mucho en peligro en relación con su habilidad de verificar su fe según lo que dice la

📖 **2**
*Página 168
Devocional*

Palabra de Dios. Si bien no todos los creyentes están llamados a ser eruditos o maestros, por definición, cada cristiano es un creyente, y todos sostienen ciertas verdades las cuales deben ser amadas, definitivas y finales.

En una hermosa afirmación acerca de cuál es el concepto de correr riesgos en la teología bíblica, E. J. Schnabel expresa la importancia de *la teología bíblica,* de nuestros intereses al estudiar las Escrituras y anclar nuestra fe y práctica en lo que ésta enseña y demanda.

> *Aunque sea el tipo de estudio bíblico más exigente, irónicamente, la teología bíblica es la que cuenta con el mayor interés fuera de los entornos académicos, es decir, en la iglesia cristiana y para los creyentes comunes, lo cual no sólo promueve una elevada perspectiva de la Biblia, sino también de Jesús y del evangelio. Muchos cristianos poseen un interés genuino en los contextos de la Biblia, en su lenguaje, formas de pensamientos, arqueología, geografía e historia (las materias claves de un diccionario convencional bíblico). Muchos también gustan captar la interpretación de pasajes individuales (la función del comentario bíblico). Sin embargo, todos los cristianos poseen un interés personal intenso, o más dirigido hacia el tema de la teología bíblica, es decir, lo que la Biblia enseña acerca de Dios y su trato con la raza humana. Y la teología bíblica, de una suerte u otra, reconocida como tal o no, es usualmente lo que se está utilizando cuando la Biblia se predica efectivamente, se estudia rigurosamente o se lee intensamente por parte los creyentes cristianos.*
>
> ~ E. J. Schnabel. "Scripture". **New Dictionary of Biblical Theology**. T. D. Alexander, ed. (electronic ed.). Downers Grove, IL: InterVarsity Press, 2001.

Schnabel correctamente enlaza aquí nuestra *fe* con nuestro *descubrimiento de la verdad* en la Palabra de Dios. Como él dice, invertimos en gran manera en el resultado de tales estudios; nuestra fe y creencia se hallan ligadas al seguro descubrimiento del testimonio de la Palabra de Dios. Por lo tanto, esto incumbe a cada creyente, el cual debe esforzarse por ser un diligente estudioso de la Palabra de Dios, más que de cualquier otra disciplina, como los bereanos, busquemos confirmar la enseñanza considerando a Jesús de Nazaret como Salvador y Señor de acuerdo a nuestras observaciones de primera mano sobre el texto.

El peligro aquí es si el espíritu para confirmar el texto a través de nuestro propio estudio es de alguna forma arrogante (por un mal espíritu) o imposible (debido a la ausencia de competencia académica y bíblica). Dios, a través de Lucas habla de estas afirmaciones, y dice que la pasión bereana al chequear doblemente el testimonio de Pablo y Silas y comparándolo con las Escrituras no era ni arrogante ni presuntuoso. ¡Era noble!

Recuérdeles a sus alumnos sobre su sagrada responsabilidad de vivir como es digno de su llamado a ser hijos de Abraham, y vivir como creyentes en la sagrada promesa de Dios en la Escritura. Seguramente no exista mayor motivación para un estudioso de la Palabra que ser veraz para con su propia creencia, su propio llamado y corazón, y su propio compromiso con la verdad como hemos oído en el mensaje de Jesús de Nazaret.

La naturaleza de las preguntas de repaso están tanto en este segmento del video como en el que vendrá, al respecto de *obtener un entendimiento general del uso de las herramientas,* es decir, su definición, propósitos primordiales en la interpretación bíblica, y su adecuada utilización para nuestro beneficio. Asegúrese que los alumnos comprendan cómo esas herramientas básicas, empleadas adecuadamente, pueden darle a los estudios de las Escrituras un completo y nuevo nivel de profundidad, claridad y significado. No solamente serán transformados sus propios estudios, sino también la fecundidad de su predicación, enseñanza, y comunicación del evangelio a otros.

3
*Página 190
Preguntas y reflexión acerca del contenido del video*

¡Felicitaciones! Ha culminado una parte significativa de su trabajo como instructor. Sin embargo, en otro sentido, su responsabilidad como instructor y calificador en realidad comienza a partir de aquí.

4
*Página 216
Otras asignaturas o tareas*

Ahora, su primordial servicio es organizar y administrar las tareas y el trabajo de los alumnos, y asegurarse de recoger y calificar las tareas asignadas al final del curso. A esta altura, todos los compromisos en cuanto a proyectos ministeriales y exegéticos le deben ser entregados. Para aquellos que estén atrasados en sus tareas, será importante informarles que les quitará algunos puntos del puntaje final por trabajos tardíos. Nuevamente, su discreción al considerar trabajos tardíos debe determinar si sacará puntos de los alumnos, lo cual lleve a una calificación menor. Para alumnos que tengan una excusa legítima, puede darles un "Incompleto", recomendándoles que terminen su tarea.

No obstante, adopte un estándar considerando sus trabajos, recordando que nuestros cursos no se basan primariamente en las notas que los alumnos reciben, sino en el alimento espiritual y entrenamiento que esos cursos proveen. Recuerde, sin embargo, que ayudar a nuestros alumnos a esforzarse por alcanzar la excelencia es una parte integral de nuestra instrucción.